安徽省高等学校省级质量工程项目（2020kcszxx
（2021kcszzyk005）建设成果

课程思政
教学设计案例选编

第三辑

主　编 / 许继荣　闵永新
副主编 / 潘锦云　阮建玲
编　委 /（按姓氏笔画排序）
王　平　方玉芬
刘华圆　刘海军
张　铭　陈素根
庞　韬　彭传山

中国科学技术大学出版社

内 容 简 介

为深入学习贯彻习近平总书记关于教育的重要论述，落实全国高校思想政治工作会议精神，安庆师范大学制定了一系列关于推进和深化课程思政建设的文件，强化课堂教学改革，推进课程思政建设。本书是学校落实课程思政建设要求、深化课程思政教学改革的阶段性成果。全书共选编了24个课程思政教学设计案例，涵盖学校9个学科门类的19个专业，每个教学设计案例在思政资源挖掘、教学目标设计和教学实施中均取得了较好的思政育人效果。

图书在版编目(CIP)数据

课程思政教学设计案例选编.第三辑/许继荣，闵永新主编.--合肥：中国科学技术大学出版社，2024.6.-- ISBN 978-7-312-06010-6

Ⅰ.G641

中国国家版本馆 CIP 数据核字第 2024VV9762 号

课程思政教学设计案例选编(第三辑)

KECHENG SIZHENG JIAOXUE SHEJI ANLI XUANBIAN (DI-SAN JI)

出版 中国科学技术大学出版社
安徽省合肥市金寨路96号，230026
http://press.ustc.edu.cn
https://zgkxjsdxcbs.tmall.com

印刷 合肥市宏基印刷有限公司

发行 中国科学技术大学出版社

开本 787 mm×1092 mm 1/16

印张 16.25

字数 382千

版次 2024年6月第1版

印次 2024年6月第1次印刷

定价 70.00元

前 言

我国近代伟大的教育家陶行知先生曾提出“以情动人，以行带人，以智教人，以德育人”的教育理念。在新时代背景下，高等教育不仅是知识传授过程，还是一个以知识为载体的精神互动过程，更是一个在知识传递过程中潜移默化地实现“立德树人”的过程。

人无德不立，品德是为人之本。止于至善，是中华民族始终不变的人格追求。建设社会主义现代化强国，不仅要在物质上富强，更要在精神上强盛。重视育人功能是我国教育的优良传统，从《大学》开篇中的“大学之道，在明明德”，到韩愈所倡导的“师者，所以传道受业解惑也”，育人理念一脉相承。党的十八大报告更是把“立德树人”首次确立为教育的根本任务。如何在高等教育过程中有效推进“立德树人”教育理念，是高等教育的永恒主题，是新时代党和国家对高等教育提出的新要求，是关系到人的全面发展和国家长治久安的一个重大命题。

2019 年 3 月 18 日，习近平总书记在学校思想政治理论课教师座谈会上指出：“我们办中国特色社会主义教育，就是要理直气壮开好思政课。”“要挖掘其他课程和教学方式中蕴含的思想政治教育资源，实现全员全程全方位育人。既要有惊涛拍岸的声势，也要有润物无声的效果，这是教育之道。”目前，我国教育面貌正在发生格局性变化，而全面推进课程思政建设就是要寓价值观引导于知识传授和能力培养之中，从而帮助学生塑造正确的世界观、人生观、价值观。归根结底，中国特色社会主义新时代的高等教育迫切需要“解决好培养什么人、怎样培养人、为谁培养人这个根本问题”。

课程思政就是伴随新时代“立德树人”根本任务应运而生的新理念，其本质是坚持以德立身、以德立学、以德施教，从而实现“立德树人”。立德树人是教育的根本使命，亦是教师的根本责任。教师是人类文明的传递者，是物质文明和精神文明的奠基人，是人类灵魂的工程师。教师在知识传播过程中启迪着智慧，能够让学生“知而获智，智达高远”。与此同时，高等院校要切实提高政治站位和思想认识，充分发挥教师队伍“主力军”、课程建设“主战场”、课堂教学“主渠道”的作用。

课程思政的核心理念是基于立德树人目标对课程进行深层次改革，从而给课程赋“魂”。这就需要广大教师成为塑造学生品格、品行、品位的大先生，做有情怀之人；需要广大教师设计好每一门课和每一节课，巧妙推动价值引领与知识传授有机融通，彻底打通全员育人的“最后一公里”。一直以来，安庆师范大学始终坚持“扎根中国大地办教育”这一教育基本规律，始终坚持把社会主义核心价值观贯穿于高校办学育人全过程。2021 年 3 月，学校制定了课程思政教学三年规划，以期打造一批学生真心喜爱、终身受益的理论课课堂；培养一批具有亲和力和影响力的教学名师和团队。

本书为安徽省高等学校省级质量工程项目“课程思政建设先行高校”(2020kcszxxgx27)、“课程思政建设示范中心”(2020szzx23)、“课程思政教学资源库”(2021kcszzyk005)建设成果。共收集了 24 个课程思政教学设计案例，分为人文篇、理工篇和艺体篇，系统挖掘了学校不同类型课程所蕴含的思政育人元素，并科学优化了相关课程讲授的方式方法，具有较强的针对性、创新性和示范性，有助于实现“知识传授”和“价值引领”有机统一，完善了学校“大思政课”铸魂育人体系。然而，由于作者水平有限，在思政元素挖掘和案例编写等方面还存在一些不足，望广大读者批评指正。

编者

目　录

理　工　篇

艺　体　篇

人 文 篇

“婚姻家庭与继承法”课程思政教学设计案例

一、课程简介

1. 课程性质

婚姻家庭与继承法是法学专业的专业选修课，是民法学体系中具有重要地位的一门课程，主要针对法学类专业本科高年级学生开设，共 51 学时，3 学分。

2. 课程内容

本课程在内容上将有关婚姻家庭与继承领域的法理的探讨、制度的评析、法条的诠解、法律的适用融为一体，按照马克思历史唯物主义的观点和方法，阐释婚姻家庭的本质和社会功能以及婚姻家庭与继承法的发展历史；解释婚姻家庭与继承法的基本理念、基本概念、基本原则和基本规则等基础理论与基本知识；介绍婚姻家庭与继承法律规范以及国内外有关婚姻家庭与继承法领域的前沿动态和热点问题。

3. 授课教师

苏敏，硕士，讲师，主要研究方向为婚姻家庭与继承法、劳动与社会保障法。主讲经济法、劳动与社会保障法、婚姻家庭与继承法等课程。主持教育厅“思政课精彩一课”教学项目，参与“民法学”省级精品课程以及法学院卓越法治人才培养建设项目。曾获安庆师范大学教学竞赛三等奖。

二、课程思政资源分析

（一）课程思政建设目标

依托多样化的教学方法、教学手段以及创新性的课堂，将婚姻家庭与继承法知识的传授与社会主义核心价值观、中华优秀传统文化、家庭美德有效衔接，使学生能尊重中国婚姻家庭传统文化精华，自觉培养婚姻家庭美德意识，树立自由、平等、文明、互爱、友善、诚信、和谐、法治的婚姻家庭理念，在实现小家庭和谐幸福的同时，共建大社会的安定与团结。

思政目标 1：弘扬传统文化。婚姻家庭与继承法是最能体现中华民族传统文化的法律。通过课程思政建设，使学生明晰婚姻家庭继承法对中华优秀传统文化的承继，重视家庭家教家风建设，自觉弘扬优秀传统文化。

思政目标 2：厚植家国情怀。通过课程思政建设，促使学生感受今天的幸福生活来之不易，领会到个人和家庭的前途命运同国家和民族的前途命运紧密联系在一起，从而自觉培养爱国爱家的家国情怀，砥砺强国之志。

思政目标 3：树立婚恋信仰。通过课程思政建设，促使学生感受革命爱情的伟大，端正婚恋价值观，树立正确的婚姻家庭观，具备运用本课程的内容筹划自己幸福美满婚姻家庭生活的能力，为建设和谐家庭、和谐社会奠定基础。

（二）课程思政融入方式

本课程在充分把握婚姻家庭与继承法学科知识内容的基础上，借助安庆师范大学网络教学平台和学习通 App，采取“spoc + 翻转课堂”教学模式，通过课前感性认知、课中理性内化、课后实践拓展，以灵活的方式融入课程思政，主要用到教学渗透、案例分析、专题分享、数据分析等实际融入方式。

（1）教学渗透法。深入挖掘婚姻家庭与继承法课程思政元素，将课程思政融入婚姻家庭与继承法课程教学的各环节、全过程，即通过课前引导学生观看视频，课中启发学生深入思考，课后组织学生开展实践，润物细无声地实现“价值塑造、知识传授、能力培养”三位一体的课程思政教学目标。

（2）案例分析法。选取突出时代性的现实生活中的典型案例，让学生在教学场景中感受到生活的真实，通过案例及相关热点问题的讨论，让学生在学习互动中碰撞思维火花，指导学生在学习过程中端正婚姻价值观并升华自己的思想境界。

（3）专题分享法。让学生选定某一社会主义核心价值观词语，将其同婚姻家庭与继承法的法学理论知识结合进行课堂展示，在此过程中实现育人。从学生视角挖掘思政元素，引导学生积极参与课程思政，引发生生共情，产生共鸣。

（4）数据分析法。设计体现课程思政的若干问题，通过学习通 App 的答题、投票功能实时统计学生的思考结果，了解学生的观点，针对学生的答案有的放矢地讲解法学理论知识点及相关的思政内容。

三、教学案例展示

婚姻家庭法的基本原则

教学案例展示内容选自中国人民大学出版社出版的教材《婚姻家庭继承法学》第一章第三节“婚姻家庭法的基本原则”。教学案例主要针对开展课程思政教学设计，授课学时 2 学时。

(一) 教学目标

1. 情感态度与价值观目标

(1) 通过本课题的学习,让学生深刻理解家庭在弘扬社会主义核心价值观中的重要作用,从而注重家庭、注重家教、注重家风,共同升华爱国爱家的家国情怀,建设相亲相爱的家庭关系,弘扬向上向善的家庭美德。

(2) 通过本课题的学习,让学生充分认识到社会主义核心价值观是家庭文明建设的理论和基石,婚姻家庭法的基本原则体现的正是文明、和谐、自由、平等、法治、友善、诚信等社会主义核心价值观。

2. 知识与技能目标

(1) 通过本课题的学习,让学生掌握婚姻家庭法确立的基本原则的内涵,理解婚姻家庭法的基本原则既是婚姻家庭法的立法指导思想,又是婚姻家庭法规范适用的基本准则。

(2) 通过本课题的学习,让学生能够运用婚姻家庭法的基本原则指导生活,解决实际问题和纠纷。

3. 过程与方法目标

(1) 以案例为切入点,结合学生在线上课堂观看的在线视频,围绕教材内容提出多个问题引导学生思考,通过重难点讲解让学生掌握课程内容。

(2) 通过"spoc+翻转课堂"教学模式及多种教学方法的综合运用,学生一方面深入思考并掌握教材相关法学理论内容,并能与实践相结合;另一方面对课程思政的内容形成感性与理性认识,并内化于心外化于行。

(二) 教学重难点

教学重点:《民法典·婚姻家庭编》关于婚姻家庭法基本原则的规定。

教学难点:《民法典·婚姻家庭编》基本原则所体现的社会主义核心价值观、优秀传统文化和家庭美德。

(三) 教学方法、教学资源

教法:教学渗透法、案例分析法、问题引导法。

学法:观看视频与 PPT 自主学习法、课堂讨论法、回答问题法。

教学资源:

(1) 房绍坤.婚姻家庭继承法[M].7 版.北京:中国人民大学出版社,2021.

(2) 中共中央党史和文献研究院.习近平关于注重家庭家教家风建设论述摘编[M].北京:中共中央文献出版社,2021.

(3) 央视网《习近平"典"亮新时代:家风篇》。

(4)《平"语"近人:习近平总书记用典》第四集《国之本在家》。

(四) 教学过程

教学环节一:新课导入

课程开始,教师首先询问学生有无观看线上课堂发布的《中国人民解放军守卫边疆》视频,介绍现役军人的婚姻受婚姻法特殊保护的规定,提出第一个问题"军婚受到特殊保护的规定是否违反了婚姻自由原则"。接下来,教师继续提出两个问题让大家思考:① 针对新冠疫情防控期间父母被隔离治疗,家中幼儿无人照顾的情形,《民法典》增设紧急监护制度体现了婚姻家庭法的什么原则? ②《民法典》为解决我国人口老龄化趋势明显的背景下失能老人意思自治权利的实现问题,增设意定监护制度体现了婚姻家庭法的什么原则?

通过以上三个问题,激发学生的学习兴趣,导入本次课程主题,即"婚姻家庭法的基本原则有哪些"。

思政元素融入设计:通过向学生展示视频,让他们被解放军顽强不屈的精神所感染,被军人保家卫国"舍小家为大家"的忘我奉献精神所感动;通过提出的另外两个问题,引导学生领会《民法典》的制度完善,感受国家对未成年人以及老年人的关爱,增强学生对伟大祖国的自豪感和认同感,从而培育学生的爱国情怀。

教学环节二:新课讲解

(1) 婚姻自由原则。

首先,通过提问,引导学生思考婚姻自由原则的概念和内容。

其次,通过提问,引导学生思考《民法典》有关保障婚姻自由原则实施的禁止性规定有哪些。

思政元素融入设计:通过提出问题"婚姻自由原则体现了哪一个社会主义核心价值观、这一原则的确立有什么意义",使学生了解婚姻自由原则是"自由"这一社会主义核心价值观在婚姻家庭领域的体现。我国婚姻自由原则的确立和实行是在婚姻领域反封建的法律武器,也是维护社会安定团结、促进社会主义现代化建设的重要保障。通过这一原则的学习,使学生能够慎重对待婚姻问题。

(2) 一夫一妻制原则。

首先,简要介绍婚姻自由原则的概念和法律要求。

其次,通过案例分析,引导学生思考违反一夫一妻制原则的法律责任。

思政元素融入:通过提出"为什么我国要实行一夫一妻制原则"问题,使学生了解一夫一妻制顺应文明发展,是婚姻本质的反映,符合婚姻这一伦理实体的本质要求。通过一夫一妻制原则的学习,使学生树立起正确的婚恋观,增强家庭责任,弘扬家庭美德,重视家庭文明建设。

(3) 男女平等原则。

首先,提出问题,让学生思考男女平等原则的概念和内容。

其次,请学生举例说明现实生活中还存在哪些男女不平等的现象,进一步思考如何更好地贯彻男女平等原则。

思政元素融入设计：通过提出的“男女平等原则是哪一个社会主义核心价值观的体现以及该原则具体要求有哪些”问题，使学生了解男女平等原则是“平等”这一社会主义核心价值观在婚姻家庭领域的体现。通过男女平等原则的学习，使学生树立男女平等意识，在社会和家庭生活中贯彻落实这一基本国策。

(4) 保护妇女、未成年人、老年人和残疾人的合法权益原则。

首先，通过三个问题，让学生了解这一原则的内容和具体要求：

① 为什么要对妇女、未成年人、老年人和残疾人的合法权益进行保护？

② 保护妇女的合法权益原则与男女平等原则相冲突吗？

③《民法典》关于这一原则的禁止性要求有哪些？

其次，通过案例分析，让学生了解违反这一原则的法律后果。

思政元素融入设计：通过提出问题“保护妇女、未成年人、老年人和残疾人的合法权益原则体现了什么社会主义核心价值观以及法律价值”，使学生了解这一原则。这一原则体现了我国《民法典》坚持以人民为中心的发展思想以及“公正”这一社会主义核心价值观。妇女、未成年人、老年人和残疾人都是家庭中的弱势群体，对这类群体进行保护，彰显了法律追求实质公平正义的理念。

(5) 家庭成员间相互关系的原则性规定。

首先，介绍《民法典》第一千零四十三条关于家庭成员间相互关系的原则性规定以及《习近平关于注重家庭家教家风建设论述摘编》的相关内容。

其次，提出问题，让学生思考这一新增原则性规定的法律意义和伦理意义。

思政元素融入设计：通过学习《民法典》的法条规定和《习近平关于注重家庭家教家风建设论述摘编》，引导学生思考这些原则性规定体现了哪些社会主义核心价值观以及优良传统文化，从而使学生理解这一原则的重大意义并以这一原则作为婚姻家庭生活、处理婚姻家庭关系的指导准则。

教学环节三：应用拓展

组织学生课后开展“学讲话，看视频，谈体会”活动：要求学生认真学习《习近平关于注重家庭家教家风建设论述摘编》，观看视频《平“语”近人：习近平总书记用典》第四集《国之本在家》、《习近平“典”亮新时代：家风篇》，结合婚姻家庭法的基本原则撰写学习心得体会并在线上课堂进行讨论。

思政元素融入设计：古往今来，中华优秀传统文化和家庭美德是中华文明的智慧结晶和精华所在，是中华民族的根和魂。党的十八大以来，习近平总书记引经据典，援古证今，对家庭、家教和家风建设有许多重要论述。通过开展“学讲话，看视频，谈体会”活动，使学生能够深刻领悟习近平总书记关于家庭家教家风建设的重要讲话精神，贯彻落实社会主义核心价值观与婚姻家庭法基本原则。

教学环节四：课程总结

婚姻家庭法的基本原则贯穿婚姻家庭法的始终，既是婚姻家庭法的立法指导思想，又是婚姻家庭法规范适用的基本准则，对人们的婚姻家庭领域的行为有着重要的指导性意义，因此，学生应当认真学习并牢牢掌握有关基本原则和基本理论。

思政元素融入设计：在课程总结时，再次强调婚姻家庭法基本原则与社会主义核心价值观、中华优秀传统文化和家庭美德之间的紧密联系。

（五）教学反思

婚姻家庭法的五项基本原则内容颇多，除了讲解法律知识外，还需要在课堂结合思政元素进行提炼，开展课程思政，2 个学时内较难完成，使得教学节奏过于紧凑，因此，如何利用混合式课程开展，把这部分的课程思政形成一个有效整体，需要进一步优化教学设计。

四、课件

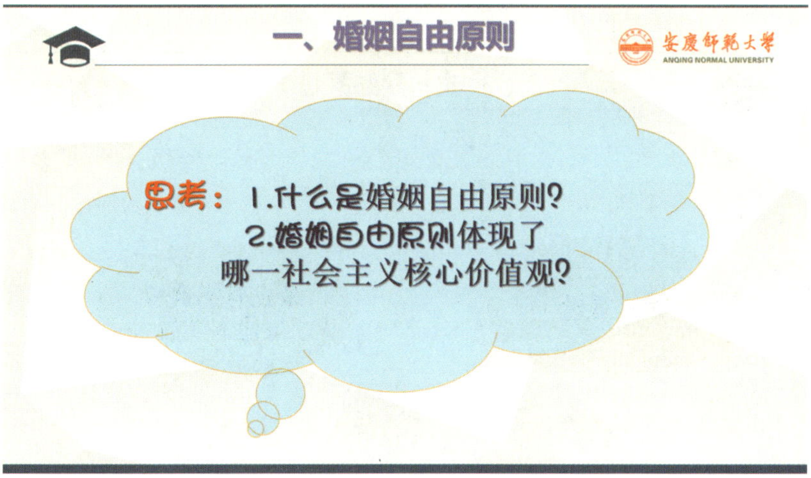

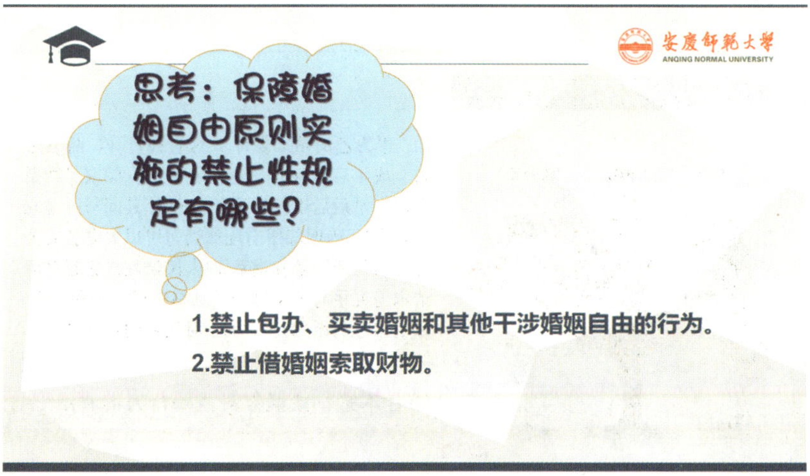

案例：天价彩礼伤人案

安庆师範大學 ANQING NORMAL UNIVERSITY

女方悔婚拒还二十万彩礼，被男方砍死

××市××镇25岁的男子许某认识邻村女孩叶某后，感情迅速升温，许某家人举债40万元为二人订婚。订婚后不久，叶某单方面提出退婚，许家要求叶家退还彩礼27万元，遭到拒绝。之后，没结成婚又拿不回彩礼的许某孤身来到叶某家，趁着叶某家只有叶某一人在家之际，连砍多刀，导致叶某当场死亡。

请结合本案，谈谈你对彩礼的看法。

二、一夫一妻制原则

安庆师範大學 ANQING NORMAL UNIVERSITY

- 禁止重婚
- 禁止有配偶者与他人同居

案例：重婚案

安庆师範大學 ANQING NORMAL UNIVERSITY

甲为乙的姑家表哥,二人青梅竹马、两小无猜。成年后后双方隐瞒表兄妹关系,骗取了结婚登记。婚后后甲独自到外地务工,其间与丙建立婚外恋情,丙明知甲有配偶仍与甲以夫妻名义公开同居生活。乙知道后,向人民法院提起起自诉,请求追究甲与丙重婚罪的刑事责任。甲和丙则以甲与乙的婚姻无效为由,对抗乙的自诉请求。

结合本案，谈谈你对重婚行为的看法

三、男女平等原则
安庆师範大學
ANQING NORMAL UNIVERSITY
男
女
举例说明现实家庭
生活中还存在哪些
男女不平等现象。

男女平等原则体现了哪
一社会主义核心价值观？

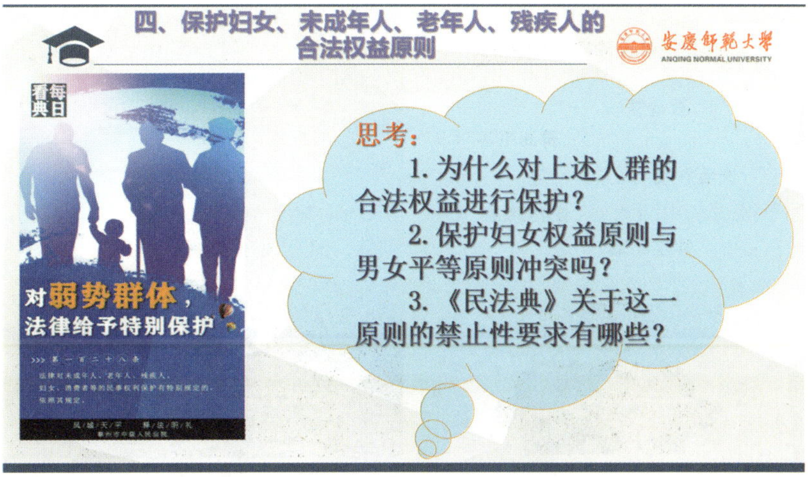
四、保护妇女、未成年人、老年人、残疾人的
合法权益原则
安庆師範大學
ANQING NORMAL UNIVERSITY
每日看典
对弱势群体，
法律给予特别保护
思考：
1. 为什么对上述人群的
合法权益进行保护？
2. 保护妇女权益原则与
男女平等原则冲突吗？
3. 《民法典》关于这一
原则的禁止性要求有哪些？

安庆师范大学
ANQING NORMAL UNIVERSITY
有期徒刑
针刺
获刑
新华社发 徐骏 作
反对家暴 让爱满屋
家庭需要守护
不需要暴力
遗弃老人

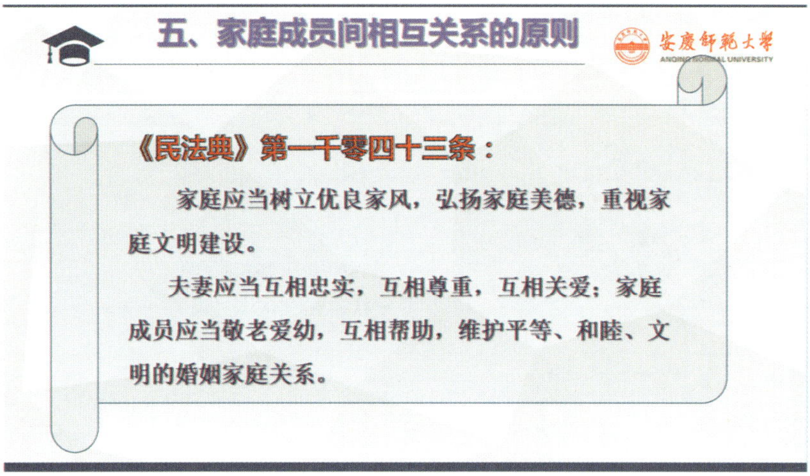
五、家庭成员间相互关系的原则
安庆师范大学
ANQING NORMAL UNIVERSITY
《民法典》第一千零四十三条：
家庭应当树立优良家风，弘扬家庭美德，重视家庭文明建设。
夫妻应当互相忠实，互相尊重，互相关爱；家庭成员应当敬老爱幼，互相帮助，维护平等、和睦、文明的婚姻家庭关系。

以“爱”为核心的家庭美德建设
尊老爱幼
男女平等
夫妻和睦
勤俭持家
邻里团结
我们要认识到，
千家万户都好，
国家才能好，
民族才能好。

“社会学概论”课程思政教学设计案例

一、课程简介

1. 课程性质

社会学概论是思想政治教育专业的学科基础课，共计51学时，3学分，修读对象为思想政治教育专业本科二年级学生，开课时间为第三学期。社会学是研究社会良性运行和协调发展的条件和机制的综合性社会科学，是社会科学的重要组成部分，对于其他课程的学习具有先行性与指导性的作用。

2. 课程内容

本课程选用由社会学概论编写组编写的马克思主义理论研究和建设工程重点教材(简称“马工程教材”)。教学内容包括“绪论”“社会的基础与条件”“个人与社会”“社会网络与社会群体”“组织与管理”“社会制度”“阶级、阶层与社会流动”“社区与城镇化”“社会变迁与现代化”等。本课程重点体现了中国化马克思主义社会学理论和方法在揭示社会现象、分析社会问题和推进社会发展中的科学性。

3. 授课教师

沈娇娜，助教，主要承担思想政治教育专业的社会学概论和思政公共课教学任务。曾获安庆市大中小学思政优质课评选二等奖、安庆师范大学第五届教师智慧教学大赛二等奖。

二、课程思政资源分析

(一) 课程思政建设目标

本课程旨在帮助学生系统掌握社会学的基本概念、基本理论，引导学生从社会整体的角度分析社会关系的各个层面及其变化发展的规律，锻炼学生运用社会学知识与理论思考和分析社会现象与问题的能力。让学生更好地把握中国国情、中国社会状况和自己的生活环境，从而更自觉、更高效地参与到社会发展中，更加坚定中国特色社会主义道路自信、理论自信、制度自信和文化自信，以自己的实际行动为中国特色社会主义事业和中华民族伟大复兴做贡献。

思政目标 1：强化政治认同。通过课程学习，让学生了解中国社会良性运行、协调发展必须要坚持中国共产党领导，坚持以马克思列宁主义、毛泽东思想、邓小平理论、“三个代表”重要思想、科学发展观、习近平新时代中国特色社会主义思想为指导，深刻感受到中国社会建设和发展取得的伟大成就，深切体会到在中国共产党领导下的社会主义制度优越性，牢固树立“四个自信”。

思政目标 2：拥有家国情怀。通过课程学习，学生能够把握文化的构成和功能，自觉增强对中国特色社会主义文化的自信；深刻理解乡村振兴和城乡融合发展的历程和路径，厚植爱农情怀，树立大局意识，接续奋斗，践行时代担当；充分认识到中国的现代化发展道路区别于西方现代化发展之路，增强对中国特色社会主义道路的自信，以青春助力中国式现代化；学会正确处理个人和社会的关系，认清中国的国情和国家发展的需要，明确为实现中华民族伟大复兴而努力奋斗的使命担当。

思政目标 3：弘扬科学精神。通过课程学习，学生了解社会政策、社会变迁、社会制度、社会分层等基本内容，掌握相关基本原理，开始关注社会发展的动态和规律，并在此基础上不断增强运用社会学的基本理论和方法观察、分析现实社会问题的能力。

（二）课程思政融入方式

“一个人只有明大德、守公德、严私德，其才方能用得其所。”社会学概论作为研究人类日常生活中常见现象和问题的人文社会科学基础的入门课程之一，思政元素的融入可进一步提升其育人功效。因而课程安排时，通过将育人元素浸润式地渗透、传递和运用，实现知识传授和价值引领相统一、显性教育和隐性教育相统一、统筹协调与分类指导相统一、总结传承与创新探索相统一，进一步提升其育人功效，主要措施如下：

（1）润物无声学思政，将思政元素巧妙融入教学讲解和案例中。比如在讲到中国社会学的发展时，通过播放纪录片等影像资料，帮助学生了解中国社会和中国社会学发展的历史，促使其认识到一门学科发展背后的艰难，建立对中国社会科学的自信。在谈及文化时，阐述中国传统和现代文化体系的构成及其国际影响，引导学生客观评析中西方文化，树立中国文化的体系与优势，增强文化自信、理论自信、制度自信和道路自信。

（2）积极主动讲思政，将思政元素巧妙融入课堂讨论、互动和学生分享中。社会学的课堂应是活跃的，安排学生通过课前演讲、小组辩论、无领导小组讨论、热点播报等丰富多样的形式，将人的社会化、集体行动、社会分层等重点知识进行展示。通过对社会热点事件的关注、表演、辩论，学生对于政府管理的智慧、大国形象的塑造、弱势群体的艰辛、公民责任的承担方面都有了更为直接、深刻的认识，并在自我表达中进一步培养了家国情怀。

（3）深入实践化思政，将思政元素巧妙融入实践教学和课后作业中。社会学课程的实践活动应是真正贴近社会、丰富多元的，或是要求学生进入社会进行实地调查，或是对扮演不同社会角色的人进行访谈，或是要求其观察一个组织的发展运行。在身临其境的体验中，每位同学都对中国社会的运行发展有了认识与把握，能更加客观地看到中国发展进程中取得的成就和不足，更加清晰地认识到自己的社会角色，意识到要担负起一个公民的责任，同时思考自己离开学校进入社会后，要担负何种社会角色，从而为国家进步贡献力量。

三、教学案例展示

社会化的概念和必要性

教学展示内容选自马工程教材《社会学概论》(第2版)第二章第三节“人的社会化”。该节内容包括社会化的概念和必要性、社会化的类型和阶段、社会化的内容与功能、社会化过程中人的主体性四目内容。本教学案例主要讲授第一目，讲授时间为1学时。

(一) 教学目标

1. 情感态度与价值观目标

(1) 通过本节课教学，激发学生对个人发展与社会进步的思考和探索，提升社会责任感，厚植家国情怀。

(2) 通过本节课教学，帮助学生深刻认识当前青年时期社会化的关键作用，引导学生坚定理想信念，升华职业理想，练就过硬本领，锤炼高尚品质。

2. 知识与技能目标

(1) 通过本节课学习，使学生掌握社会化的概念和必要性，并在此基础上深刻领悟个人与社会的关系。

(2) 通过案例分析和榜样示范的教学方式，引导学生对青年社会化的思考，并提升学生用所学知识指导实践的能力。

3. 过程与方法目标

(1) 以熟知案例为切入点，在案例和理论融合中按照提出问题—分析问题—解决问题的思路展开教学，并结合自身成长经历，引导学生分析思考教学内容，深刻理解教学重点和难点。

(2) 运用自主学习、自主探究、小组讨论与合作学习以及课后探究等方式，培养学生观察归纳、解决问题的能力，提升学生综合素质。

(二) 教学重难点

教学重点：社会化界定中的“三个方面”内容；社会化的必要性。

教学难点：个人发展与社会进步的辩证统一关系。

(三) 教学方法、教学资源

教法:迁移教学法、案例分析法、问题引导法。

学法:小组讨论法、探究学习法、自主学习法。

教学资源:

(1) 安东尼·吉登斯,菲利普·萨顿.社会学[M].7版.赵旭东,等译.北京:北京大学出版社,2015.

(2) 郑杭生.社会学概论新修[M].北京:中国人民大学出版社,2019.

(3) 米尔斯.社会学想象力[M].李康,译.北京:北京师范大学出版社,2019.

(4) 社会学概论编写组.社会学概论[M].北京:高等教育出版社,2021.

(5)《习近平总书记在庆祝中国共产主义青年团成立100周年大会上的讲话》全文。

(6) 央视网《闪亮的名字:2022最美教师发布仪式》视频。

(四) 教学过程

教学环节一:结合典型案例,导入新课

教学内容:介绍社会化失败的典型案例,引发对于"人是否生而为人"的思考,导入人如何从生物人转化为社会人的话题,引出社会化的相关内容。

设计意图:通过介绍同学们比较熟悉但并未深入探究的"狼孩"话题,并通过提问的方式,培养学生合作、自主和研究学习能力。

预设效果:引发学生对人类社会和个体发展的思考,探究环境对个体成长的影响,同时也希望激发学生对未知世界的探索欲望,培养他们的好奇心。

教学方法与手段:案例分析法、引导法、探究法。

思政元素融入设计:通过讲述人类个体在非主流社会环境中生存的故事,引导学生对"狼孩"故事的深入分析,让学生认识到教育和文明对于个体成长和发展的关键作用。通过让学生感受到个体在成长和发展过程中会受到环境的影响和制约,帮助他们更好地理解个体与环境的关系,培养他们适应环境、应对挑战的能力。

教学环节二:社会化的概念

教学内容:教师讲授社会化的基本概念,并引导学生讨论关于社会化界定中的"三个方面"内容,加强对于社会化概念的理解和把握。

设计意图:学生平常对于社会化的理解比较模糊且不够全面。通过这部分学习,让学生对于社会化的基本概念能有系统的掌握,并通过"三个方面"来阐释社会化的含义,使其理解得更为全面深刻。

预设效果:通过学习,让学生掌握社会化的概念,并对于社会化的内容有所思考,能在此基础上分析"狼孩"社会化失败的原因。

教学方法与手段:讲授法、引导法。

思政元素融入设计:引导学生明确社会化是指个体内化社会文化和价值标准,养成个性并学习角色的过程。这可以引导学生思考个体在社会中的责任和角色期待，并进一步审视和完善自我，培养社会责任感，促进人的全面发展。

教学环节三：社会化的必要性

教学内容：介绍安庆师范大学优秀校友韩龙不断攀登的人生经历，引发学生思考社会化的必要性。主要从个人生存发展的需要和社会延续进步的需要两个方面展开讲解。

设计意图：通过贴近学生生活的精彩人生和成功社会化的案例分享，与“狼孩”案例形成鲜明对比，引导学生深刻认识人进行社会化是社会和个人的双重选择，结合问题探究启发学生思考社会化的最高境界，培养他们的社会责任感。

预设效果：通过学习，让学生掌握社会化必要性的内容，社会化不仅是个人生存发展的需要，更是社会延续进步的需要。掌握政治规范社会化的重要性，积极思考个体在社会中的地位和作用，感悟社会化的最终目的和最高境界是服务社会，奉献社会，要在服务奉献中践行使命。

教学方法与手段：探究法、案例分析法、对比教学法。

思政元素融入设计：通过介绍韩龙参军入伍和驰疆援藏的支教经历，让学生深刻认识人的全面进步与社会全面发展是密不可分的。通过讨论探究，引导学生学习韩龙为国担当、为国奉献、艰苦创业的精神，把个人得失放在国家利益之后，把个人选择融于国家需要之中，把对祖国的深情大爱、对时代的如火热忱落实到行动之中，帮助学生树立大局意识。

教学环节四：个人发展和社会进步的统一

教学内容：引导学生思考有机体细胞（个人）与有机体（社会）之间存在的紧密联系，并进一步介绍大学生当前的青年期是社会化的关键期，启发学生对青年期社会化的思考和规划，在服务和贡献中明确使命担当和职业方向。

设计意图：通过理解个人与社会之间的紧密联系，深化学生对个体与社会关系的认识，引导学生认识当前社会化的重要性，鼓励学生在实践中实现自我价值的同时为社会做出贡献。

预设效果：通过学习，让学生掌握个人发展和社会进步的辩证关系，在此基础上结合自身成长经历，深刻认识青年期社会化的重要性，并在实践中发挥积极作用。

教学方法与手段：探究学习法、小组讨论法。

思政元素融入设计：引导学生深刻感受个体与社会的相互依存关系。青少年时期是学习科学文化知识的黄金期，是确立人生志向的关键时期，倡导学生珍惜时光，不负韶华，坚定理想信念，练就过硬本领，锤炼高尚品质，为实现中华民族伟大复兴努力奋斗。

（五）教学反思

(1) 从教学理念来看，本案例从课程育人目标出发，将正确的价值观、方法论寓于知识传授和能力培养中，引导学生正确认识社会化的重要性和必要性，明确国家、社会和个体之间的关系，培养学生分析现实问题的能力，探索自我成长和社会发展之路。

(2) 从教学手段来看，借助“翻转课堂”创新教学形式，逐步形成“以学生为中心”课程体系。教师与学生共建课程平台资源，提升学生发现问题的敏感性和主动解决问题的使命感。

(3) 从学习方法来看，使得学生获得更多发挥空间，实现理论学习与社会实践的有效转化。学生用课堂学到的社会化知识分析社会现象和矛盾，再将现实经验进行理论升华，保证学习的连贯性和深入性，同时也在社会实践中践行服务理念，实现专业价值。

四、课件

安庆師範大學
ANQING NORMAL UNIVERSITY

社会化的概念和必要性

一、社会化的概念

二、社会化的必要性

三、个人发展和社会进步的统一

安庆師範大學
ANQING NORMAL UNIVERSITY

导入案例→

1920年，在印度一个小城，人们常常见到两个用四肢走动的"像人的怪物"尾随在三只大狼后面。

“狼孩” 用四肢行走，怕火和光，也怕水，不让人们替她们洗澡，吃东西时放在地上用牙齿撕开吃。她们每天午夜到早上3点钟，像狼似的引颈长嚎，并没有感情。

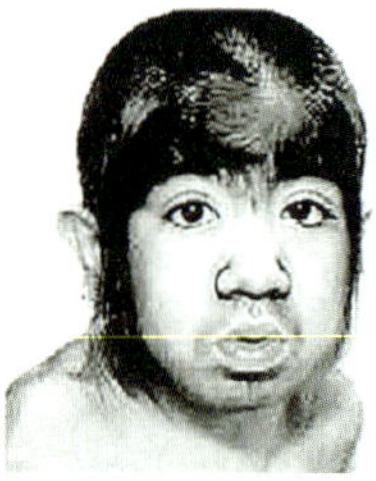

安庆师范大学 ANQING NORMAL UNIVERSITY

思考：

人是否生而为人？是不是只要不和野兽生活在一起，就能够成长为正常意义上的社会人呢？

安庆师范大学 ANQING NORMAL UNIVERSITY

一、社会化的概念

一个人从最初的自然的生物个体转变为社会人的过程。通过这一过程，个人形成个性和自我、内化社会价值标准、学习角色技能、适应社会生活。

安庆师范大学 ANQING NORMAL UNIVERSITY

• 把握社会化界定中的“三个方面”内容：

安慶師範大學
ANQING NORMAL UNIVERSITY

韩龙——安庆师范大学2010届毕业生

在18年里实现的六个人生梦想：
大学梦、军旅情、创业路、教师缘、援疆行、援藏行。

缺氧不缺精神，海拔高境界更高。

安慶師範大學
ANQING NORMAL UNIVERSITY

二、社会化的必要性

（一）社会化是个人生存发展的需要

- 生活依赖期长，生活能力和谋生能力欠缺；
- 社会分工日益精细，彼此依赖性增强；
- 参与社会生活，发挥潜能，健全人格。

安慶師範大學
ANQING NORMAL UNIVERSITY

（二）社会化是社会延续进步的需要

1. 社会化是社会延续的必然选择

- 为保证社会生活的有序运行；
- “立规矩”，进行教化；
- 认同社会主导价值，遵循社会行为规范。

列举政治规范社会化的例子。

安庆师范大学 ANQING NORMAL UNIVERSITY

2. 社会化是社会进步的重要保障

社会要进步，就会要求社会成员提高素质，激发成员创造力，指导成员明确生活目标，社会化的基本任务就是培养群体和社会认为合格的社会角色。

思考题　社会化的最高境界是什么？

安庆师范大学 ANQING NORMAL UNIVERSITY

退伍军人，曾远赴新疆、西藏支教多年，将音乐教学与国防教育结合，用音乐陪伴学生健康成长。

——中宣部、教育部

祖国终将选择那些选择了祖国的人。

安庆师范大学 ANQING NORMAL UNIVERSITY

三、个人发展和社会进步的统一

个人　　　　社会

有机体细胞　　　　有 机 体

个人全面发展，是社会全面进步的根本目标;

社会全面进步，是个人全面发展的重要保障。

安慶師範大學
ANQING NORMAL UNIVERSITY

青年期是社会化的关键期，
请谈谈你对青年期社会化的思考。

只有当青春同党和人民事业高度契合时，青春的光谱才会更广阔，青春的能量才能充分迸发。

——习近平总书记在庆祝中国共产主义青年团成立100周年大会上的讲话

安慶師範大學
ANQING NORMAL UNIVERSITY

思考/拓展

结合自身专业特色，谈谈为顺应时代需要，我们应该怎样投身实践、促进发展。

“社会语言学”课程思政教学设计案例

一、课程简介

1. 课程性质

社会语言学是汉语言文学专业的选修课程，共 34 学时，2 学分，主要面向汉语言文学专业本科三年级学生开设，其先修课程为现代汉语、语言学概论。

2. 课程内容

社会语言学是研究语言与社会关系的学科，课程主要内容包括：导论、社会语言学的基本概念、社会范畴与语言变异、研究语言变异的目的和方法、社会变迁和汉语发展、中国语言和中国社会、言语交际（语码转换）、语言竞争和语言和谐、基于语料库的社会语言学研究与社会语言学应用等。

3. 授课教师

张彤彤，文学博士，讲师。主讲社会语言学等课程，主持校级教学研究项目“新文科”背景下社会语言学课程建设的探索与实践。

二、课程思政资源分析

（一）课程思政建设目标

本课程立足课程实际，综合各种学科知识，介绍跨学科思维在课程设计中的重要作用，从语言的角度加深学生对中国文化的认知和理解，从社会的角度引导学生感悟语言文化的时代性变迁和强劲生命力，在语言与社会的交融中引导学生感悟并践行中国优秀传统文化和社会主义核心价值观，培养专业素质，培育人文精神。

思政目标 1：坚定文化自信。语言是文化的载体，在语言数千年的发展历程中，汉语与其他语言相互影响，中华文化的推陈出新、中外文化的交流与碰撞彰显了中国文化对日韩等语言文化的影响，反映出中国文化的强大生命力。

思政目标2:厚植家国情怀。在考察语言的历时演变过程中，引导学生领会时代发展进程中的家国变化；在语言竞争和语码转换的教学中，增强学生对国家意识、国民身份的认同，厚植家国情怀，勇担社会责任。

思政目标3:培育实践意识。社会语言学主要从当下语言现象出发，引导学生关注生活和社会文化，理论联系实际，在实践中检验理论并解决现实问题。

(二) 课程思政融入方式

本课程思政融入方式主要有教学渗透、课堂互动、实践感知等。

(1) 教学渗透。挖掘课程内容的思政元素，以恰当形式渗透于教学内容和教学活动之中。充分挖掘与彰显人文课程中的思政元素，可以达到立德树人的目的。如课程所用教材第六章“称谓语与社会生活”部分，传统称谓语的语用变异原因涉及社会发展、城市化进程的社会因素和民众的心理因素等，体现出中国文化中的人伦关系和家国情怀等特质，第七章利用影视作品中人物的语码转换现象，培养学生的文化认同和文化自信。

(2) 课堂互动。采用启发+讨论+探究等教学方式，充分利用网络资源和现代技术手段，课前发布课程的导入话题，课中进行讨论汇报。如第五章引入新版字典中字音和词义的新变，请同学们投票是否支持新版字典的收录；课中请两派观点的同学分别进行交流辩论，最后总结分析社会变化和语言变异的关系，探讨变异的原因，引导学生领悟其在社会生活中的责任感和使命感，培养学生的使命意识和责任担当。

(3) 实践感知。以实践作业的形式，推动学生对现实生活中语言现象的关注与探究。如通过社会实践，引导学生发现日常语言景观中存在的语言错用和误用现象，在影视台词、歌词等方面存在的语病现象，并对这些语言现象进行理性分析和积极思考，提升学生的语言敏感度和学术思维，锻炼其实践能力。

三、教学案例展示

亲属称谓语与社会生活

本节内容是课程所用教材第六章第四节“亲属称谓语与社会生活”中的亲属称谓语部分。亲属称谓语使用频繁，在使用过程中出现简化、泛化、异化的变异表现，这与社会结构、文化心理、社会现实等密切相关。

(一) 教学目标

1. 情感态度与价值观目标

(1) 通过亲属称谓语及其文化内涵的阐释，深刻体会中华文化对人伦关系的重视和对和谐社会的追求，树立文化认知，坚定文化自信。

(2) 通过亲属称谓语的变异，领会时代进程中的语言演变，形成正确的语言发展观念，培养实践意识。

2. 知识与技能目标

(1) 通过“哥”的具体语用现象的分析，理解并掌握亲属称谓语的简化、泛化，理解其变异。

(2) 通过亲属称谓语变异的分析，理解社会、文化、传媒、心理等因素对语言发展的影响。

3. 过程与方法目标

(1) 通过课程案例与课后作业的教学设计，体会社会语言学的现实性和普遍性，理性分析语言现象，提高学术敏感度，锻炼学术思维能力。

(2) 通过学术论文的课堂教学引入，了解学术研究的基本思路和方法。

(二) 教学重难点

教学重点：亲属称谓语泛化及其原因。

教学难点：亲属称谓语变异的原因。

(三) 教学方法、教学资源

教法：案例分析法、问题引导法。

学法：自主学习法、探究学习法。

教学资源：

(1) 游汝杰，邹嘉彦. 社会语言学教程[M]. 上海：复旦大学出版社，2009.

(2) 潘攀. 论亲属称谓语的泛化[J]. 语言文字应用，1998(2)：34-38.

(3) 李树新，杨亭. 汉语亲属称谓泛化的文化心理考察[J]. 内蒙古社会科学，2005(3)：89-92.

(4) 费孝通. 乡土中国[M]. 北京：北京大学出版社，2012.

(四) 教学过程

教学环节一：导入新课

以古装剧和当下综艺中称谓语的差异为例，引入本课的称谓语主题。在20世纪的经典剧集《新白娘子传奇》中，剧中人物以“相公”称呼陌生青年男子；而在当下流行的综艺节目中，对三十岁以上(乃至四五十岁的)男士则称呼为“哥哥”“小哥哥”。两相对比，让学生探讨二者称谓语使用上的区别，分析为什么用亲属称谓语“哥”来称呼陌生成年男性。

教学环节二：新课讲解

知识点一：亲属称谓语的定义与分类。

(1) 亲属称谓语：指以本人为中心确定亲族成员和本人关系的名称，是基于血亲、姻亲基础上的亲属之间相互称呼的名称和叫法。

（2）分类：
血亲：爷爷、爸爸、哥哥、儿子、孙子；
姻亲：姑父、姐夫、女婿。
知识点二："哥"的变异。
（1）简化：
① 定义：亲属关系内部称谓语逐渐减少、关系日趋简化。
② 类型：亲属差别淡化、血亲化。
③ 原因：城市化、社会化。

思政元素融入设计：培养文化认知，感受语言背后的文化特色。通过设置线上投票并对比往年学生的投票结果，引导学生分析亲属称谓语使用过程中的历时变化，从而推动学生分析生活实际中的语言使用现象，提高学术敏感度，感受时代精神，培养实践意识。

（2）泛化：
① 定义：亲属称谓语向系统外扩张，泛化为社会称谓语。
② 特点：意义虚化、外延扩大、语法意义增强、词根缀化、感情显化。
③ 原因：差序格局的社会结构、尊人卑己的文化心理。

思政元素融入设计：日常生活中，"哥"的使用模糊了血亲、年龄、辈分的特征，当前社会语境下跨年龄和辈分出现的"小孩哥"、称"叔"为"哥"的现象尤其鲜明。通过课堂互动，反思自己相似的语用经历，深入探索其形成的原因，引导学生领悟中国文化重视人伦亲情、追求和谐社会的特点，自觉传承优秀中华传统文化。

（3）异化：
① 定义：亲属称谓语在网络中的使用，广泛应用于各种事物。
② 特点：语义进一步虚化、弱化。
③ 原因：社会文化、民众心理、大众传媒。

思政元素融入设计：从女性、群体、虚拟人物、科技产品等角度探讨网络社会中"哥"的使用，分析网络社会中"哥"的语言变异，从身边的语言现象出发，培养学生的实践意识和语言发展意识。

教学环节三：评价与意义

（1）语言的生命力。

从"哥""帅哥""哥哥""小哥哥""小孩哥"的语用中，反映出"哥"的使用在不断变化，内涵丰富、指向各有侧重。由此可见，语言跟随社会文化发展而变化，具有强劲的生命力。

（2）理性看待语言变异。

课堂讨论：对"汉语已死"观点的看法。

教师引导：近年来网络语言丰富且活跃，影响面广、影响力大。其灵活性得到广大网友的喜爱和广泛使用，而其超常性又使得很多人感到忧虑，所以产生"汉语已死"的观点和担忧。通过课堂上的研讨和交流，一方面引导学生理性看待语言变异，了解语言的社会性和正常代谢现象，同时亦让学生认识到合理和分场合使用语言的必要性。

(3) 文化内核的稳定性。

课堂讨论:汉语亲属称谓语语用特点与其他语言对比有什么异同?

教师引导:语言根基稳定;与英语亲属称谓语的使用相比,汉语亲属称谓语的使用体现出中国文化重视人伦、追求和谐的特点;而与日韩亲属称谓语相对照,可以发现汉文化对日韩语言文化有深刻影响,语言深刻反映着社会和文化的变化。

思政元素融入设计:通过语言和文化两个角度、三个层面的内容呈现和互动探讨,引导学生正确看待语言变异,弘扬优秀传统文化;通过中外语言文化的比较,培养学生的文化认知,坚定文化自信,强化家国情怀。

教学环节四:课堂总结

"哥"的简化、泛化、异化,都是语言变异的表现。体现出血亲→非血亲、辈分→非辈分……的变迁,这体现出梅因所言的身份关系向契约关系转化的论断。

教学环节五:课后拓展

课堂派测试题:除了"哥"以外,还有哪些称呼语也体现出社会文化的深刻影响?请以小组形式调查总结。

思政元素融入设计:通过课后的调查实践,引导学生关注社会生活和语言使用现象,培养其学术思维、思辨能力和实践意识。

(五) 教学反思

亲属称谓语的发展变化体现出社会文化心理的嬗变,但很多时候人们处于百姓日用而不自知的状态。本课程以亲属称谓语"哥"的简化、泛化、变异现象为轴心,探讨其背后的多重动因,引导学生关注日常生活中的语言现象,理论联系实际,运用多学科视角,透过现象看本质,提高学术敏感度,锻炼学术思维,提高学生的文化认知和文化自信,培养家国情怀和实践意识。

四、课件

安慶師範大學
ANQING NORMAL UNIVERSITY

思政元素

文化自信　家国情怀　实践意识

安慶師範大學
ANQING NORMAL UNIVERSITY

新课导入

大姐、相公

安慶師範大學
ANQING NORMAL UNIVERSITY

新课讲授

一、定义与分类

亲属称谓语

- 基于血亲、姻亲基础上的亲属之间相互称呼的名称和叫法。

分类

- 血亲：爷爷、爸爸、哥哥、儿子、孙子。
- 姻亲：姑父、姐夫、女婿。

安庆师范大学
ANQING NORMAL UNIVERSITY
GG
小哥哥
小哥
哥哥
堂哥
刘哥
快递小哥
大哥
表哥
淇哥
华哥
空哥
曾哥
的哥
哥
春哥
戚哥
犀利哥
迅哥
壕哥
帅哥
学生哥
一哥
奔跑哥
章鱼哥
不要迷恋哥，
哥只是个传说。
海豚哥
Y哥（联想 Y480）
移动4哥（移动 4G）

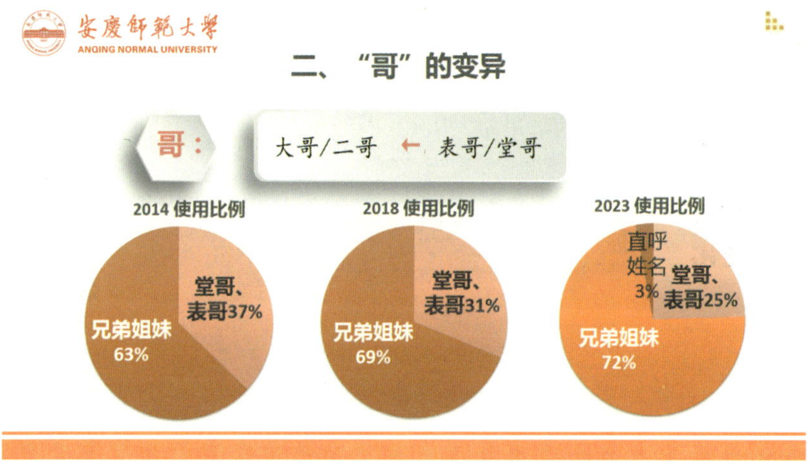

安庆师范大学
ANQING NORMAL UNIVERSITY
二、“哥”的变异
哥：
大哥/二哥 ← 表哥/堂哥
2014 使用比例
堂哥、表哥37%
兄弟姐妹 63%
2018 使用比例
堂哥、表哥31%
兄弟姐妹 69%
2023 使用比例
直呼姓名 3%
堂哥、表哥25%
兄弟姐妹 72%

安庆师范大学
ANQING NORMAL UNIVERSITY
大哥/二哥 ← 表哥/堂哥
(一) 简化
“亲属关系内部称谓语逐渐减少、关系日趋简化。”
社会文化的影响
亲疏差别淡化
血亲化
公婆→爸妈
城市化 社会化
实践意识

安慶師範大學 ANQING NORMAL UNIVERSITY

“哥”的语义特征

		男性	血亲	同辈	年长
大/老/小+	大哥、小哥	+	+	+	+
姓/名+	华哥、刘哥	+	−	+	+
职/行业+	的哥、空哥	+	−	±	±
特征+	帅哥、壕哥	+	−	±	±

安慶師範大學 ANQING NORMAL UNIVERSITY

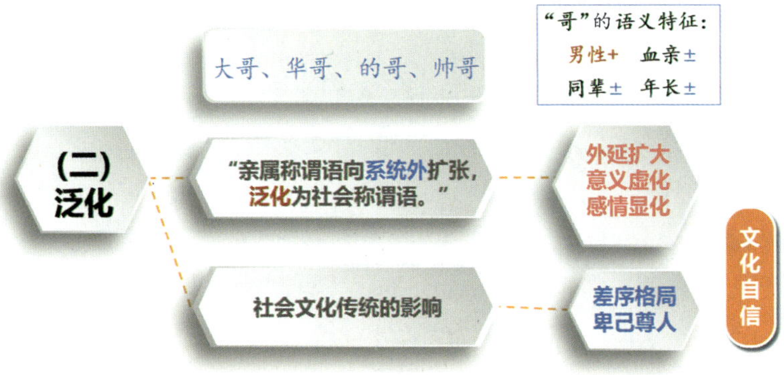

安慶師範大學 ANQING NORMAL UNIVERSITY

	人类	男性	个体	生命
春哥	+	−	+	+
章鱼哥	−	+	+	+
学生哥	+	±	−	+
移动4哥	−	−	−	−

安庆师范大学
ANQING NORMAL UNIVERSITY
春哥、章鱼哥、移动4哥
（三）异化
"亲属称谓语在网络中的使用，广泛应用于各种事物。"
语义进一步虚化、弱化
社会现实的影响
社会文化
民众心理
大众传媒
实践意识

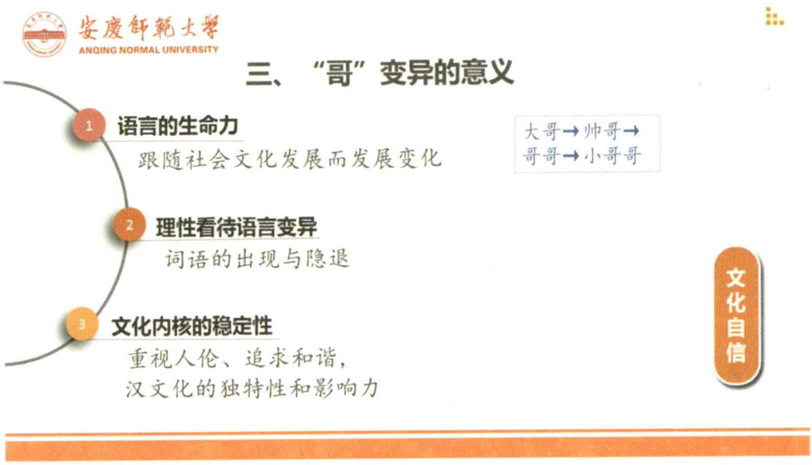
安庆师范大学
ANQING NORMAL UNIVERSITY
三、"哥"变异的意义
1 语言的生命力
跟随社会文化发展而发展变化
大哥→帅哥→哥哥→小哥哥
2 理性看待语言变异
词语的出现与隐退
3 文化内核的稳定性
重视人伦、追求和谐，
汉文化的独特性和影响力
文化自信

安庆师范大学
ANQING NORMAL UNIVERSITY
四、课堂总结
1 简化
2 泛化
3 异化
变异
身份关系→契约关系
血亲→非血亲
辈分→非辈分
年龄→非年龄
……
家国情怀

“视听语言”课程思政教学设计案例

一、课程简介

1. 课程性质

视听语言是广播电视学专业的基础必修课程，共34学时，2学分，该课程的修读对象为广播电视学专业大三年级学生。

2. 课程内容

本课程的主要内容包括四个方面：画面造型语言、镜头语言、声音语言以及剪辑与蒙太奇。画面造型语言主要包含影视画面中的景别、景深与焦距、角度、光线、色彩色调、构图等内容；镜头语言主要涉及固定镜头、运动镜头、长镜头及场面调度等；声音语言主要分析影视作品中的听觉元素呈现，包括影视声音的特性、影视声音的分类及其功能和声画关系；剪辑与蒙太奇部分主要涉及剪辑的基本原则、蒙太奇的具体分类等。通过对影视作品中基础理论知识的系统性介绍和优秀影像资料的细致分析，提高学生的电影艺术鉴赏水平。

3. 授课教师

郑淑君，戏剧与影视学硕士，讲师。主讲视听语言、出镜报道和非线性编辑等课程。曾获2023年安徽省本科师范院校教师智慧教学大赛二等奖、2023年第五届安庆师范大学教师智慧教学大赛二等奖、安庆师范大学第三届课程思政教学设计大赛教学赛二等奖，多次指导学生在“诵读中国”经典诵读大赛、全国大学生广告艺术大赛、全省大学生诗文朗诵比赛等省部级赛事上获得奖项。

二、课程思政资源分析

（一）课程思政建设目标

本课程以实现“立德树人”为出发点，坚持“协同育人”的理念，把国家重大战略方针、学生价值观的塑造以及人格品质的培养嵌入课程，以课程为载体，突出家国情怀、使命担当和价值规范，持续提高学生的理论知识与审美能力。同时，在优秀影视作品的案例分析中融入爱国、明礼、诚信、友善、民族性等思政元素，塑造学生良好的思想品德，使学生深度了解中国文化，自觉传承中华优秀文化传统。

思政目标1：厚植家国情怀。将爱国主义、理想信念、使命担当等渗透到课程教学，落实立德树人根本任务。通过对基础知识的讲授和优秀影视作品的分析，厚植爱国主义情怀，引导学生辨是非、塑人格，树立正确的价值取向，从而达到课程育人的目的。

思政目标2：坚定文化自信。在视听语言课程中，注重展示和传播中国传统文化。通过展示影片案例中传统文化的独特性、历史性和传统性，引导学生更好地了解和认识本土文化，坚定文化自信，增强对中国传统文化的认同感。

思政目标3：讲好中国故事。2022年，习近平总书记在党的二十大报告中指出："坚守中华文化立场，提炼展示中华文明的精神标识和文化精髓，加快构建中国话语和中国叙事体系，讲好中国故事、传播好中国声音，展现可信、可爱、可敬的中国形象。"在课堂教学的案例分析中，将案例与"脱贫攻坚""乡村振兴""讲好中国故事"等国家方针政策相联系，同时融入中国传统文化，引导学生创作优秀影视实践作品，更好地讲好中国故事。

（二）课程思政融入方式

本课程主要通过教学渗透、案例分析、课堂讨论和实践创作等方式融入思政元素。

(1) 教学渗透。在视听语言的相关知识讲授过程中融入国家方针政策和中国传统文化等思政元素，将爱国主义精神、中国传统美德、中华民族精神等嵌入课程内容，使专业知识与课程思政相统一，能力培养与价值引领相统一，从而达到课程育人的目的。

(2) 案例分析。基于优秀、经典的影像资料，带领学生分析其中的视听元素，并解析不同的视听元素背后所蕴含的主题意义。如在课程所用教材第一章第五节色彩色调部分，通过学习色彩的属性，重点分析影视作品中色彩饱和度的体现，以此融入思政元素。又如以《云霄之上》这部主旋律影片为例，通过分析影片中的低色彩饱和度特征，探究《云霄之上》与其他主旋律影片风格的不同之处，与学生一同走进浙西南的那段革命故事，追寻前人先辈的理想信念，增强学生的民族自豪感和爱国主义精神。

(3) 课堂讨论。翻转课堂，集思广益。通过小组讨论的形式，与学生一起"牵手过河"。如在"画面造型语言——色彩色调"这一部分的教学中，引导学生根据中国传统颜色中独特的经验智慧，探讨影视作品中具体颜色的情绪性表现。通常，人们针对不同的颜色会产生不一样的情感情绪：红色是传统中国年浓墨重彩的喜庆之色，谈到红色，会想到中国红；讲到绿色，会将绿色与低碳、环保相联系，正如习近平总书记所强调的"绿水青山就是金山银山"。自古以来，中国人对于中国传统色彩有着自己的理解与认知。在影视创作实践中，引导学生用中国颜色，讲好中国故事。

(4) 实践创作。通过课堂上对视听语言内容的讨论辨析以及对影像资料视听元素的探究，了解视听语言的基本知识，深刻领会影视作品的创作技巧，指导学生以小组合作的形式，以传承中国传统文化为主题，创作蕴含中国元素的影视作品。例如，在"色彩色调的运用"章节，要求学生将色彩色调与中国传统文化相结合，小组合作创作五分钟的影视作品。通过理论与实践的结合，引导学生以视频创作的方式讲好中国故事，传播好中国声音。

三、教学案例展示

色彩色调的运用

本节课的教学内容选自中国传媒大学出版社出版的《视听语言》(第3版)第一章第五节“色彩色调”。该节内容包括色彩的三种属性、色彩间的相互作用以及色彩的情绪性表现。本案例的讲授时间为1学时。

(一) 教学目标

1. 情感态度与价值观目标

(1) 通过学习画面造型语言中的色彩色调，感受色彩色调的情绪性表现，在结合色彩色调与情绪的关联基础上，思考中国色彩元素背后的表意功能。

(2) 通过列举优秀、经典的影视作品，关注其中所体现的国家政策方针、中国传统文化、革命战争故事等，追寻前人先辈的理想信念，增强民族自豪感，激发学生的爱国情怀。

2. 知识与技能目标

(1) 通过学习色彩的三种属性，理解色相、色彩饱和度与色彩明度的关键知识点，明晰三者之间的区别。

(2) 通过案例分析，掌握色调的分类以及色彩的情绪性表现。

(3) 通过介绍视听语言的特征，逐渐形成并构建对电影艺术的感性认知。

3. 过程与方法目标

(1) 通过具体的案例引入，结合具体的影视作品，引导学生准确把握色彩色调中的色彩属性、色调分类以及色彩的情绪性表现等相关知识。

(2) 通过思考探究让学生对电影艺术形成一定的感性认识，同时以小组合作的形式完成影视作品的创作，实现理论与实践的统一。

(二) 教学重难点

教学重点：影视作品中色彩的情绪表现；色彩色调在影视作品中的实际应用。

教学难点：影视作品中色彩色调的情绪感受。

(三) 教学方法、教学资源

教法：案例分析法、翻转课堂法、问题研讨法。

学法：自主学习法、探究分析法、合作学习法。

教学资源：

(1) 李力，梁明. 电影色彩学[M]. 北京：北京联合出版公司，2021.

(2) 让·米特里.电影美学与心理学[M].崔君衍,译.南京:江苏文艺出版社,2012.
(3) 鲁道夫·爱因汉姆.电影作为艺术[M].北京:中国电影出版社,2003.
(4) 慕课"视听语言"(中国传媒大学桂笑东教授、孙振虎教授主讲)。

(四) 教学过程

教学环节一:课前回顾,温故而知新

带领学生一起回顾色彩的概念以及色彩的属性。在对上节课知识点的复习过程中,发现学生对于色彩饱和度在影视作品中的体现这部分内容仍存在一些疑问,因此设计了"重难点突破"环节。

教学环节二:案例分析,重难点突破

知识点一:结合具体案例《云霄之上》《一点就到家》,重点分析色彩饱和度在影视作品中的呈现特征。

课堂讨论:观看《云霄之上》之"岩洞宣誓"片段和主旋律影片《一点就到家》,请同学们思考下面两个问题:

(1) 两个片段有怎样的色彩饱和度特征?

(2) 对于该片段所呈现的色彩,你有怎样的感受?

教师引导:低饱和度色彩的主旋律影片《云霄之上》,是以 1935 年浙西南挺进师战略转移的真实历史事件为蓝本,讲述了一群"无名之辈"的普通战士故事。画面以低饱和度的灰黑色调表现了战争的残酷,展现了这样一群"无名之辈"的信仰之路。通过影片中的案例呈现,与学生一同走进浙西南的那段革命故事,传承红色记忆,赓续精神血脉,追寻前人先辈的理想信念。《一点就到家》是由陈可辛监制、许宏宇执导的农村题材喜剧电影。大红色马甲是彭秀兵的快递标志,郁郁葱葱的绿色寓意着云南村庄里的静谧美好,影片中处处洋溢着青春与活力,整体色彩鲜艳,光线明亮。旭日的阳光照耀大地,带着独属于青春的风采。影片中的三位"合伙人"正是回乡村创业的"新农民"代表,这正是对"扶贫先扶志"和"扶贫必扶智"的生动实践。根据《一点就到家》电影主题,引出习近平总书记提出的"乡村振兴,既要塑形,也要铸魂",鼓励学生积极主动地响应国家号召,深入农村挖掘素材,敏锐把握时代脉搏,创作大众喜闻乐见的艺术作品。

思政元素融入设计:在重难点突破这个环节中,以低饱和度的《云霄之上》与高饱和度的主旋律影片《一点就到家》为例,引导学生分析各自影片中的色彩运用,同时了解影片背后的时代背景与国家政策,感受革命故事,增强学生的民族自豪感,激发其爱国之情。

知识点二:色彩的情感倾向。

课堂讨论:试论影视作品中具体颜色的情绪性表现。

教师引导:色彩的属性讲的是色彩的能指,主要从色彩的外在形式来分析。色彩的所指侧重于表现色彩的情感倾向,突出色彩的深层寓意和表意功能。影视创作者要对色彩有清晰的认识和敏锐的判断,善于利用色彩的视觉效应营造气氛,或通过色彩将观众的视线集中到关键的被摄主体上,从而达到突出主体的目的。

思政元素融入设计：中国人自古以来对于中国传统色彩有着自己的理解与认知。广播电视学专业的学生今后会从事影视行业，进行影视创作，引导学生立足于中国人对色彩的把握，才能讲好中国故事。

教学环节三：课后练习，实践出真知

请同学们结合本节课的内容，以小组合作的形式，将色彩色调与中国传统文化相结合，创作五分钟的影视作品。

思政元素融入设计：基于对色彩色调的学习，了解中国传统色彩中独特的经验智慧。引导学生将色彩色调与中国传统文化相结合，通过实践练习，强化学习效果，使学生亲身感受绚丽多彩的中华文化和实践创新的精神品质。

（五）教学反思

课堂教学应以学生为中心，与学生同题共答，牵手过河，这就要求教师在课程设计中重点关注学生的学习疑惑与困难。通过案例分析、伙伴学习、相互讨论等多种形式，引导学生积极自主探究。

课程思政建设的核心目标是将正确价值观潜移默化地融入知识传授与能力培养之中，帮助学生树立正确的世界观、人生观、价值观。因此，教师在知识讲授中如何将思政元素润物细无声地融入课程教学则显得至关重要。本课程以优秀的影视资料为教学案例，帮助学生树立正确的思想观念，感受多彩的中国传统文化，并引导学生以影视创作的形式讲好中国故事，传播好中国声音。

四、课件

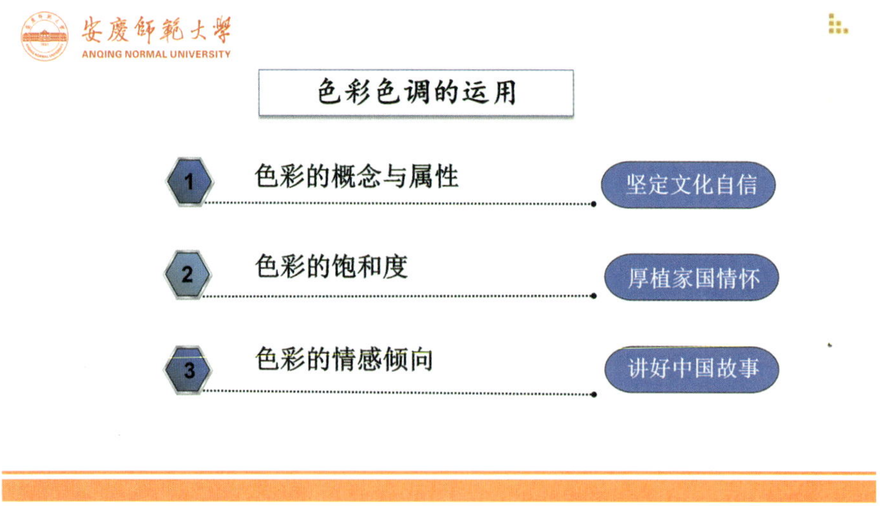

安慶師範大學
ANQING NORMAL UNIVERSITY

思政元素

文化自信　　家国情怀　　中国故事

安慶師範大學
ANQING NORMAL UNIVERSITY

（一）色彩的概念与属性

The concept and properties of color

新课讲授

色彩是基于眼睛、大脑和人类生活经验所产生的一种对光的视觉效应。

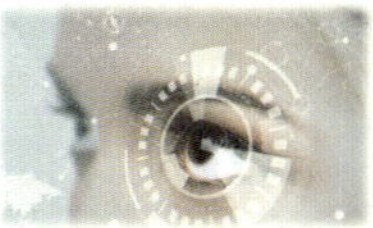

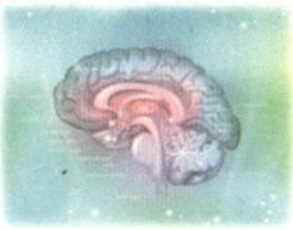

安慶師範大學
ANQING NORMAL UNIVERSITY

（一）色彩的概念与属性

The concept and properties of color

1. 色相

色相即色别，就是通常说的各种颜色的本来面貌。在影视拍摄中，影视创作者需充分、有效地运用这一属性，用于构建理想的色彩画面。

2. 饱和度

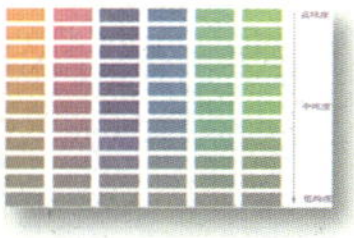

色彩饱和度即色彩纯度，是指色彩的鲜艳、纯净程度。饱和度越高的颜色，看起来就越鲜艳；反之，就越接近于灰色。

3. 明度

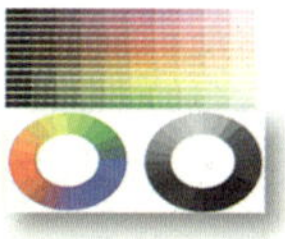

色彩的明度又称色彩的亮度，是指色彩或明或暗的程度，取决于物体的照度和它对光的反射率。

安慶師範大學
ANQING NORMAL UNIVERSITY

（二）色彩的饱和度

The saturation of the color

观看《云霄之上》之“岩洞宣誓”片段和《一点就到家》，思考下面问题：

- 两个片段有怎样的色彩饱和度特征？
- 对于该片段所呈现的色彩，你分别有怎样的感受？

安慶師範大學
ANQING NORMAL UNIVERSITY

（二）色彩的饱和度

The saturation of the color

以1935年**浙西南挺进师**战略转移的真实历史事件为蓝本，讲述了一群“**无名之辈**”的革命故事。

家国情怀

安慶師範大學
ANQING NORMAL UNIVERSITY

（二）色彩的饱和度

The saturation of the color

该片整体色彩鲜艳，光线明亮，旭日的阳光照耀大地，处处洋溢着青春与活力，这是属于新一代青年向上的精神状态。

习近平总书记强调：“乡村振兴，既要塑形，也要铸魂。”

家国情怀

安庆师范大学 ANQING NORMAL UNIVERSITY

（三）色彩的情感倾向

The emotional tendency of color

色彩的冷暖色分类

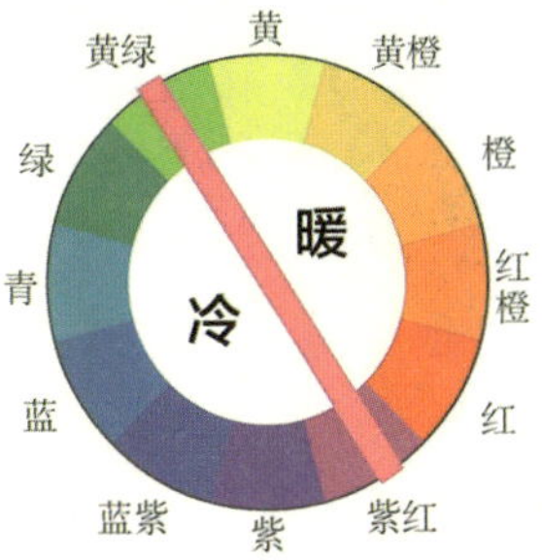

暖色调：红、橙、黄、黄绿

情绪表现：不安、暴力、温暖、活力、热情、喜悦……

冷色调：淡绿、青、蓝、蓝紫

情绪表现：孤独、安静、灾难、隐蔽、悬疑……

安庆师范大学 ANQING NORMAL UNIVERSITY

（三）色彩的情感倾向

The emotional tendency of color

主题讨论：

根据中国传统颜色中独特的经验智慧，小组讨论影视作品中具体颜色的情绪性表现。

文化自信

安庆师范大学 ANQING NORMAL UNIVERSITY

1. 中国红

在人类的视觉文化里，红色是传统中国年浓墨重彩的喜庆之色，是中国给世人深刻印象的颜色，传递着每一个中国人最诚挚的爱与火热。

文化自信

安慶師範大學 ANQING NORMAL UNIVERSITY

2. 绿色

绿色是大自然的颜色，象征着生命、生机与希望，能带给人安宁、和平、稳定的感觉。

文化自信

安慶師範大學 ANQING NORMAL UNIVERSITY

（三）色彩的情感倾向

The emotional tendency of color

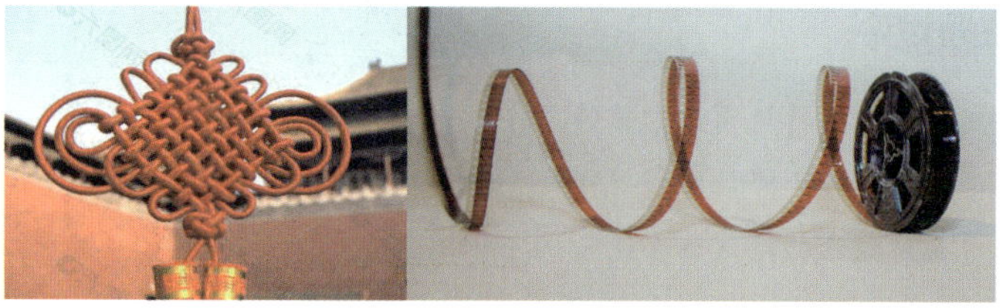

用中国颜色，讲好中国故事。

中国故事

安慶師範大學 ANQING NORMAL UNIVERSITY

思考/拓展

请结合本节课的内容，以小组合作的形式，将色彩色调与中国传统文化相结合，创作五分钟的影视作品。

中国故事

“现代教育技术应用”课程思政教学设计案例

一、课程简介

1. 课程性质

现代教育技术应用是高校师范类专业的一门公共必修课，第四或第五学期开设，共34学时(其中理论24学时，实践10学时)，1.5学分。本门课程旨在培养师范生信息技术应用能力，在师范生培养体系中具有重要的地位。

2. 课程内容

课程以现代教育技术的教学应用为主线构建课程内容。课程内容包括三个模块：第一个模块为现代教育技术理论，包括现代教育技术基本理论和教学设计等，对应的学习过程为记忆和理解；第二个模块为现代教育技术实践，包括多媒体素材编辑和多媒体课件制作等，对应的学习过程是实践、操作；第三个模块为现代教育技术应用，主要为网络学习，对应的学习过程是创新、应用。为适应信息技术最新发展，增加了微课制作、翻转课堂和智慧教育等内容。

3. 授课教师

杜杉杉，硕士，讲师，主要研究方向为信息技术教育及教师信息技术能力提升。主讲“现代教育技术应用”“教育传播学”“教育测量与评价”等课程，其中“现代教育技术应用”获批省级线上优秀课堂。主持省级教学研究项目“翻转课堂在‘现代教育技术应用’实践教学内容中的作用”，获得校级教学成果奖2项和校教坛新秀称号等。

二、课程思政资源分析

(一) 课程思政建设目标

本课程旨在培养师范生信息技术应用能力，能够在教育教学中充分应用信息技术手段，激发学生的学习兴趣，实现教育教学改革，提高教学效果。学生通过信息技术知识的学习，提高学生的科学精神，通过教学设计、教学媒体的制作，培养学生的教育情怀，树立为祖国教育事业奋斗的理想信念。

思政目标1: 爱国主义精神。本课程通过讲述我国教育技术发展历史、国家教育信息化政策以及国家每年投入大量经费开展教育信息化建设，以缩小教育差距、实现教育公平方面的努力，提高学生的爱国主义意识和民族自信心。

思政目标2: 职业认同。本课程属于现代信息技术、信息科学与学科专业知识交叉融合的课程。学生在课程学习的过程中，通过教学设计、教学媒体制作等训练，对教师职业有新的认识，认同教师职业。

思政目标3: 教育情怀。本课程通过教学设计案例、教育实践、教育故事等，让学生感知教育、实践教育，培养学生的教育情怀，树立为祖国教育事业奋斗终身的理想信念。

(二) 课程思政融入方式

本课程从爱国主义精神、职业认同和教育情怀三个方面构建课程思政线，在教学中找准教学内容的思政点。通过教学渗透、案例示范、故事分享、课堂讨论等，将思政元素以盐溶于水的方式融入课堂教学之中。

(1) 教学渗透。在课堂教学中，结合具体教学内容，渗透思政元素，比如在讲教育技术发展历史内容中，向学生渗透国家教育信息化战略、教育公平的理念等。

(2) 案例示范。本课程使用案例教学法，在案例选择的时候，重视案例本身对学生的价值引领作用，比如选择教学设计案例的时候，选择课程思政设计、价值引领效果好的案例开展教学。

(3) 故事分享。通过讲述典型人物故事开展课程思政，比如在讲述教育技术领域著名学者的时候，通过南国农先生放弃丰厚待遇，投身中国边远地区教育的故事，培养学生的教育情怀。

(4) 课堂讨论。教师布置讨论话题，让学生参与课堂讨论，注重讨论话题的思政引领作用。比如在教学目标编写一节中，就思政目标的编写，让学生开展讨论。

三、教学案例展示

微课的创作与教学应用

本教学案例展示的是《现代教育技术应用》第八章“网络课程及网络学习模式”中的内容，主要讲述微课的基本概念、制作的方式、选题、教学过程设计以及教学应用等。本部分内容具有一定的综合性，是之前学过的教学设计、信息化教学资源加工、多媒体课件开发等知识的综合应用，讲授时间为1学时。

(一) 教学目标

1. 情感态度与价值观目标

(1) 学生观看微课案例，感受微课选题的价值及其对学生需求的关注。

(2) 通过微课创作和应用的学习，让学生厚植教育情怀，提高职业认同。

2. 知识与技能目标

(1) 学生能够根据教学内容，选择知识点作为微课的选题。
(2) 学生能够根据教学内容，设计微课教学活动过程。
(3) 学生能够设计、开发微课。

3. 过程与方法目标

(1) 通过微课发展历史、内涵、制作方法、选题、教学活动设计和教学应用的学习，学生的思维得到提升，高阶能力得到发展。
(2) 通过小组学习和讨论交流，学生合作意识和合作能力得到提升。

(二) 教学重难点

教学重点：微课的选题方法；微课的教学应用。
教学难点：微课的教学活动设计。

(三) 教学方法、教学资源

教法：讲授法、案例分析法和讨论法。
学法：自主学习、合作学习。
教学资源：
(1) 李芒，等. 教育技术学学科地图[M]. 北京：北京大学出版社，2020.
(2) 李怀龙，韩建华. 现代教育技术[M]. 芜湖：安徽师范大学出版社，2016.
(3) 黄荣怀. 教育技术学导论[M]. 北京：高等教育出版社，2006.
(4) 现代教育技术国家精品课程. https://www.icourse163.org/learn/SNNU-1001517001?tid=1470061453#/learn/content.

(四) 教学过程

教学环节一：新课导入

教学内容：课前自主学习《微课的制作》3 个教学视频，让学生完成自主学习任务单。课堂上导入环节让学生了解为什么要学习微课制作这部分内容，进而说明本节课的设计环节：随堂测试、重难点突破、答疑和主题讨论的具体安排。

设计意图：本节课采用翻转课堂教学方法，学生课前已经完成新知的学习，课堂上主要开展教学活动，新课导入部分让学生明确本节课的重要作用，并告知学生教学安排。

预设效果：学生明确微课制作的重要作用，对本节课所开展的教学活动做好心理准备。

教学方法与手段：智慧教学工具签到，多媒体课件展示活动环节。

思政元素融入设计：向学生说明为什么要学习微课的制作与教学应用这部分内容，列举事实说明微课制作已经成为教师必备的能力，是教师职业能力的具体要求，提高学生的职业认同感。

教学环节二:随堂测试

教学内容:本环节设置3道随堂测试题。通过随堂测试,了解学生课前自主学习情况,并为本节课的教学提供决策依据。学生回答正确率低于70%的题被认定为学生未能很好掌握,需要教师对题目涉及的知识点进行讲解;如果回答正确率大于70%,仅对题目涉及的具体问题进行讲解。本环节涉及的随堂测试题如下:

1. 以下关于微课的理解,正确的是(　　)。

A. 微课是传统教学的节选

B. 微课是传统一节课的压缩

C. 微课以一个知识点或一个教学环节为主要内容

D. 微课和传统课设计的方式基本一致

2. 以下关于微课选题的说法,不正确的是(　　)。

A. 微课的选题要符合社会主义核心价值观

B. 微课的选题要体现学生对知识的需要

C. 微课的选题要符合教学规律

D. 微课的选题要宏大,解决更多的教学问题

3. 微课的制作方式包括哪些(　　)。

A. 课堂实录　B. 录屏式　C. 实景式

D. 小场景式　E. 虚拟式　F. 实验式

设计意图:通过随堂测试检测学生课前自主学习情况,对于正确率小于80%的题目,教师对相关的知识点进行讲解、回顾。

预设效果:学生通过随堂测试,检测自己的学习成果,教师及时了解学生课前自主学习情况,为后续的教学活动提供依据。

教学方法与手段:雨课堂的在线测试功能。

思政元素融入设计:通过本题的设计,让学生明确微课的选题原则:在遵循教学内容和教育教学规律的基础上,选择能够符合社会主义核心价值观、社会主流文化,满足学生对知识需要的题。

教学环节三:重难点突破——微课的教学活动设计

教学内容:首先观看两个微课案例——获奖案例“作文中人物描写的方法”和学生制作的微课“浮力”,看的过程中思考两个微课是怎样进行教学活动设计的。

学生微课“浮力”:① 用将空瓶子压入水中所需的力量导入课程;② 提出问题;③ 建立假设;④ 进行实验;⑤ 得出结论。

获奖案例“作文中人物描写的方法”:① 用电影片段导入课堂;② 提出问题;③ 阐述内涵;④ 案例分析;⑤ 创作实践。

请同学们比较两个案例有什么异同,设计得是否合理。

学生微课:选题较大、不聚焦;微课设计缺乏趣味性;教学活动设计完全按照传统的课进行设计,第四步的设计存在问题。

获奖微课：选题聚焦、问题导向；电影导入、激发兴趣，微课设计灵活；案例分析加深学生对内容的理解；创作实践让学生的高阶思维和高级能力得到培养。

总结得出结论：微课的选题要聚焦；微课的教学活动设计要灵活；微课的教学活动设计要摆脱传统课堂教学设计的影响；微课的教学语言要简洁、导入环节要开门见山。

设计意图：通过获奖微课案例和学生制作的微课案例的比较，分析两个微课案例的异同，进而总结微课的选题、教学活动设计等需要注意的问题。

预设效果：通过两个微课的比较，学生明确优秀的微课具备的要素，在选题、教学活动设计、教学语言、导入环节需要注意的问题。

教学方法与手段：多媒体展示，交流、讨论。

思政元素融入设计：通过本课题的设计，让学生明确微课的选题原则：在遵循教学内容和教育教学规律的基础上，选择能够符合社会主义核心价值观、社会主流文化，满足学生对知识需要的题。

教学环节四：答疑

教学内容：学生就自主学习和重难点突破环节中存在的疑问，通过雨课堂的弹幕功能向教师提问，教师收到学生的弹幕后，通过词云分析的功能，能够分析出学生普遍存在的问题，教师对具有普遍性的问题进行讲解。答疑部分中学生问题实施生成性的，体现教学内容和教学问题的生成性，这对教师提出了更高的要求。

设计意图：让学生提出疑问，这些问题是生成性的问题，由教师或其他同学解答。通过雨课堂弹幕提问，可以提高参与性，利用词云分析功能，能够发现共性问题。

预设效果：通过雨课堂的词云分析功能，发现学生共性问题，针对共性问题开展答疑，解决学生的疑惑。

教学方法与手段：智慧教学、大数据分析。

思政元素融入设计：学生提出问题，由教师或学生进行解答，学生合作学习，相互帮助、相互促进。

教学环节五：案例讨论——微课“《绝句》中的色彩分析”

教学内容：课前布置学生观看微课“《绝句》中的色彩分析”，课堂上请同学们就这个微课的选题、教学活动设计、教学语言、呈现的方式等方面，进行分组交流讨论，其是否按照我们所说微课的选题、教学活动设计等方面展开。

设计意图：学生就所学的知识，以小组为单位对给定的案例进行分析与评价，小组进行交流和展示，提高学生分析、评价能力，培养高阶思维。

预设效果：将学生分组，根据所学知识对案例进行分析、评价，并展示小组观点，学生完成课堂任务，同时社会交往能力得以提升。

教学方法与手段：合作学习、交流讨论、成果展示。

思政元素融入设计：选取的微课案例适合文科学生使用。《绝句》是一首家喻户晓的古诗，通过本微课的观看，学生感受到美的意境，受到诗词美的熏陶。同时，通过翠柳、白鹭、青天等自然环境的描绘，提高学生人与自然和谐相处的意识。此外，本微课是一部获奖作品，主讲教师激情的讲课、巧妙的设计，微课精良的制作，让学生受到潜移默化的影响，增强学生的职业认同感和职业素养。

教学环节六：课程小结和布置作业

教学内容：学生就自己熟悉的教学内容，以小组为单位设计一节课的微课教学设计，下节课进行集中展示。

（五）教学反思

本节课采用翻转课堂的教学设计，需要学生课前自主学习，为了保证学生课前自主学习的质量，一是要给学生布置自主学习任务，二是教师要对学生学习中遇到的问题进行指导；答疑部分的内容和问题具有生成性，对教师提出更高的要求。本节课的课程思政目标是通过微课知识的学习，培养学生爱国主义精神、社会主义核心价值观、中华优秀传统文化以及教育情怀、职业认同等。通过教学，有效实现了以上课程思政目标。当然，本门课程的课程思政点较为零散，需要用课程思政线对其加以串联。

四、课件

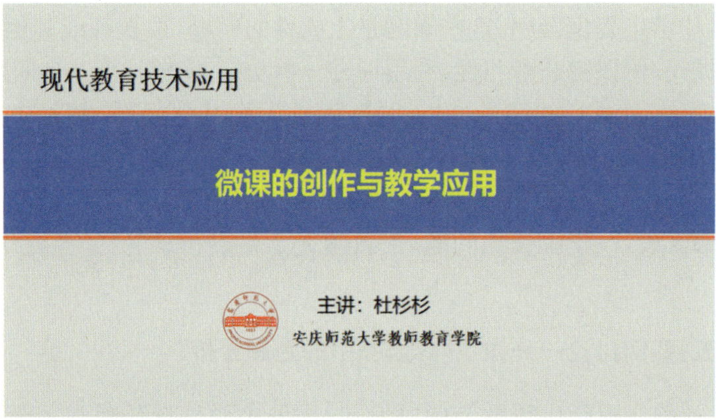

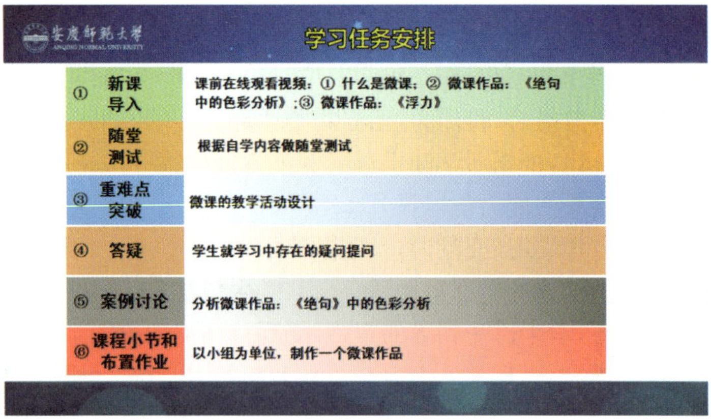

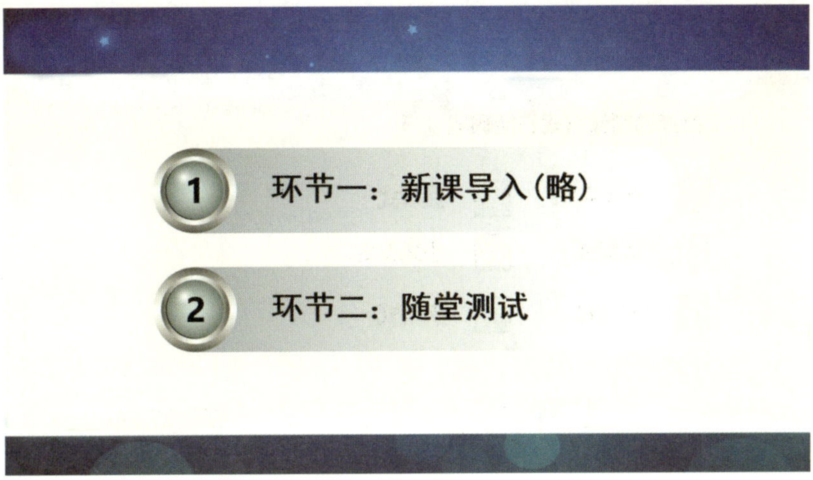
1 环节一：新课导入（略）
2 环节二：随堂测试

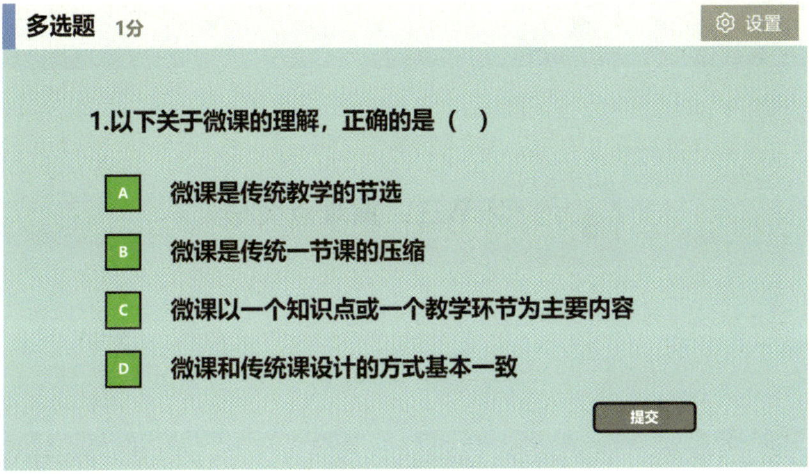
多选题 1分
设置
1.以下关于微课的理解，正确的是（ ）
A 微课是传统教学的节选
B 微课是传统一节课的压缩
C 微课以一个知识点或一个教学环节为主要内容
D 微课和传统课设计的方式基本一致
提交

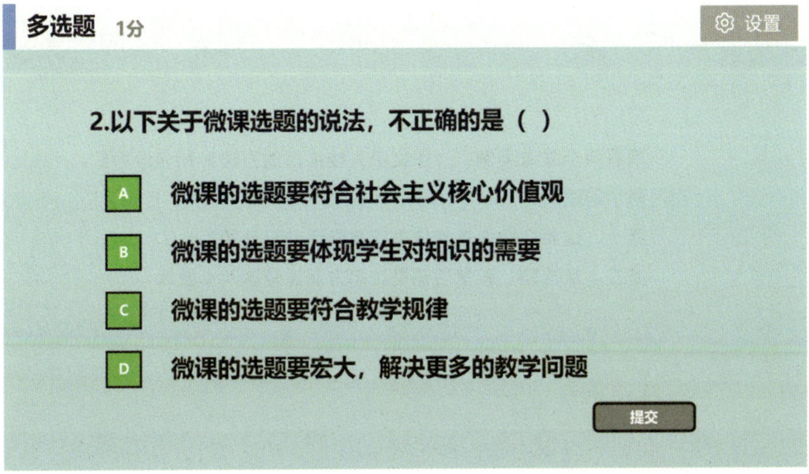
多选题 1分
设置
2.以下关于微课选题的说法，不正确的是（ ）
A 微课的选题要符合社会主义核心价值观
B 微课的选题要体现学生对知识的需要
C 微课的选题要符合教学规律
D 微课的选题要宏大，解决更多的教学问题
提交

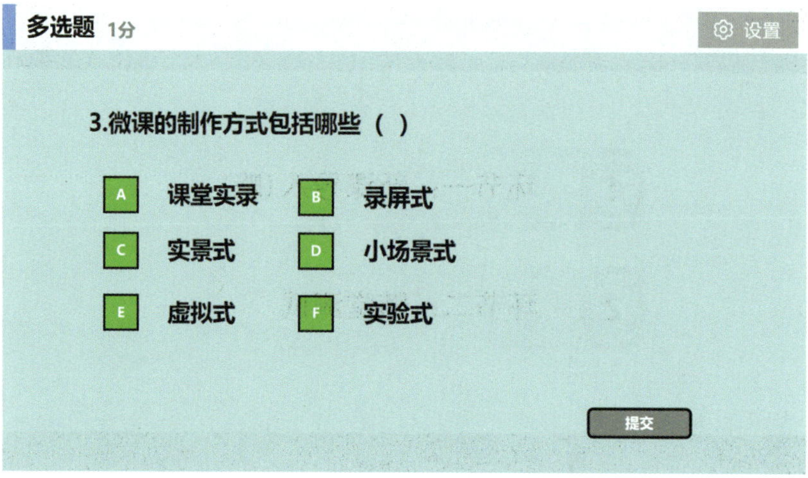
多选题 1分
设置
3.微课的制作方式包括哪些（ ）
A 课堂实录
B 录屏式
C 实景式
D 小场景式
E 虚拟式
F 实验式
提交

3
环节三：重难点突破
微课的教学活动设计

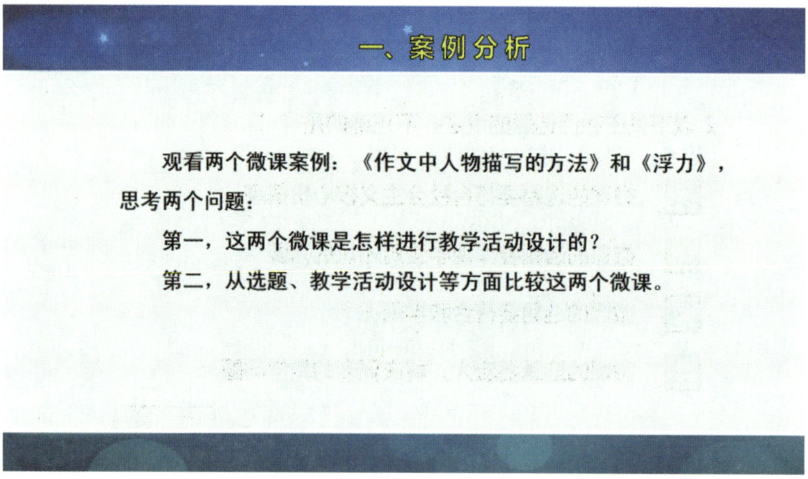
一、案例分析
观看两个微课案例：《作文中人物描写的方法》和《浮力》，思考两个问题：
第一，这两个微课是怎样进行教学活动设计的？
第二，从选题、教学活动设计等方面比较这两个微课。

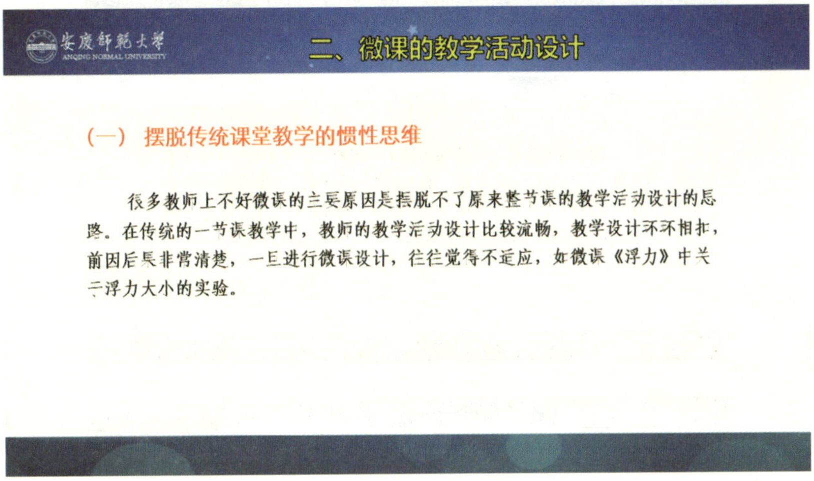
安庆师范大学
ANQING NORMAL UNIVERSITY
二、微课的教学活动设计
（一）摆脱传统课堂教学的惯性思维
很多教师上不好微课的主要原因是摆脱不了原来整节课的教学活动设计的思路。在传统的一节课教学中，教师的教学活动设计比较流畅，教学设计环环相扣，前因后果非常清楚，一旦进行微课设计，往往觉得不适应，如微课《浮力》中关于浮力大小的实验。

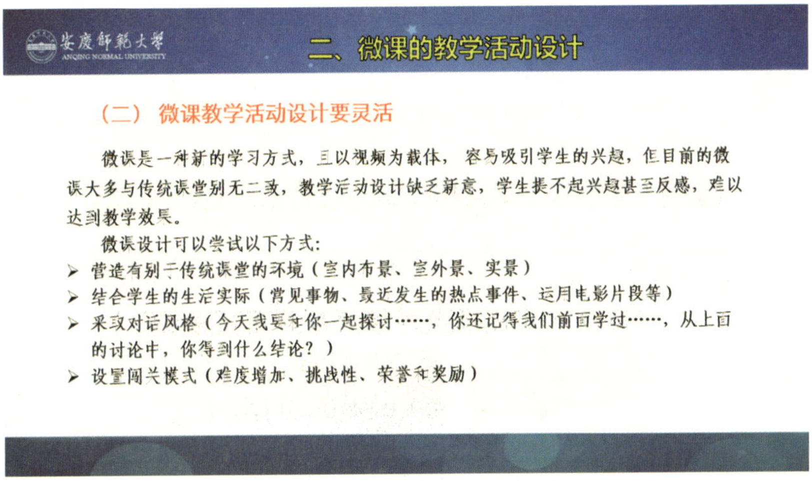
安庆师范大学
ANQING NORMAL UNIVERSITY
二、微课的教学活动设计
（二）微课教学活动设计要灵活
微课是一种新的学习方式，且以视频为载体，容易吸引学生的兴趣，但目前的微课大多与传统课堂别无二致，教学活动设计缺乏新意，学生提不起兴趣甚至反感，难以达到教学效果。
微课设计可以尝试以下方式：
➢ 营造有别于传统课堂的环境（室内布景、室外景、实景）
➢ 结合学生的生活实际（常见事物、最近发生的热点事件、运用电影片段等）
➢ 采取对话风格（今天我要和你一起探讨……，你还记得我们前面学过……，从上面的讨论中，你得到什么结论？）
➢ 设置闯关模式（难度增加、挑战性、荣誉和奖励）

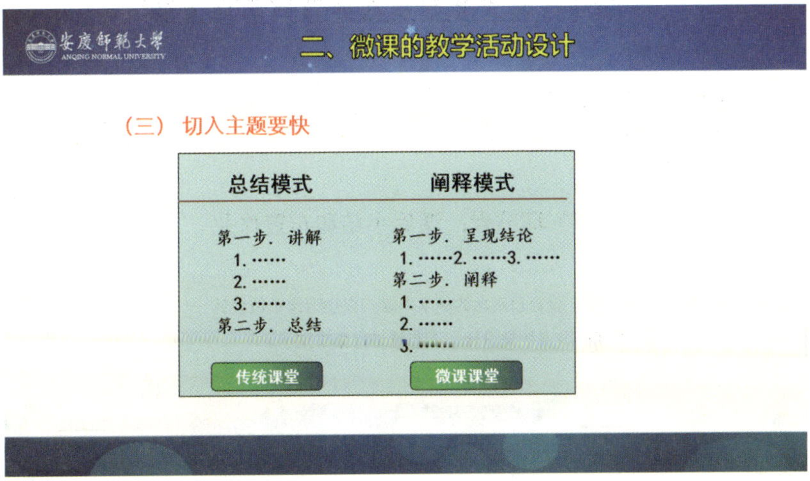
安庆师范大学
ANQING NORMAL UNIVERSITY
二、微课的教学活动设计
（三）切入主题要快
总结模式
第一步．讲解
1.……
2.……
3.……
第二步．总结
传统课堂
阐释模式
第一步．呈现结论
1.……2.……3.……
第二步．阐释
1.……
2.……
3.……
微课课堂

安徽师范大学 ANQING NORMAL UNIVERSITY

二、微课的教学活动设计

（四）教学语言要简单明了

微课时间很短，是浓缩的精华，因此，在教学语言上要求简洁明了，该说的一句不漏，不该说的一字不提。微课的教育语言速度宜快不宜慢，快节奏意味着激情和感染力。最后，教师可事先写好讲课稿，反复训练、修改。

安徽师范大学 ANQING NORMAL UNIVERSITY

4 环节四：答　疑

5 环节五：案例讨论

请同学们就“《绝句》中的色彩分析”这个微课的选题、教学活动设计、教学语言、呈现的方式等方面进行分析。

《绝句》中的色彩分析
中国大学生计算机设计大赛
安徽省一等奖获奖作品

安徽师范大学 ANQING NORMAL UNIVERSITY

6 环节六：课后小结和布置作业

学生就自己熟悉的教学内容，以小组为单位设计一节课的微课教学设计，下节课进行集中展示。

“特殊教育课程理论与实践”
课程思政教学设计案例

一、课程简介

1. 课程性质

“特殊教育课程理论与实践”是特殊教育专业的专业必修课，共34学时，2学分。修读对象是特殊教育专业本科二年级学生，开课时间为第四学期，先修课程有“特殊教育导论”“普通心理学”。

2. 课程内容

通过本课程的学习，学生旨在掌握特殊教育课程与教学论的系列模式和关键环节，并能结合具体个案进行实际操作。主要内容包括：现代课程与教学论经典框架、特教课程与教学论基础、特教课程类型、特教课程编制、特教课程运用流程、特教课程改革与发展。

3. 授课教师

徐波，讲师，主讲“特殊教育课程标准与教材分析”“特殊教育课程理论与实践”等课程，主持“高等特殊教育专业反思性教学的实践研究”“特殊教育师范生专业实践能力培养模式探讨——特殊儿童家庭见习基地建设与运作的视角”等教学研究项目，指导的学生中3人获省级教学能力大赛一等奖，1人获二等奖。

二、课程思政资源分析

（一）课程思政建设目标

通过本课程的学习，学生能够结合个案的真实需求，设计教学目标、内容、方法以及评价策略，能进行教学材料的设计和准备；在学习过程中能发挥能动性，积极培养发现问题、解决问题的能力，进行创造性的教学设计，同时增强自己对于特殊教育的热爱感和专业自信心。

思政目标 1:专业情怀。通过本课程专业知识、专业技能的学习，尤其是相关理论发展历史脉络的梳理，体会特教前辈们创业之艰辛，发展专业之不易。以此增强专业认同感，激发起自己热爱本专业、愿意长期从事并为此奉献的深厚情感。

思政目标 2:使命担当。通过课程的学习，充分认识到我国该学术领域的不足，特别是与特教先进国家或地区的巨大差距，进而激发起自己传承先辈遗志，勇担当代特殊教育赋予的历史使命。

思政目标 3:科学思维。在课程学习的整个过程，充分融入思维方法的启发与运用。结合具体问题，将“问题的情境诠释思维模式”渗透于课程始终。通过具体案例，充分理解“问题”“情境”“答案”“解决策略”等问题情境要素之间的交互关系，优化自己的思维品质，为建构自己独立的思维模式作必要铺垫。

(二) 课程思政融入方式

在本课程实施的整个过程中，“交流”的色彩十分浓厚，除教材本身的内容外，教师还结合具体问题，将生活和专业实践领域的大量案例、问题引入师生双方的交流讨论中。在师生、生生频繁真诚的互动过程中，潜移默化地融入大量的思政元素。本门课程思政要素实际的融入方式主要有案例分析、故事分享、启发式讨论。

(1) 案例分析。基于教材内容生成性地引入相关的真实案例，这些案例既来自于教师自身的特教阅历，也来自于学生入读特教专业以来的理论和实践经验，更包括课堂交流互动过程中临时生发的相关灵感或问题。

(2) 故事分享。师生双方结合自己过往的人生阅历和特教经历，根据交流主题分享自己的人生故事，教师着重分享本教材的作者从零起步创立特殊儿童实验学校，长期躬身于特教实践，开展个别化教育与教学系列探索，经过艰苦努力最终建构起我国极具本土特色的特殊教育课程与教学论体系的感人事迹。

(3) 启发式讨论。课程实施的整个过程以所有参与者平等交流为主，教师是交流活动的参与者、组织者、协助者、启发者、引导者。在讨论过程中，教师着重从方法尤其是思维方法的角度引导学生分析、解决相关问题。

三、教学案例展示

单元主题:内涵、来源、叙写与分析

本节内容选自重庆出版社出版的《特殊儿童个别化教学设计与实施》一书中的第五章第三节。基于教育对象的身心发展特质，以生活问题为核心的单元主题教学是特殊教育，尤其是发展性障碍儿童教育过程中经常采用的一种教学模式，它因较强的适应性、功能性、生活化而广为特殊教育工作者所推崇。本次案例主要针对教学单元主题的内涵、来源、撰写和分析方法开展设计，授课时间为 2 学时。

（一）教学目标

1. 情感态度与价值观目标

（1）通过单元主题的内涵及其在特殊教育中的运用状况的分析，体会单元主题对于特殊教育的重要价值。

（2）通过单元主题相关内容交流过程中大量的故事分享、案例分析，提升自己的专业情怀。

2. 知识与技能目标

（1）通过大量案例的讲解，理解单元主题的深刻内涵。

（2）通过示范性讲解，能结合具体案例对某一单元主题进行分析。

3. 过程与方法目标

（1）通过启发性讲解，掌握单元主题分析的全过程。

（2）通过示范性案例，掌握单元主题分析的具体方法。

（二）教学重难点

教学重点：单元主题的内涵及其分析方法。

教学难点：单元主题分析的具体维度及其依据。

（三）教学方法、教学资源

教法：系统讲授、案例分析、启发性讨论。

学法：自主思考、相互讨论。

教学资源：

（1）张文京.特殊教育课程理论与实践[M].重庆：重庆出版社，2014.

（2）于素红.特殊教育教学设计[M].上海：华东师范大学出版社，2016.

（3）李翠玲.特殊教育教学设计[M].台北：心理出版社，2001.

（4）黄富廷.启智教学活动设计[M].台北：心理出版社，2012.

（5）朱家雄.主题其实并不重要[EB/OL].[2021-10-13].https://www.sohu.com/a/494819183_121124337.

（四）教学过程

教学环节一：新课导入

师生双方一起回顾已学习过的专业课程中与“单元主题”或“单元主题教学”密切相关的系列内容，并引导大家关注相关内容的作者，由此引出本门课程所采用的教材作者及其在我国特殊教育尤其是培智教育中的巨大贡献及该领域发展的不足。

思政元素融入设计:由本课主题引出对该领域有卓越贡献的教材作者及其在该领域艰苦卓绝的探索概况,以此激发学生对已故特教前辈发自内心的缅怀之情,提升专业自豪感,树立"特教发展担当有我"的历史使命感。具体的思政素材来源于授课教师自编的悼念恩师的书籍《此生无悔入张门,来世还拜文京师:个人日记中的张文京老师》。

教学环节二:新课讲解

(1) 单元主题的内涵和来源。从中文词语探析的角度详细分析"主题""单元教学""单元主题""单元主题教学"的内涵,为该主题的学习做必要的铺垫。进而从课程基本理论和具体来源两个角度分析单元主题可能的来源。

思政元素融入设计:通过案例分析和启发式讨论,引导学生从课程情境的角度回忆已经学习的课程基本理论及其对单元主题来源的启发,再次领略"问题的情境诠释思维模式"的魅力。该思维模式的核心思想如图1所示。

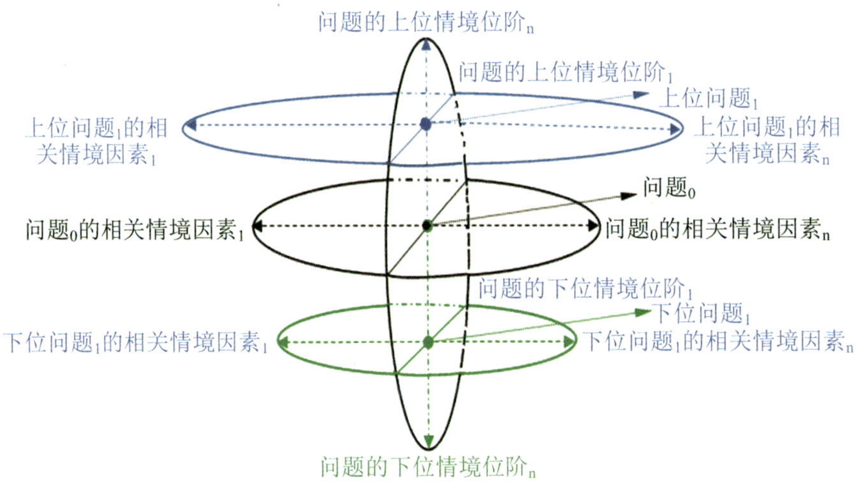

图1　问题的全域性情境诠释思维模式

(2) 单元主题的叙写。结合具体案例,从儿童化、直接的目标式、直接的教学内容或活动三方面诠释单元主题撰写的典型风格以及每种风格的适用场合。同时,详细分析主题叙写的若干注意事项及背后的逻辑关系。

思政元素融入设计:结合大量案例,启发学生思考众多单元主题实例中蕴含的正反两方面的专业情怀情况,进而引导学生树立纯正而美好的专业情怀,否则特殊教育的大量具体工作必将逐步陷入机械的应付状态。同时,通过单元主题及其叙写基本要求的分析,再次帮助大家明晰"诠释标准"在分析与思考问题过程中的重要作用,以此提升其科学思维的能力。

(3) 单元主题分析的方法及基本要求。结合大量案例,详细地从宏观与微观两方面诠释单元主题分析的若干方法。宏观方法包括:借鉴系统、权威、成型的理论;借鉴相关的研究成果;结合自己和学生的经验,自己分解。微观层面的方法包括:根据教学目标的类型和层次分析;按流程来分解;按时间来分解;按地点来分解;按并列要素来分解;按主题包含的关键词来分解。在分析方法论述的基础上,提出主题分析的若干基本要求,其中包括逻辑分析的基本原则。

思政元素融入设计:本部分主要通过案例分析和启发式讨论,引导学生认识科学思维的重要性及其可能的情境化的思维路径,以此提升其思维品质,如图 2 所示。

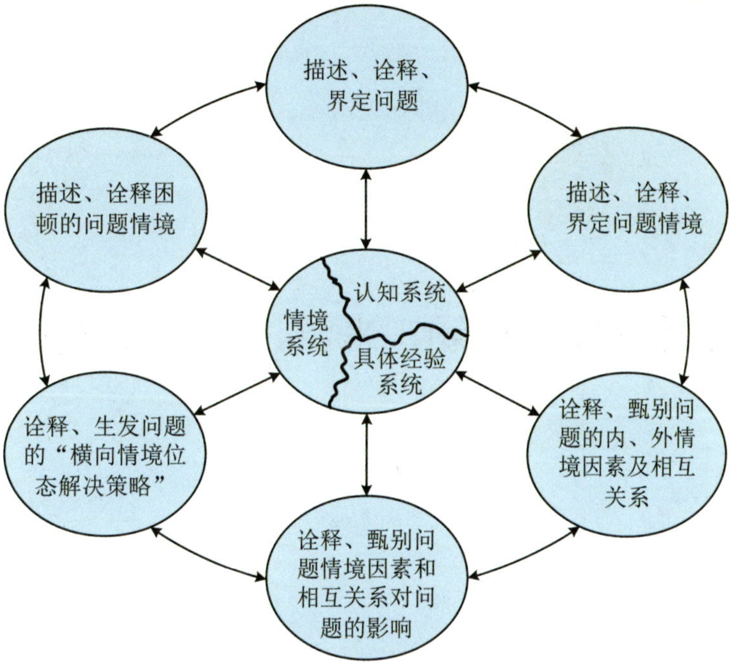

图 2 问题的横向情境位态诠释思维模式

教学环节三:案例分析

逐一呈现来自教材的例子"培养爱整洁的习惯",来自国内某知名特教机构的例子"健康总动员""安全""我的祖国",结合之前对于单元主题分析方法的若干说明,详细诠释前者为何分析得较为科学、合理,而后面三个例子为何存在诸多不足,在正反例子的对比中,深化学生对于分析方法的多方面理解。

思政元素融入设计:在上述案例分析中,教师也会分享与案例密切相关的大量真实的特教故事,以此帮助大家更直观地了解我国单元主题教学模式运作的落后局面及其原因,进而激发出学生认真学习科学思维,勇于担当特教使命的信心和决心。此环节的主要思政元素来源于马建强老师编写的《中国特殊教育史话》一书。

(五) 教学反思

在本次授课过程中,教师充分结合自己大量的特殊教育人生阅历,有意识地引导学生进入特教真实的发展情境,尤其是把自己经多年思考建构起来的"问题的情境诠释思维模式"作为指导教学的一条暗线融入其中,取得了良好的教学效果。听课的同事们普遍评价:"交流感十足""引导学生思考问题很巧妙""与学生的互动非常自然""有先师的风范"……由此也从侧面证明本次课较好地达成了"专业情怀""使命担当""科学思维"的课程思政目标。

四、课件

单元主题：内涵、来源、叙写与分析

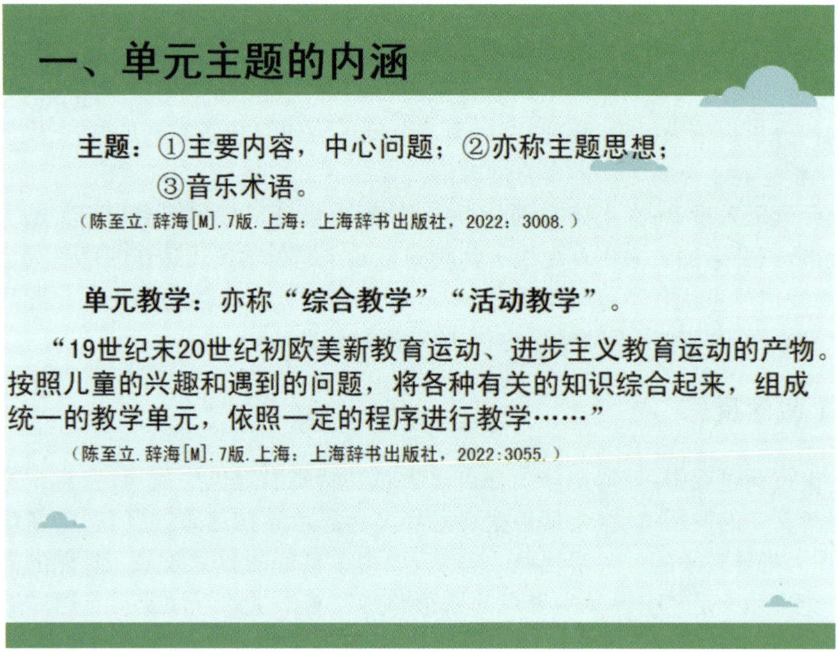
一、单元主题的内涵
主题：①主要内容，中心问题；②亦称主题思想；
③音乐术语。
（陈至立.辞海[M].7版.上海：上海辞书出版社，2022：3008.）
单元教学：亦称“综合教学”“活动教学”。
“19世纪末20世纪初欧美新教育运动、进步主义教育运动的产物。按照儿童的兴趣和遇到的问题，将各种有关的知识综合起来，组成统一的教学单元，依照一定的程序进行教学……”
（陈至立.辞海[M].7版.上海：上海辞书出版社，2022:3055.）

二、单元主题的来源

（一）来自课程基本理论的启示

1. 课程三要素说

学生；环境；理念、目的、知识、技能。

2. 课程四要素说

学生；环境；教师；教学内容。

（二）具体来源

课程、大纲、课程标准、教科书、个别化教育计划、学生的经验或兴趣……

三、单元主题的叙写

（一）儿童化风格

例如：小猫钓鱼、舞动奇迹……

（二）直接的目标式风格

例如：能炒菜、会穿衣服……

（三）直接的教学内容或活动

例如：运动会、泡茶……

（四）基本要求

准确、具体，符合预期的教育目的、教学目标，符合学生的身心特点，符合环境的要求……

四、主题分析的宏观方法

（一）借鉴系统、权威、成型的理论

（二）借鉴相关的研究成果

（三）结合自己和学生的经验，自己分解

……

五、主题分析的微观方法

（一）根据教学目标的类型和层次分析
（二）按流程来分解
（三）按时间来分解
（四）按地点来分解
（五）按并列要素来分解
（六）按主题包含的主题词来分解
……

六、主题分析的基本要求

（一）符合逻辑划分的基本原则与规律

1. 划分必须相应、相称，划分之后子项的外延之和必须等于母项的外延；
2. 每次划分的依据（标准）必须同一；
3. 划分之后子项的外延必须互相排斥；
4. 划分应该按层次逐级进行，不能越级。

（二）符合学生的身心发展特征

（三）符合环境的要求

（四）符合主题自身的内容、顺序、范围及特点的要求

（二）自选案例分析：请运用上述方法修正下面的案例

1. 健康总动员

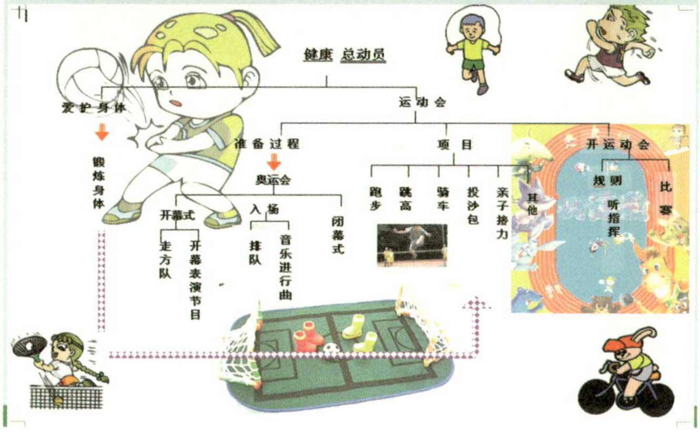

2. 安全

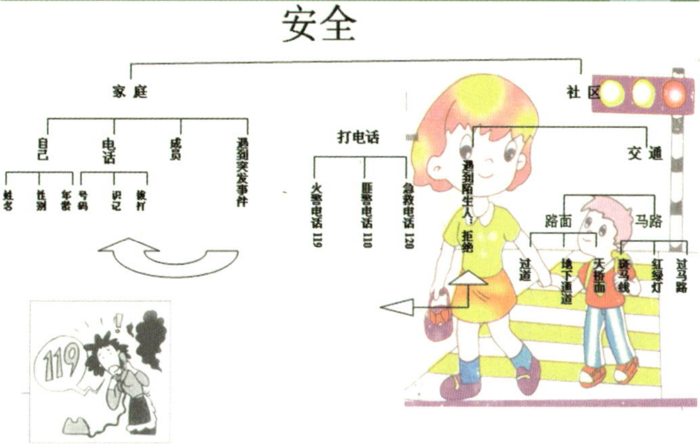

3. 我的祖国

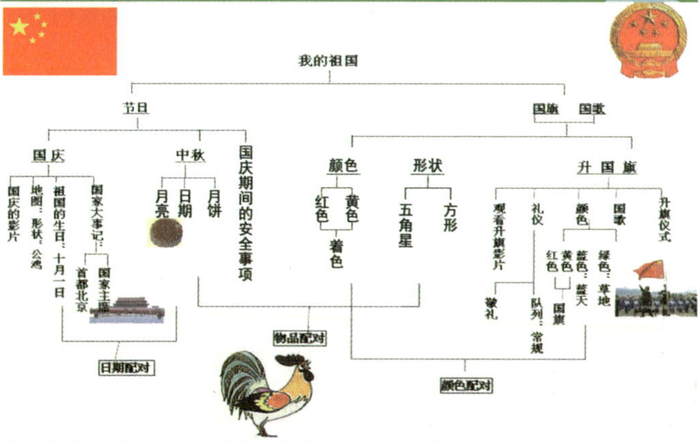

“中国现代文学专题”课程思政教学设计案例

一、课程简介

1. 课程性质

中国现代文学专题是汉语言文学专业的专业选修课程，开课时间为第五学期，授课对象为汉语言文学专业大三学生，总计 34 学时，2 学分。

2. 课程内容

课程运用辩证唯物主义和唯物史观，深入探讨现代文学中的重要现象，讲解现代文学名家名作，既注重对现代小说、诗歌、散文、戏剧的整体性概述，又充分展示现代文学的经典个案，引导学生品味经典的思想意蕴，领略经典的文化内涵，欣赏经典的艺术价值，建构起具有思想导向性、情感体验性、审美想象性的阅读路径，在阅读文学经典中，涵养性情，润泽心灵，体会家国情怀与人文精神。

3. 授课教师

冯慧敏，副教授，硕士生导师，主要承担“中国现当代文学”“中国现代文学专题”“当代名家名作选讲”“现代女作家研究”等课程的教学任务，是省级教学团队“中国现当代文学教学团队”骨干成员，是省级课程思政示范课程“中国现当代文学(1)”的项目主持人。

二、课程思政资源分析

(一) 课程思政建设目标

本课程立足“立德树人”的课程思政基本理念，通过精讲现代文学经典作品，深入分析在共产主义思潮影响下中国文学的现代性诉求，充分把握鲁迅、茅盾等作家对中国文学的现代性建构，让学生对中国现代文学发生发展的历史语境产生情感共鸣，在掌握专业知识的同时，坚定理想信念，增强文化自信，将学生培养成为德智体美劳全面发展的社会主义建设者和接班人。

思政目标 1:坚定理想信念,强化责任担当。能够深刻理解现代文学和现代历史的共生关系,理解作品蕴含的丰富的历史与政治文化内涵,理解现代知识分子的家国情怀、政治认同与社会责任感。

思政目标 2:增强文化自信,涵养人文精神。能够运用辩证唯物主义和唯物史观分析现代文学经典作品,深刻领会现代知识分子学习外国思潮的文化开放心态和更新文化传统的民族自强精神。

思政目标 3:提升审美趣味,陶冶道德情感。能够熟练鉴赏现代文学作品,体悟现代作家对现实的深切关怀和对人生的积极探索,从文本中汲取拼搏进取、求真务实、扬善向美的精神品质,形成正确的人生观与价值观。

(二) 课程思政融入方式

本课程牢固树立起专业知识传授与价值引领同等重要、专业课与思政课同向同行的教育教学理念,在教学实践中探索出教学渗透、主题研讨、实践感知等课程思政融入方式,有效实现课程思政教学目标。

(1) 教学渗透。通过对中国现代文学发生发展过程的梳理和对现代作家作品的分析,引导学生体会中华民族自强不息、求新求变的伟大精神,理解现代作家深沉的爱国情怀和高度的历史责任感,感受现代文学作品丰富的审美内涵。

(2) 主题研讨。通过研讨"五四"新文学、左翼文学、抗战文学等教学主题,让学生能够清晰地认识到中国现代文学鲜明的红色印记,依托革命文学资源,感受革命文化,坚定共产主义信仰,在潜移默化中铸牢崇高理想信念。

(3) 实践感知。通过实地考察、诗歌诵读、话剧表演、读书征文、文学创作等课外实践活动,激发学生的自主探究意识,引导学生与文本对话,在研读文本、演绎文本的过程中感受到经典作品的艺术魅力,陶冶学生的审美情感与道德情操。

三、教学案例展示

张恨水小说的艺术成就与思想价值

张恨水是通俗文学大家,对中国现代通俗小说的形成做出了重要贡献。中国传统章回小说在现代中国完成了它的现代化转型,这是中国现代文学的重要文学现象,张恨水注重中国传统文学对现代小说发展的合理性意义和支撑作用,他的现代通俗小说创作构成了中国文化现代化进程中的富有意味的"典型"。同时,张恨水也是抗战小说大家。张恨水的抗战小说将"抗日"主题从"难"提升到"战",有着明确的国家意识。抗战时期张恨水的"歌颂小说"和"暴露讽刺小说"是他的"抗战小说"主题的两个侧面,表现了中国传统文人的人格操守。张恨水在小说艺术上的守正创新和在小说主题上的家国情怀,对当代青年大学生的成长成才具有可贵的借鉴意义。

（一）教学目标

1. 情感态度与价值观目标

（1）通过张恨水《春明外史》《金粉世家》《啼笑因缘》与传统章回体小说的对比，让学生体会到张恨水小说对中国传统小说的传承与改造，领悟创新精神，提升文化自信。

（2）通过分析张恨水抗战时期小说，让学生体会到诗人深沉的爱国情感，厚植爱国主义情怀。

2. 知识与技能目标

（1）掌握张恨水对传统章回体小说的创新之处，培养创新思维与辩证思维。

（2）理解张恨水小说的时代性、思想性，提升思辨能力与思想境界。

3. 过程与方法目标

（1）通过文本细读，增强审美感知力，学会结合具体文本体会经典作品的文学魅力。

（2）将作家创作放在特定历史语境中进行分析，从而让学生感受到作家的文化自信与守正创新。

（二）教学重难点

教学重点：张恨水对传统章回体小说的改良路径；张恨水抗战小说的主题意蕴。

教学难点：张恨水小说的文学史意义。

（三）教学方法、教学资源

教法：讲授法、讨论法。

学法：文本细读、合作探究。

教学资源：

（1）钱理群，温儒敏，吴福辉．中国现代文学三十年[M]．北京：北京大学出版社，1998.

（2）杨义．中国现代小说史[M]．北京：人民出版社，1998.

（3）张恨水研究在线．https://mp.weixin.qq.com/s/Ti5lnOMrS6Rsx4pHlHwAsw.

（四）教学过程

教学环节一：新课导入

教师出示学生参观张恨水纪念馆照片（注：学生第四学期曾去潜山张恨水纪念馆开展专业考察），请学生畅所欲言，谈谈参观张恨水纪念馆的感受和对张恨水小说创作的印象。张恨水被称为“通俗小说大家”，一生共创作了3000余万字的作品，颇受当时市民读者的喜爱。但与“五四”新文学的激进姿态相比较，张恨水小说创作探索的是温和的渐进改良的现代化路径，这使得评论者们对张恨水文学地位的评判莫衷一是。本节课将从文本细读入手，试图客观公正地评价张恨水小说的艺术成就与思想价值。

思政元素融入设计：通过回忆参观经历和分享阅读经验，学生对张恨水小说创作实绩有更加直观的感受，并从中体会张恨水的勤勉务实的实干精神；通过介绍有关张恨水文学地位的争论，启发学生辩证看待作家的文学成就，培养辩证思维。

教学环节二：讲授新课

知识点一：《春明外史》《金粉世家》《啼笑因缘》：中国现代通俗小说文体的现代化路径。

在学生阅读基础上，课堂教学中设计如下问题，引导学生展开讨论。

问题1：与传统的章回体小说相比，《春明外史》有哪些创新之处？

研讨提示：之前的章回小说基本上是《官场现形记》《二十年目睹之怪现状》《儒林外史》的模式，它是一个故事接一个故事地讲述，人物只是某个故事中的人物，并不贯穿始终。《春明外史》是民国以来第一部以一个人物的命运贯穿故事始终的章回小说，张恨水也是现代章回作家中第一个以一个人物贯穿小说的作家。

研讨小结：《春明外史》的创新之处在于张恨水解决了怎样将章回小说中散乱的材料集中起来的问题。他把所有的材料都服从一个人的命运，用一个人作为小说的主人公从头到尾把故事情节贯穿起来。这样的小说布局就给小说带来了三大好处：一是人物形象生动鲜明；二是小说中间有一个贯穿始终的人物形象后，这个人就成为了小说的主脑，小说中所有的事情都跟这个人有关系，材料再多、再复杂都不会凌乱。三是小说有了一个完整的结构。

问题2：《金粉世家》有哪些现代质素？对传统章回小说有哪些突破？

文本细读（课件展示两段心理描写：一处是金燕西偷偷地去看冷清秋，看完以后心理活动的描述；一处是金燕西与冷清秋快结婚前，大哥大嫂吵架时对金燕西的心理描写）。

研讨提示：第一处心理描写将一个单相思的男孩子的心态生动地展现出来。金燕西在冷清秋家前等着，冷清秋走了过来无意之中看到这个男孩子傻站在这地方，就微微地向他一笑。一般的通俗小说，写到这儿，就过去了。但是张恨水的《金粉世家》恰恰从这里开始运用了心理描写，细腻展现人物的心理活动。第二处心理描写反映出金燕西的大男子主义思想。男人的气势、男人的尊严在金燕西的思想中极为重要。他始终就没有把冷清秋放到与他平等的位置上。这也是金燕西与冷清秋最终分手的内在原因。

研讨小结：《金粉世家》是张恨水第一次大规模地运用外国小说创作手法的小说。其中运用最多的手法是场面描写和心理描写。中国通俗小说受话本的影响很大，人物心里想什么并不描述出来，而是通过人物语言、表情、动作暗示出人物的心里所想。张恨水的《金粉世家》在小说中直接描写人物的心理活动，人物性格的刻画深度明显加强。第二是场面描写。中国传统的通俗小说最大的毛病就是叙述故事中的因果关系，它是一种线性时间结构。《金粉世家》注意到在同一时期、同一场合写不同人物的表现，这就是场面描写。小说中金燕西办诗会，诗会中金燕西也写了诗，诗很臭，但所有的诗人都说这首诗最好。这个场面描写把每个人的形态、心态都写了出来。还有一个精彩的场面是金总理死后的葬礼上的描写。在这个场面上，张恨水将人情世故刻画得相当深刻。

问题3：为什么说《啼笑因缘》是张恨水的成熟之作？

文本细读（课件展示《啼笑因缘》中樊家树、关秀姑、沈凤喜、何丽娜四个人物的出场描写）。

研讨提示：张恨水不再像传统通俗小说那样从头到脚地写人物，而是运用白描手法，抓住最传神、最能体现人物形象特征的那些地方勾勒几笔。此时张恨水的人物描写已经相当娴熟。

研讨小结：张恨水善于运用白描手法刻画人物，并且利用人物性格推动小说情节的发展。最为精彩的是沈凤喜出身贫寒，纯真、羞涩，但是比较爱虚荣，爱攀比，这个毛病使得她喜欢钱。这为后来的情节发展埋下了一个重要的伏笔——沈凤喜屈服于刘将军，一方面是刘将军的压迫，另一方面也有沈凤喜性格的缺点。小说中写了军阀的强暴，写了平民的遭殃，但是他又不是概念化地写人物，而是真实地描述他们的形象，这说明张恨水对人性的深入体察。

问题4：当"五四"新文学运动以"反传统"面目冲击着旧文学时，张恨水却固守传统的章回体，引起人们的不满，你认为张恨水对传统章回体小说的改造有积极意义吗？

研讨提示："五四"新文学的倡导者在批判旧文学这一问题上形成一种新旧对立的二元思维定式。他们并没有认识到旧形式加以改造完全可以为新文学所用。张恨水对"五四"新文化运动的反帝、反封建的精神是肯定、赞同的，但他仍坚持自己的创作个性，继续创作章回体通俗小说，并在理论上强调章回体的艺术价值，提出用现代意识去改造旧章回体，在"新派小说"和"旧章回小说"之间踏出一条改良的新路。张恨水积极吸纳外国小说艺术技巧并加以转化，使他的通俗小说呈现出开放包容的现代性审美风貌。

教师总结：张恨水通过创作三部社会言情小说，完成了中国传统的章回小说向现代章回小说的过渡。其艺术成就在于：第一，中国传统的章回小说在张恨水的创作中完成了现代化的转型；第二，说故事、写人物是中国现代章回小说最重要的"现代特征"；第三，现代章回小说的创作路径是中国小说现代化的路径之一，它与中国现代新小说一起构成了中国现代小说的现代化模式。

思政元素融入设计：通过文本细读和交流研讨，明确张恨水在现代通俗小说创作上的守正创新，即立足传统，积极吸纳"五四"新文学和西方文学新的现代性审美因子，对传统通俗小说文体进行"改造"，使章回小说呈现出生动活泼、摇曳多姿的现代性审美风貌，成为一种与表现现代生活相适应的新的现代艺术形态。这体现了张恨水对民族传统审美理想和审美情感的认同以及寻求突破的创新意识，从而启发学生树立文化自信，勇于突破创新，同时在交流研讨过程中可引导学生增强辩证分析问题的意识。

知识点二：张恨水抗战小说的家国情怀。

资料拓展：观看教学视频《张恨水：用抗战的笔墨写救国的文章》，梳理张恨水抗战时期的小说篇目。

张恨水的抗战小说主要可分为两类：第一类是歌颂抗战精神的小说，包括《虎贲万岁》《大江东去》《桃花巷》《潜山血》《巷战之夜》《疯狂》等。第二类是讽刺暴露小说，包括《八十一梦》《魍魉世界》《偶像》《傲霜花》等。抗战后期，其创作重点转到了社会批判，包括《巴山夜雨》《纸醉金迷》《五子登科》等，张恨水的小说创作旨趣比以往任何时候都更为严肃。这是张恨水爱国热情分外高涨的时期，他把现代章回体紧贴现实、表现社会的现实主义功能发挥到了极致。

通过梳理可以得出以下结论：

(1) 张恨水是中国现代作家中创作“抗战小说”最多的作家。他直接将抗战作为主要素材的作品近十部，涉及抗战生活的作品数十部，在中国现代作家中这样的创作量首屈一指。

(2) 张恨水是将“抗日作品”从“国难小说”的层面带入“抗战小说”层面的作家。他的作品写了日本侵略者对中国人民残害，呼吁中国人民奋起反抗。张恨水的小说完成了中国的“抗战小说”由“难”转向“战”的提升。

思政元素融入设计：从对张恨水抗战时期小说创作的总体把握中，引导学生体会张恨水从人民利益出发的正义感和深切的民族忧患意识。从对抗战时期小说主题的分析中，启发学生认识到张恨水与时俱进的现实主义创作精神。作为有良知的知识分子，张恨水于国家民族危难之际以笔为枪的抱负和使命感，能够激励学生自觉践行社会主义核心价值观，厚植爱国主义情怀。

教学环节三：课堂小结

(1) 张恨水完成了中国传统的章回小说向现代章回小说的过渡，他对传统通俗小说文体的改造是中国小说现代化的路径之一。张恨水立足传统，自觉改良，大胆借鉴外国文学的表现技法。他的守正创新能够启迪青年大学生传承中华文化的责任感，引导学生树立文化自信，勇于突破创新。

(2) 张恨水是中国现代作家中创作“抗战小说”最多的作家，其小说完成了中国的“抗战小说”由“难”转向“战”的提升。张恨水的家国情怀及其作品流露出的家国意识，对当下的爱国主义教育具有很好的借鉴意义。

思政元素融入设计：张恨水小说给中国现代文学留下了一笔瑰丽的文学遗产，其对通俗小说文体的改造一方面继承了优秀传统文化，另一方面不落窠臼，锐意创新，体现了传承中华文化的责任和担当。为了唤起国人抗敌御侮的意志，张恨水创作大量抗战小说，彰显出忧国忧民的人格力量。通过对张恨水小说艺术成就的研讨和对其抗战小说主题的分析，引导学生培养辩证思维、创新思维，树立文化自信，厚植爱国情怀。

(五) 教学反思

(1) 本节课充分依托地方文化资源，激发情感共鸣。张恨水是潜山籍作家，因为空间距离的亲近，学生有过参加张恨水故居和张恨水纪念馆的经历，加上课前充分阅读，给课堂教学打下了良好的基础。

(2) 从教学方法和教学效果来看，教学中注重发挥学生的主体作用，通过文本细读、交流研讨，提高了学生的参与度，结合学生实践和视频讲解，使教学内容呈现更加生动直观，较好地完成了教学目标。

（3）从课程思政教学目标的落实上看，本节课注重课程思政元素与专业知识教学的有机结合，在专业知识教学中引导学生辩证分析问题，进一步增强文化自信，厚植爱国主义情怀。

（4）通过研讨和讲授，学生能够理解张恨水抗战小说的家国情怀，但在讨论过程中，张恨水抗战小说的艺术成就引发了学生进一步的思考。这一部分在教学设计中没有得到充分体现，而这也是厘定张恨水抗战小说艺术价值的重要因素，因此通过以课后思考题的形式让学生拓展阅读，展开分析。

四、课件

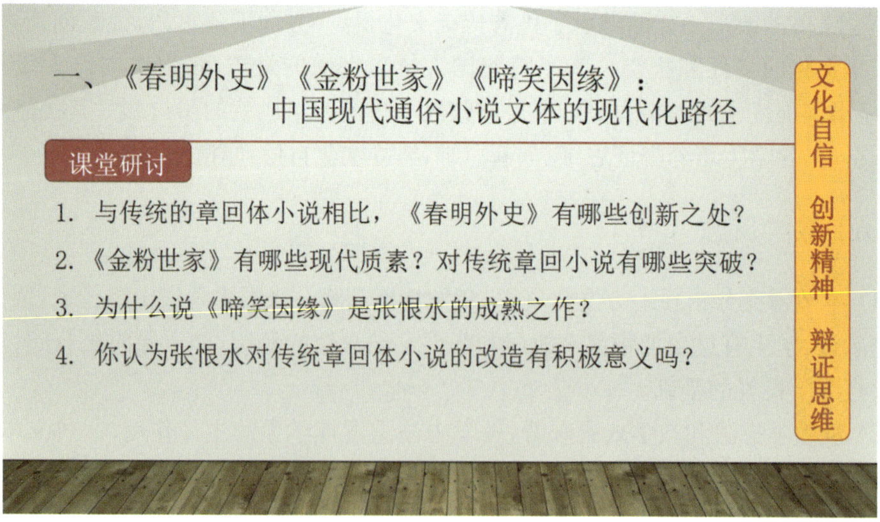

《春明外史》

结构创新

创新精神

《春明外史》是民国以来第一部以一个人物的命运贯穿故事始终的章回小说。这种小说布局的三大好处：

一是人物形象生动鲜明。

二是小说中间有一个贯穿始终的人物形象后，这个人就成为小说的主脑，小说中所有的事情都跟这个人有关系，材料再多、再复杂都不会凌乱。

三是小说有了一个完整的结构。

《金粉世家》

我守着看人家不是有些呆吗？这就回得家去，一个人坐在书房里呆想，那人在胡同上那微微一笑，焉知不是对我而发的？当时可惜我太老实了，我就回她一笑，又要什么紧？我面孔那样正正经经的，她不要说我太不知趣吗？说我不知趣呢，那还罢了，若是说我假装正经，那就辜负人家的意思了。他这样想着，仿佛有一个珠圆玉润的面孔，一双明亮亮的眼珠一转，两颊上泛出一层浅浅的红晕，由红晕上，又略略现出两个似有似无的笑涡。燕西想到这里，目光微微下垂，不由得也微微笑起来。

——张恨水《金粉世家》

《金粉世家》

我将来和清秋结了婚，难道也是这个样子不成？无论如何，我想自己得先振作起来，不要长了别人的威风……若是男子对他夫人有很厚的爱情，却落了一个惧内的结果，岂不让天下男人都不敢爱他的妻？

——张恨水《金粉世家》

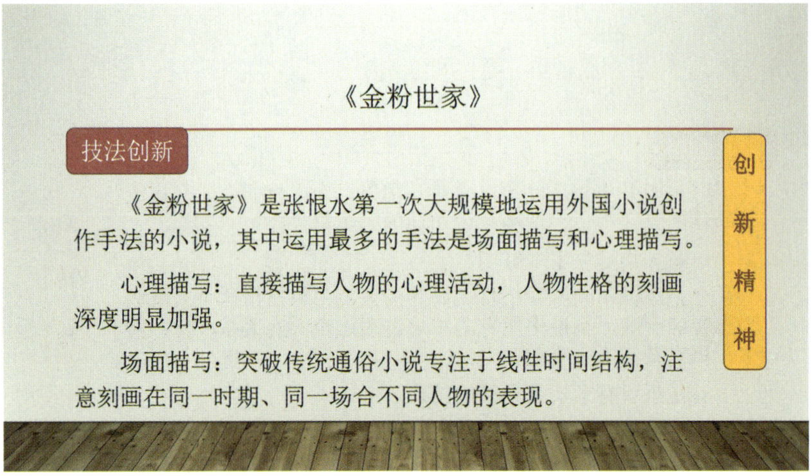
《金粉世家》
技法创新
创新精神
《金粉世家》是张恨水第一次大规模地运用外国小说创作手法的小说，其中运用最多的手法是场面描写和心理描写。
心理描写：直接描写人物的心理活动，人物性格的刻画深度明显加强。
场面描写：突破传统通俗小说专注于线性时间结构，注意刻画在同一时期、同一场合不同人物的表现。

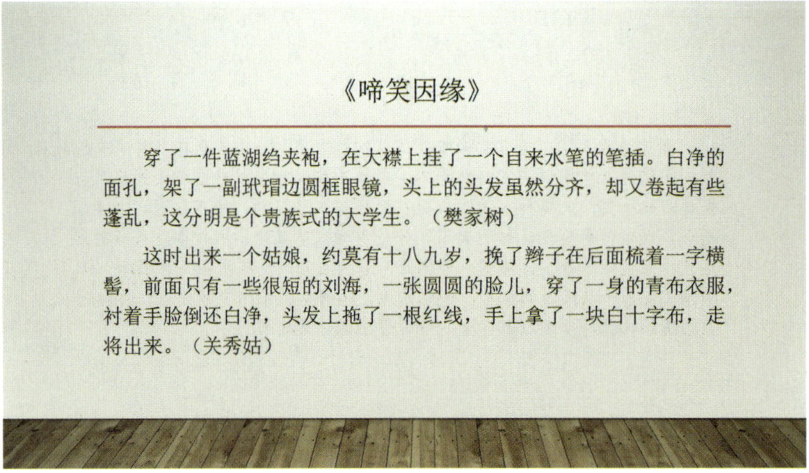
《啼笑因缘》
穿了一件蓝湖绉夹袍，在大襟上挂了一个自来水笔的笔插。白净的面孔，架了一副玳瑁边圆框眼镜，头上的头发虽然分齐，却又卷起有些蓬乱，这分明是个贵族式的大学生。（樊家树）
这时出来一个姑娘，约莫有十八九岁，挽了辫子在后面梳着一字横髻，前面只有一些很短的刘海，一张圆圆的脸儿，穿了一身的青布衣服，衬着手脸倒还白净，头发上拖了一根红线，手上拿了一块白十字布，走将出来。（关秀姑）

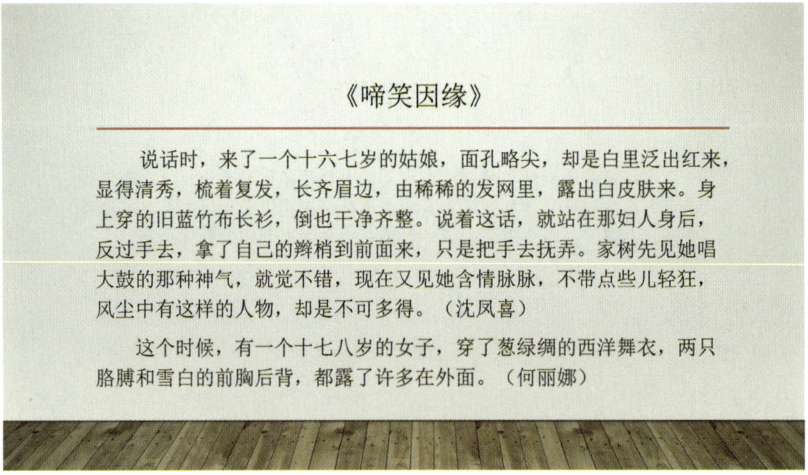
《啼笑因缘》
说话时，来了一个十六七岁的姑娘，面孔略尖，却是白里泛出红来，显得清秀，梳着复发，长齐眉边，由稀稀的发网里，露出白皮肤来。身上穿的旧蓝竹布长衫，倒也干净齐整。说着这话，就站在那妇人身后，反过手去，拿了自己的辫梢到前面来，只是把手去抚弄。家树先见她唱大鼓的那种神气，就觉不错，现在又见她含情脉脉，不带点些儿轻狂，风尘中有这样的人物，却是不可多得。（沈凤喜）
这个时候，有一个十七八岁的女子，穿了葱绿绸的西洋舞衣，两只胳膊和雪白的前胸后背，都露了许多在外面。（何丽娜）

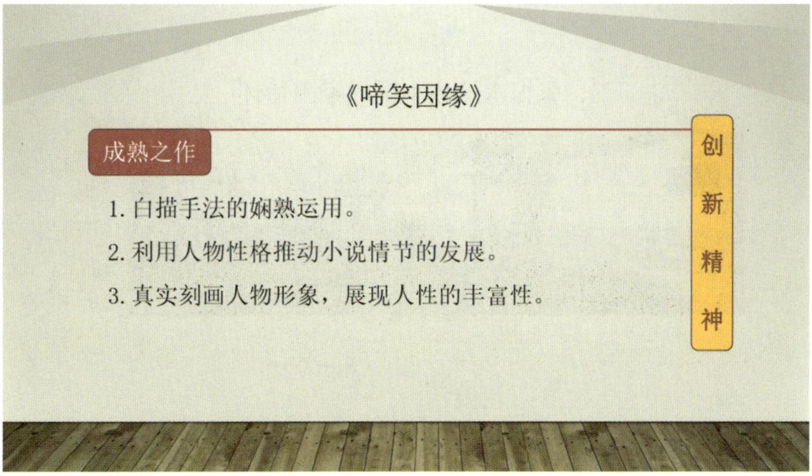
《啼笑因缘》
成熟之作
1. 白描手法的娴熟运用。
2. 利用人物性格推动小说情节的发展。
3. 真实刻画人物形象，展现人性的丰富性。
创新精神

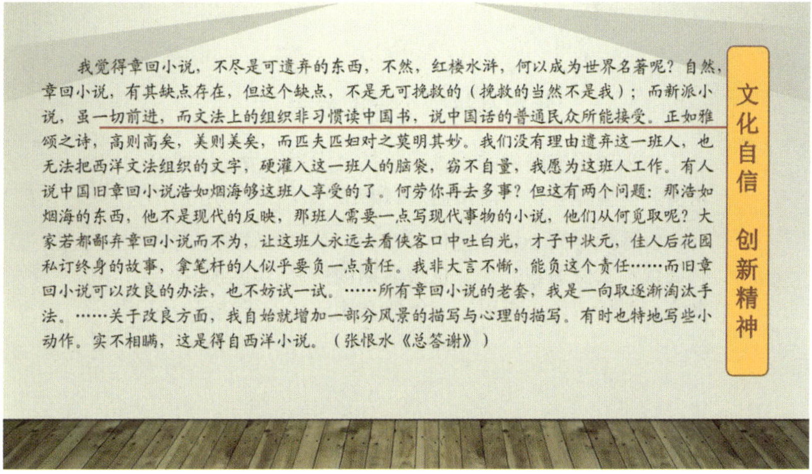
我觉得章回小说，不尽是可遗弃的东西，不然，红楼水浒，何以成为世界名著呢？自然，章回小说，有其缺点存在，但这个缺点，不是无可挽救的（挽救的当然不是我）；而新派小说，虽一切前进，而文法上的组织非习惯读中国书，说中国话的普通民众所能接受。正如雅颂之诗，高则高矣，美则美矣，而匹夫匹妇对之莫明其妙。我们没有理由遗弃这一班人，也无法把西洋文法组织的文字，硬灌入这一班人的脑袋，窃不自量，我愿为这班人工作。有人说中国旧章回小说浩如烟海够这班人享受的了。何劳你再去多事？但这有两个问题：那浩如烟海的东西，他不是现代的反映，那班人需要一点写现代事物的小说，他们从何觅取呢？大家若都鄙弃章回小说而不为，让这班人永远去看侠客口中吐白光，才子中状元，佳人后花园私订终身的故事，拿笔杆的人似乎要负一点责任。我非大言不惭，能负这个责任……而旧章回小说可以改良的办法，也不妨试一试。……所有章回小说的老套，我是一向取逐渐淘汰手法。……关于改良方面，我自始就增加一部分风景的描写与心理的描写。有时也特地写些小动作。实不相瞒，这是得自西洋小说。（张恨水《总答谢》）
文化自信
创新精神

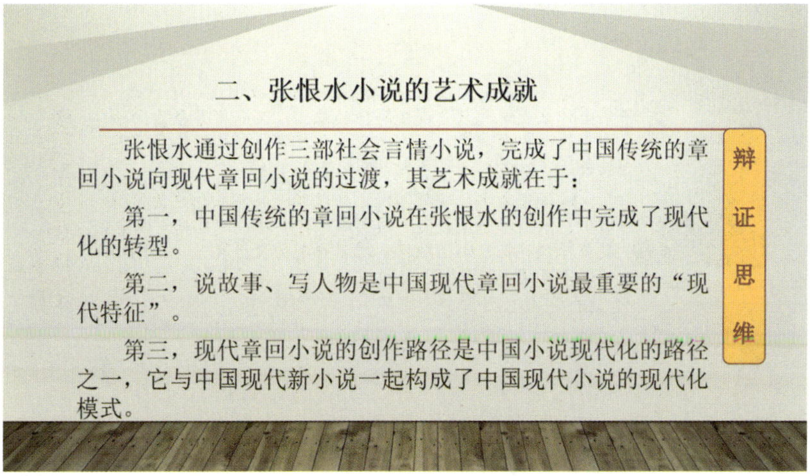
二、张恨水小说的艺术成就
张恨水通过创作三部社会言情小说，完成了中国传统的章回小说向现代章回小说的过渡，其艺术成就在于：
第一，中国传统的章回小说在张恨水的创作中完成了现代化的转型。
第二，说故事、写人物是中国现代章回小说最重要的“现代特征”。
第三，现代章回小说的创作路径是中国小说现代化的路径之一，它与中国现代新小说一起构成了中国现代小说的现代化模式。
辩证思维

三、张恨水抗战小说的家国情怀
连载要写八十一梦
爱国主义情怀

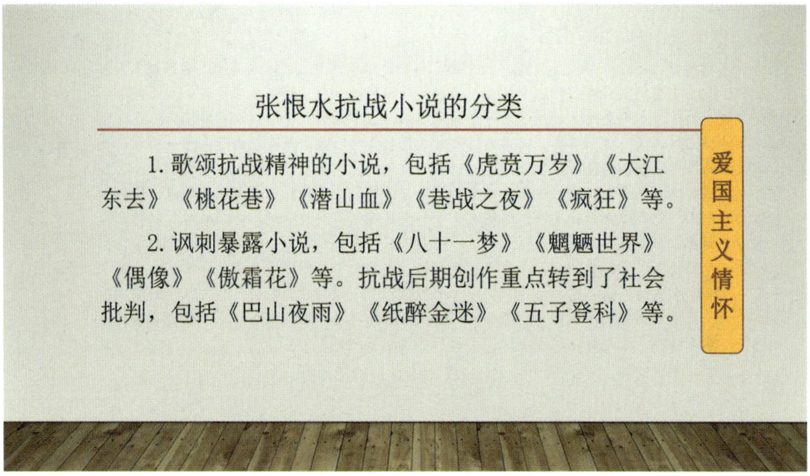
张恨水抗战小说的分类
1. 歌颂抗战精神的小说，包括《虎贲万岁》《大江东去》《桃花巷》《潜山血》《巷战之夜》《疯狂》等。
2. 讽刺暴露小说，包括《八十一梦》《魍魉世界》《偶像》《傲霜花》等。抗战后期创作重点转到了社会批判，包括《巴山夜雨》《纸醉金迷》《五子登科》等。
爱国主义情怀

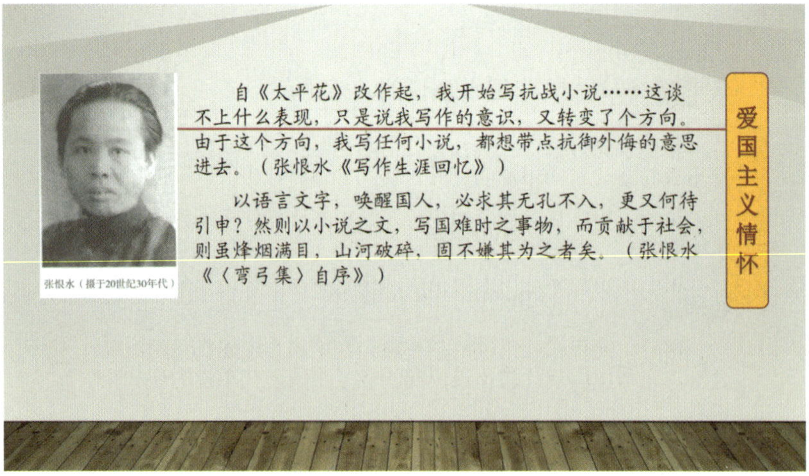
张恨水（摄于20世纪30年代）
自《太平花》改作起，我开始写抗战小说……这谈不上什么表现，只是说我写作的意识，又转变了个方向。由于这个方向，我写任何小说，都想带点抗御外侮的意思进去。（张恨水《写作生涯回忆》）
以语言文字，唤醒国人，必求其无孔不入，更又何待引申？然则以小说之文，写国难时之事物，而贡献于社会，则虽烽烟满目，山河破碎，固不嫌其为之者矣。（张恨水《〈弯弓集〉自序》）
爱国主义情怀

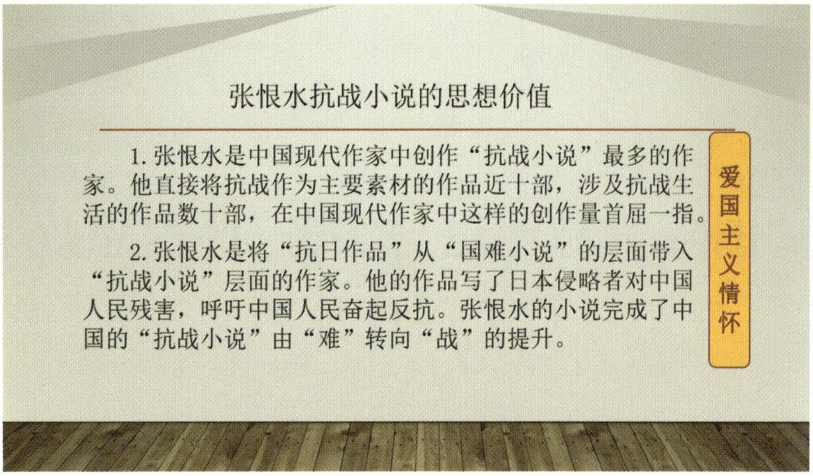
张恨水抗战小说的思想价值
1. 张恨水是中国现代作家中创作“抗战小说”最多的作家。他直接将抗战作为主要素材的作品近十部，涉及抗战生活的作品数十部，在中国现代作家中这样的创作量首屈一指。
2. 张恨水是将“抗日作品”从“国难小说”的层面带入“抗战小说”层面的作家。他的作品写了日本侵略者对中国人民残害，呼吁中国人民奋起反抗。张恨水的小说完成了中国的“抗战小说”由“难”转向“战”的提升。
爱国主义情怀

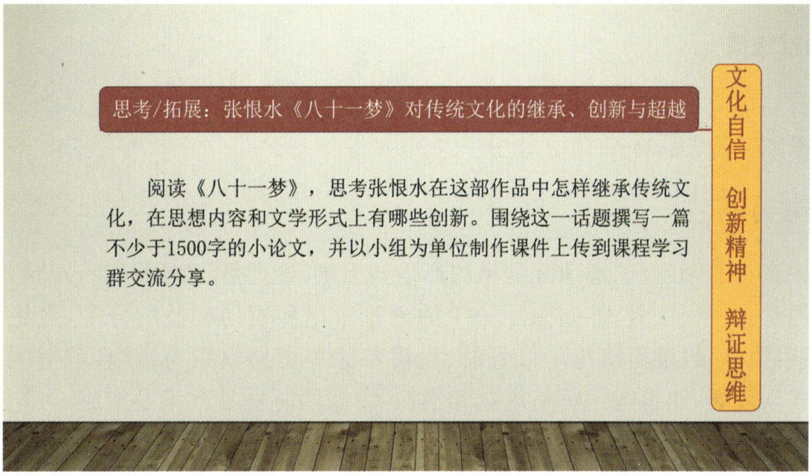
思考/拓展：张恨水《八十一梦》对传统文化的继承、创新与超越
阅读《八十一梦》，思考张恨水在这部作品中怎样继承传统文化，在思想内容和文学形式上有哪些创新。围绕这一话题撰写一篇不少于1500字的小论文，并以小组为单位制作课件上传到课程学习群交流分享。
文化自信
创新精神
辩证思维

“国际贸易理论与实务”课程思政教学设计案例

一、课程简介

1. 课程性质

国际贸易理论与实务是市场营销等专业的一门选修课程，隶属于经济学学科。本课程在第六学期开设，共 34 学时，2 学分。

2. 课程内容

通过本课程的学习，了解国际贸易的产生与发展，熟悉我国对外贸易现状，熟练掌握国际贸易的基本分析工具，掌握国际分工的理论依据和贸易利益的分配，熟练掌握关税措施、非关税措施、鼓励出口与出口管制、经济特区等贸易政策与措施，掌握区域经济一体化的形式与发展，熟悉国际贸易规则和惯例，掌握国际贸易政策及措施，并把握当今国际商务活动的特点和趋势以及 WTO 的知识，掌握国际贸易实务知识，能够正确分析和解释国际贸易问题与现象，为进一步完善相关专业技能奠定基础。

本课程坚持以习近平新时代中国特色社会主义思想为指导，将马克思国际贸易理论、传统理论的继承性和现代理论的前瞻性相结合、国际贸易理论与国际贸易政策实务实践相结合、国际贸易理念和国际贸易基本方法相结合，使学生加深对现实问题的理性思考，强化对基本原理的理解。帮助学生坚持正确的国际贸易方向，秉持合作共赢、开放包容的贸易理念，引导学生树立正确的世界观、人生观和价值观。

3. 授课教师

殷功利，博士，副教授，主要研究方向为国际贸易理论与政策。主讲国际贸易理论与政策和国际经济学等课程，主持安徽省级课程思政示范课程“国际贸易理论与政策”、示范教研室（国际经济与贸易教研室）、示范课“国际贸易理论与政策”等 5 项，主持校级国际经济与贸易一流本科专业建设项目等 4 项，独撰发表“国际贸易理论与政策”课程方面教研教改论文多篇。

二、课程思政资源分析

（一）课程思政建设目标

本课程旨在帮助学生掌握马克思主义世界观和方法论，理解国际商品与劳务交换过程中的生产关系及有关上层建筑发展规律，包括各个社会历史发展阶段，特别是资本主义阶段国际商品运动的一般规律。通过对国际贸易的理论、政策、贸易法规、贸易实务实践等知识的讲解，夯实学生基本功，培养学习兴趣，激发爱国情怀，引导学生形成合作、共赢、开放、创新的贸易思维，推动大学生健康成长为具有良好职业道德、诚信守法、使命担当、国际视野的贸易人才。

思政目标 1:厚植家国情怀。通过介绍我国改革开放尤其是党的十八大以来的对外贸易发展取得的巨大成就，我国已经成为世界第一大货物贸易国，激发学生的民族自豪感和爱国主义情感，引导学生正确认识当代中国经济贸易发展大势，认清世界经济发展潮流，将个人成长与祖国前途命运紧密相连，坚决维护国家利益。

思政目标 2:恪守诚信守法。坚持把讲诚实、守信用的传统美德融入课程的教学之中。以国际商务谈判为例，国际商务谈判是一项艰巨的工作，对谈判技巧、心理素质有较高要求，国际商务谈判关系到国家、社会、集体、公司的利益。忠实履行条约协议合同是基本的道德要求，引导学生切实恪守诚信守法。

思政目标 3:践行使命担当。通过课程学习，学生能够把握马克思国际贸易理论，通过国际贸易中封锁“卡脖子”技术的案例激发学生主动肩负时代使命、勇挑时代重任，增强为中华之崛起而读书的自觉意识，积极投身中国高水平对外开放的伟大实践，为中华民族伟大复兴而奋斗。

思政目标 4:培养创新思维。聚焦当下世界贸易发展前沿、重点热点问题，帮助学生正确理解跨境电商、市场采购、外贸综合服务、保税维修、离岸贸易、海外仓等外贸新业态新模式，学习借鉴中国（上海）自由贸易试验区等创新经验做法，培养学生分析问题意识，提升分析问题能力，提高创新思维品质。

思政目标 5:拓宽国际视野。系统了解世界主要贸易大国的人文地理、政治制度、社会文化及经济贸易发展等概况，探讨世界贸易发展的一般规律。在和平、发展、合作、共赢成为潮流的新时代，深刻认识“一带一路”倡议和构建人类命运共同体的内涵，理解为人类文明发展贡献中国智慧和中国方案的要义。

（二）课程思政融入方式

本课程思政融入方式主要有教学渗透、案例示范、课堂讨论、模拟体验、实践教学等。

（1）教学渗透。梳理提炼国际经济与贸易专业知识和思想政治教育的结合点，将思想政治教育自然渗透到日常教学中。掌握马克思国际贸易理论，辩证、批判分析西方国际贸易理论，用马克思理论去判断西方国际贸易理论。如用马克思的价值论去批评李嘉图欠缺的劳动价值理论，可以培养学生批判思维，增强、激发学生的理论自信、制度自信。

（2）案例示范。通过国际贸易典型案例的介绍，让学生深入思考案例发生背后的经济和政治原因，分析案例发生的目的何在。如中国电池企业胜A国案，设置为什么A国对中国产品频繁发起“337调查”等问题，讨论后再讲授“337条款”的知识，最后再列举案例。以此激发学生爱国主义情感，引导学生树立努力学习报效国家的坚定信念。

（3）课堂讨论。课前发布相关教学内容及思政素材给学生自学，课中分组汇报讨论。如在讲授自由国际贸易理论时，课前布置围绕国际贸易与经济增长的关系让学生预习、查找资料，课堂上围绕是否赞成对外贸易是经济增长的发动机的观点等进行交流讨论。加深国际贸易可以使每个人状况都变得更好的认识，培养学生国际视野。

（4）模拟体验。在教学过程中，时刻要以学生为主体，形成和谐的师生互动、生生互动关系。例如，在讲授绝对优势理论时，编排小型的情景剧，让第一个学生扮演经济学者亚当·斯密，第二个学生扮演拥护重商主义的商业资本家代表，第三个学生扮演要求自由贸易的工业资本家代表。学生通过角色扮演，来阐述思想观点，从而激发学生学习兴趣及培养其口头表达能力、创新能力。

（5）实践教学。安排同学们实地体验、参观专业实习基地与红色纪念馆，激发同学们的专业情感和爱国主义情怀。如到安庆师范大学实习基地华茂集团，让同学们了解“工匠精神”，让艰苦工作、诚实守信的企业文化对同学们产生了潜移默化的影响。赴安庆市革命烈士陵园，缅怀革命先烈，让学生更加深刻体会“不忘初心，牢记使命”内涵，增进历史使命感和社会责任感。

三、教学案例展示

需求相似理论

教学展示内容选自第四章“国际贸易理论”第三节“新贸易理论”。本节内容包含技术差距论、需求相似理论、产品生命周期论、规模经济贸易理论。本教学案例主要针对第二目“需求相似理论”开展设计，授课学时1学时。

（一）教学目标

1. 情感态度与价值观目标

（1）通过本节课的学习，让学生深入了解中国人均收入增长了、民富了的伟大成就和重要意义，从而增强学生的爱国情操。

（2）通过本节课的学习，让学生深刻认识由于厂商追求代表性需求，以实现规模经济效果，增强学生制度认同，培养学生拼搏精神、工匠精神与创新精神。

2. 知识与技能目标

（1）通过本节课的学习，让学生了解代表性需求，具有规模经济特性，人均收入与需求结构成正向关系。

（2）通过本节课的学习，让学生认识到收入接近的国家，需求重叠，双方的贸易就繁荣起来。

3. 过程与方法目标

（1）以教学案例为切入点，以热点问题为导向，通过挖掘和对比，运用问题链层层深入，引导学生分析思考教学内容，深刻理解教学重难点。

（2）运用自主学习和自主探索、线上和线下、小组讨论与合作学习及课后探究等方法，培养学生创新创业能力。

（二）教学重难点

教学重点：人均收入与需求结构成正向关系；收入接近的国家，需求重叠，双方的贸易就繁荣起来。

教学难点：规模经济曲线与需求重叠曲线的理解与图形表示。

（三）教学方法、教学资源

教法：案例分析法；问题引导法。

学法：自主学习法；小组讨论法。

教学资源：

（1）潘锦云，殷功利. 国际贸易理论与政策[M]. 2 版. 合肥：中国科学技术大学出版社，2022.

（2）蒋诚，李月娥. 国际贸易理论与实务[M]. 上海：同济大学出版社，2022 年.

（3）张素芳. 国际贸易理论与实务：英文版[M]. 3 版. 北京：对外经济贸易大学出版社，2013.

（4）中国大学 MOOC“国际贸易学”. https://article. xuexi. cn/articles/video/index. html? art_id = 13800581431213381556&study_style_id = video_default&source = share&share_to = wx_s.

（四）教学过程

教学环节一：新课导入

介绍“二战”以后有着相近要素禀赋的发达国家之间迅猛发展的产业内贸易，赫克谢尔-俄林定理（H-O 理论）却无法解释，H-O 理论只能解释初级产品的国际贸易。国际贸易理论在经历了多年的沉寂之后，林德从需求方面解释国际贸易的起因。

思政元素融入设计：通过分析发现古典贸易理论还是 H-O 理论，都是从供给方面来探讨国际贸易的基础，即从技术差异、要素禀赋等供给的因素来解释比较优势的决定。林德却另辟蹊径，从需求方面来分析国际贸易的基础。通过比较林德和我们自己在观察问题和处理问题时的不同态度和做法，激励学生善于观察、勇于探索、追求真理的科学精神，培养学生创新思维。

教学环节二:新课讲解

(1) 基本假设、概念。介绍基本假设、概念,分析如果两个国家人均收入水平越是接近,彼此需求结构的重叠部分就越大,因而两国的贸易关系就越密切,国际贸易往往会在收入水平相当的国家间展开。

思政元素融入设计:通过展示我国人均收入趋势图,让学生深入了解中国人均收入增长了、民富了的伟大成就和重要意义,培养学生的爱国情怀,增强民族自豪感和对社会主义核心价值观的认同感。

(2) 需求重叠理论基本思想及评价。由于厂商追求代表性需求,以实现规模经济效果,就难以顾及不同档次产品消费者的需求。那些非代表性需求都需要借助国际贸易加以实现。产品的差异性使得两国完全进入对方市场。

重叠需求贸易理论从需求的角度对产业内贸易加以概括和解释。这一理论尽管是针对差异产品贸易而言的,但是其核心内容是收入水平相近国家,需求水平相似或重叠。因此,应该说这是对国际贸易理论的一个重要贡献。

思政元素融入设计:结合"厂商追求代表性需求,以实现规模经济效果",以华为公司开拓国际市场以实现规模经济为例,华为拓展国际市场的过程是一场艰苦漫长旅程,华为始终重视自主的技术路线。中国革命成功的一条关键经验是农村包围城市,华为的海外战略也借鉴了这条经验。华为的海外战略是先去开拓亚非拉市场,然后进入俄罗斯市场,继而在东欧、南欧相继打开市场后,华为才开始挺进西欧、北美市场。增强学生制度认同,培养学生拼搏精神、工匠精神与创新精神。

教学环节三:课堂小结

通过本节内容的学习,认识了需求与收入之间呈正向关系,收入水平相似国家,需求重叠,有效解释了发达国家之间的贸易。

思政元素融入设计:讲述"中国工程院院士袁隆平买了台瑞虎,对于这个品牌给出了高度的赞许:每颗螺丝钉都是国产,我们应当支持!"的故事。这一真实案例有力驳斥了需求重叠理论中强调收入高伴随需求层次也高的局限性,展现了科学家严谨求实、潜心钻研、淡泊名利的作风,表现了科学家对中国自主汽车品牌充满了自信。让同学们深刻感受到科学家胸怀祖国、服务人民的爱国精神、敢为人先的创新精神,坚定同学们的文化自信,培养同学们的批判精神。

教学环节四:课后延伸

布置实践作业:请同学们查阅资料,以某两个国家为例,验证其收入与贸易之间是否存在线性关系。以小组为单位,撰写调研报告。

思政元素融入设计:将实践教学与课后作业相结合,进一步巩固学生家国情怀和社会责任感,使课程思政由知到行,彻底落实课程思政教学目标的实现。同时以布置课后作业的形式,倡导国际经济与贸易专业学生团队合作,培养学生合作精神。

（五）教学反思

为了实现“立德树人”的教学根本目标，每门课程都应该进行思政教育。思政教育要和教学内容有机融合，巧妙渗透，不能空洞说教，不能牵强附会。所以教学内容的选择至关重要，要根据教学目标的需要，选择合适的国际贸易案例为素材，在需求重叠与收入的教学内容基础上，引入我国人均收入趋势曲线、华为开拓国际市场案例等进行分析，培养学生的爱国情操，增强学生制度认同，激发学生拼搏精神、工匠精神、科学精神、批判精神与创新精神，取得了较好的教学效果。

四、课件

安庆師範大學
ANQING NORMAL UNIVERSITY

重叠需求理论

基本假设和基本概念

重叠需求理论基本思想和评价

经济与管理学院　殷功利

安庆師範大學
ANQING NORMAL UNIVERSITY

导入案例

H-O理论只能解释初级产品的国际贸易，却无法解释二战以后有着相近要素禀赋的发达国家之间迅猛发展的产业内贸易。国际贸易理论在经历了多年的沉寂之后，林德从需求方面解释了国际贸易的起因。

科学精神

安庆师范大学
ANQING NORMAL UNIVERSITY

1. 基本假设和基本概念

介绍基本假设、概念，分析如果两个国家人均收入水平越是接近，彼此需求结构的重叠部分就越大，因而两国的贸易关系就越密切，国际贸易往往会在收入水平相当的国家间展开。

爱国情怀

安庆师范大学
ANQING NORMAL UNIVERSITY

民族自豪感

安庆师范大学
ANQING NORMAL UNIVERSITY

2. 重叠需求理论基本思想和评价

由于厂商追求代表性需求，以实现规模经济效果，就难以顾及不同档次产品消费者的需求。那些非代表性需求都需要借助国际贸易加以实现。产品差异性使得两国完全进入对方的市场。

安庆师范大学 ANQING NORMAL UNIVERSITY

重叠需求贸易理论从需求的角度对产业内贸易加以概括和解释。其核心内容是收入水平相近国家，需求水平相似或重叠。这是对国际贸易理论的一个重要贡献。

制度认同

安庆师范大学 ANQING NORMAL UNIVERSITY

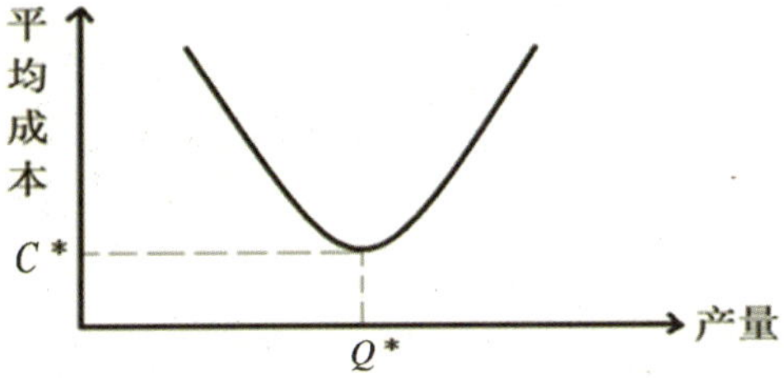

规模经济图

安庆师范大学 ANQING NORMAL UNIVERSITY

案例分析

华为拓展国际市场的过程是一场艰苦漫长旅程，华为始终非常重视自主的技术路线。中国革命成功的一条关键经验是农村包围城市，华为的海外战略也借鉴了这条经验。华为的海外战略是先去开拓亚非拉市场，然后进入俄罗斯市场，继而在东欧、南欧相继打开市场后，华为才开始挺进西欧、北美市场。

工匠精神

HUAWEI

安庆师范大学 ANQING NORMAL UNIVERSITY

课程小结

通过本节内容的学习，认识了需求与收入的呈正向关系，收入水平相似国家，需求重叠。有效解释了发达国家之间的贸易。

创新精神

安庆师范大学 ANQING NORMAL UNIVERSITY

淡泊名利

安庆师范大学 ANQING NORMAL UNIVERSITY

教学环节四：课后延伸

布置实践作业：请同学们查阅资料，以某两个国家为例，验证它们的收入与贸易之间是否存在线性关系。以小组为单位，撰写调研报告。

合作精神

“冷链物流”课程思政教学设计案例

一、课程简介

1. 课程性质

冷链物流是物流管理专业的限定选修课，于第五学期开设，共34学时，2学分。该课程是物流管理专业一门重要的选修课，主要是让学生掌握冷链物流管理及冷链业务的运营模式，掌握冷链运输配送、仓储等相关作业内容，掌握食品、药品等特殊产品冷链业务流程。注重培养学生的冷链机理的集成能力、冷链计划与执行能力以及冷链物流业务的沟通能力。

2. 课程内容

本课程结合国内外冷链物流发展趋势，立足于我国冷链物流发展实践，尤其是餐饮、食品、农产品领域冷链物流发展实际，从冷链物流的基本理论、核心功能要素、软硬件支撑载体等方面进行系统阐述。具体包括冷链物流概述、冷链物流技术与装备、冷库建造与管理、冷链加工与包装、冷链运输与配送、冷链物流信息化、冷链物流安全与风险管理和冷链物流标准化等内容。

3. 授课教师

梁培培，博士，副教授，硕士生导师，主要研究方向为物流管理、复杂系统建模与仿真。主讲运筹学、管理学、冷链物流、国际物流等课程，主持安徽省基层示范教学组织（物流管理）、安徽省质量工程教研重点项目“一流物流管理专业特色的生态协同建设路径与评价研究”。

二、课程思政资源分析

(一) 课程思政建设目标

课程思政建设的主要目标是培养“有理想、有专长、有能力”的三有学生。将正确的思想价值观引领贯穿专业课程教学的全过程,形成一套完善的“冷链物流”课程思政教学体系;勉励学生把推进冷链物流高质量发展、数智化发展、提升产业竞争力作为初心和使命;鼓励学生努力学好本领、发扬奋斗精神、为承接冷链物流现代化建设的接力棒做好准备;引导和教育学生积极崇尚科学、勇于创新、学以致用,以发展辩证的眼光看待事物,注重工程素养的培养意识,推进新文科内涵建设。

思政目标 1:政治认同。通过本课程学习,使学生充分了解习近平经济思想,充分掌握国家支撑冷链物流发展的系列政策;培养学生坚持党的全面领导、坚持中国道路决心不动摇;把握人类社会发展规律,坚定中国特色社会主义道路;培养学生充分了解冷链物流发展前沿,把握科学的价值观,坚持践行和弘扬社会主义核心价值观。

思政目标 2:使命担当。通过本课程学习,使得学生充分了解我国冷链物流实践,自觉推动理论创新与实践创新的相互促进。把推进冷链物流高质量发展、数智化技术应用、提升产业竞争力作为初心和使命;深刻理解冷链物流发展的意义,发扬奋斗精神,为承接冷链物流现代化建设的接力棒做好准备。

思政目标 3:科学创新。通过本课程学习,让学生充分掌握冷链物流技术和理论前沿,引导和教育学生积极崇尚科学、勇于创新、学以致用,以发展辩证的眼光看待事物,注重工程素养的培养意识,推进新文科内涵建设。培养学生认识到冷链物流发展涉及方方面面,必须坚持系统观念,科学筹划冷链物流战略布局,整体性推进。

(二) 课程思政融入方式

在合理设计思政模块融入课程内容的基础上,课程采用丰富多彩的融入模式,在自然的衔接中将相关内容展示给学生,主要用到故事分享、案例分析、课堂讨论、实验设计等方式。

(1) 故事分享。采用拓展阅读、微视频展示、图片新闻、理论讲授等方式,推进课程思政教学。通过冰跃物流“女强人”陈晓静扭亏为盈实例,强调冷链物流成本分析重要性,引导培养学生细节决定大局的意识。通过武汉良中行供应链公司的冷链安全实践分享,强调物流人的冷链物流情怀,引导学生投身国家食品、药品安全事业。通过介绍民营企业源美冷链物流短短四年发展的辉煌历程,培养学生冷链物流担当意识,引导创新创业素质的提升。

(2) 案例分析。通过与冷链物流基础理论知识相关案例剖析,例如京东防疫物资配送、正和祥药业冷链模式、九州通应急医疗体系构建、武汉火神山和雷神山医院创建等案例的分析,提升学生对课程理论知识的掌握程度,同时可以增强民族自豪感,引导学生勇于科学创新,应用辩证观点看待事物的两面性,强化思政效果,实现课程思政目的。

(3) 课堂讨论。通过课堂讨论问题的设计，引导学生关注社会时势，引导学生从社会大局设计解决冷链物流方案，从应急视角阐释国家政策之必要性，进一步加强学生对冷链物流运营模式、冷链物流业务流程、冷链物流软硬件载体等知识的掌握，培养学生冷链物流实践能力，培养学生初步的科学素养，为接棒冷链物流现代化建设奠定基础。

(4) 实验设计。在实验环节，让学生分角色完成冷库选建、货物采购、入库管理、客户下单、车辆配置等任务，进一步诠释全程冷链的内涵与必要性；通过线上线下交互式训练，学生设身处地地感受冷链工作的要点，实现学生对冷链物流作业全流程的真实体验，培养职业能力，提升职业素养，进一步强化学生的冷链意识。

三、教学案例展示

冷链物流线路规划的影响因素分析

冷链物流线路规划建模与求解

本次教学案例主要选自课程教材第四章第二、三节开展设计，授课学时 3 学时。

(一) 教学目标

1. 情感态度与价值观目标

(1) 通过视频展示，让学生感知祖国疫情防控的成效，培养物流人担当。

(2) 通过国家物流体系的立体规划阐述，让学生感知祖国的复兴强大，增强民族自豪感。

2. 知识与技能目标

(1) 结合案例分析，让学生掌握线路配送规划的思路、优化原则与方法，让学生充分认识到线路规划对冷链物流的重要性。

(2) 通过冷链实验环节，强化学生冷链物流实践能力，提升"学以致用"层面的能力。

(二) 教学重难点

教学重点：冷链配送线路规划影响因素分析、冷链配送成本分析、配送线路规划的优化设计，如节约里程法、标号法。

教学难点：冷链配送线路规划模型构建与实验仿真。

(三) 教学方法、教学资源

教法：视频引入、案例分析、课堂讨论、实验仿真。

学法：多方法、多案例阐释冷链配送线路规划的理论知识，通过课堂讨论、实验仿真提升学生的理论素养，增强学生的物流管理实践能力。

教学资源：

（1）李学工，李靖，李金峰. 冷链物流管理[M]. 2 版. 北京：清华大学出版社，2020.

（2）汪利虹，冷凯君. 冷链物流管理[M]. 北京：机械工业出版社，2019.

（3）交通运输部公路科学研究院. 中国冷链物流发展典型案例[M]. 北京：人民交通出版社，2020.

（4）曾世华，黄汝丽，左连村. 冷链物流发展透视[M]. 北京：中国财政经济出版社，2023.

（5）国家高等教育智慧教育平台"冷链物流"（四川大学）. https://higher.smartedu.cn/course/641e26f2af1f1b5d3ed0f929.

（6）中国大学 MOOC"农产品物流管理"（浙江大学）. https://www.icourse163.org/course/ZJU-1206458833? from=searchPage&outVendor=zw_mooc_pcssjg_.

（7）中国大学 MOOC"生鲜电商与冷链物流"（河南牧业经济学院）. https://www.icourse163.org/course/HNUAHE-1002926003? from=searchPage&outVendor=zw_mooc_pcssjg_.

（四）教学过程

教学环节一：课程导入

通过"《疫路前行·铭记 2020》物流业抗疫公益宣传片"的视频分享，引入对冷链物流配送线路规划的重要性，增强冷链物流情怀的同时，让学生初步了解配送线路规划的限制约束。

思政元素融入设计：冷链物流人担当与医药冷链安全意识培育。

（1）在国家突发公共卫生事件下，众多物流人投身一场没有硝烟的抗疫之战，彰显物流人的责任担当。

（2）在全城封控或划区域封控政策下，物流人对冷链配送模式与线路的优化举措，如何及时将抗疫药品送至医院、社区。

教学环节二：新课讲解

知识点 1：冷链配送线路规划的影响因素。

（1）理论讲授冷链物流配送网络的构成与线路规划的含义，引导学生从生活实践中提炼现有冷链物流企业配送的不当或不合理之处，并进行教学互动。

（2）教学互动之后，PPT 整体展示冷链配送线路规划的影响因素，与教学互动内容形成对应，并针对性解释。

（3）介绍影响因素之一的"客户"时，引入正和祥药业的药品冷链配送素材。通过教学互动"换位思考：你如何解决疫情封控时特殊药品的冷链配送"，进一步凸显服务导向中"客户"主体的重要性。进而分析"携手邮政""双渠道配送"的适用性与"无接触配送"的必要性。

思政元素融入设计：强化冷链主体协调意识，提升物流规划系统性思维。

（1）针对疫情期间市民对肿瘤、血液病、罕见病等特殊药品的用药需求，优化设计线路规划方案，解决报销、直配、封控等现实约束。

(2) 通过正和祥药业的冷链配送理念与技术展示，引导学生从"基层"至"管理"至"技术"的理念转变，引导其积极投身物流业高质量发展之路。

知识点 2：冷链配送线路规划建模、求解与仿真。

(1) 回顾物流运筹学建模思路之余，重点从情景刻画、目标函数设置、约束条件限制三个维度阐述冷链配送线路规划建模的具体过程。

(2) 讲授目标函数"min 冷链物流成本"时，与学生共同剖析冷链物流成本构成，进一步加深学生对服务导向、配送规模效应等理论的理解。

(3) 讲授"非常见约束"时，引入素材"京东的防疫物资配送"，并进行解读。针对封控区域无人车配送线路规划问题，考虑政策、封控区域范围等现实约束，对约束进行情景刻画，共同讨论适配函数设置。

(4) 讲授数理模型求解思路，同时强调大多数模型是决策的重要参考，然而由于现实情景刻画的准确性与不确定性，模型并非万能，需要学生用辩证的眼光看待事物的两面性。

(5) 仿真实验。借助 Flexsim 软件，针对温度约束、时间窗约束、里程约束三种情形，以最小损耗、最大满意度、最小成本为多目标函数，现场进行仿真模拟，让学生感知智慧教学的魅力。

思政元素融入设计：感知我国无人机技术发展之迅速，培养学生辩证思维与科学创新思维。

(1) 通过京东防疫物资配送的素材解读，让学生了解我国无人机发展的历程，感知我国无人机发展之迅速。

(2) 通过模型建模过程，培养学生辩证思维，强调模型的两面性。

(3) 通过仿真实验，加强学生对冷链中温度控制的重视，提升学生"学以致用"层面的能力。

教学环节三：课程小结与延伸

(1) 对知识点和相关思政课程元素进行梳理与总结；播放微视频习近平总书记关于"交通强国"的论述，让学生感知中华民族伟大复兴，强调学生注重交通规划的重要性。

(2) 布置实践作业，以小组为单位(10～13 人)，对学校周边菜鸟驿站、快递网点进行课外调研，分析冷链物品的各类型占比、配送模式之差异、配送线路之途径点、运营模式之创新等问题，并将实际情景进行适当刻画、建模与仿真。

(3) 为学生提供课外阅读的案例材料，拓展课外阅读的渠道。

思政元素融入设计：培养学以致用能力，提升调研统计能力。将实践教学与课后作业相结合，进一步巩固学生政治认同和科学精神，使课程思政由知到行，彻底落实课程思政教学目标的实现。

(五) 教学反思

本节主要通过故事分享、案例分析、仿真实验等思政融入方式，让学生加深对冷链配送线路规划理论知识的掌握，多渠道适时引导培养学生的民族自豪感和政治认同感，感知民族的伟大复兴。通过此种形式的授课，学生学习效果较好，课堂气氛热烈，较好地达到了课程思政教学的预期目标。不足之处在于：物流管理专业学生属商科人才，工科素养略有不足，学以致用层面的能力有待提升，对规划建模理解不够透彻，需要辅以课外实践调研巩固强化。在教学中，应当有意识的引导学生把握冷链物流发展的理论意义和实践意义，从而增强学生的政治认同、科学精神和使命担当。

四、课件

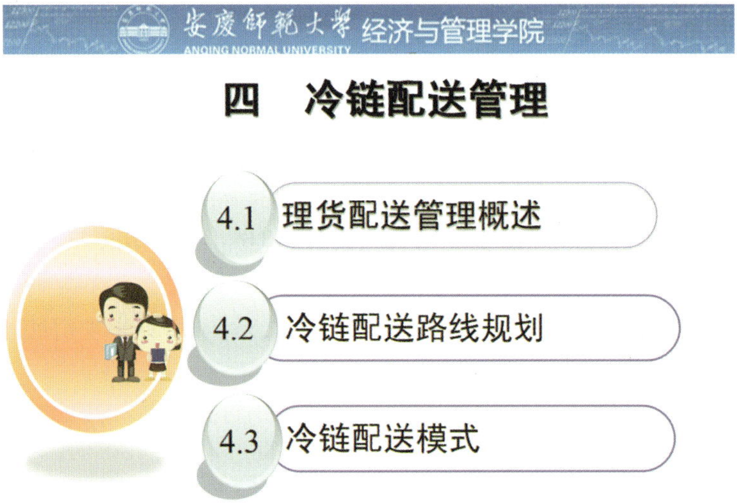

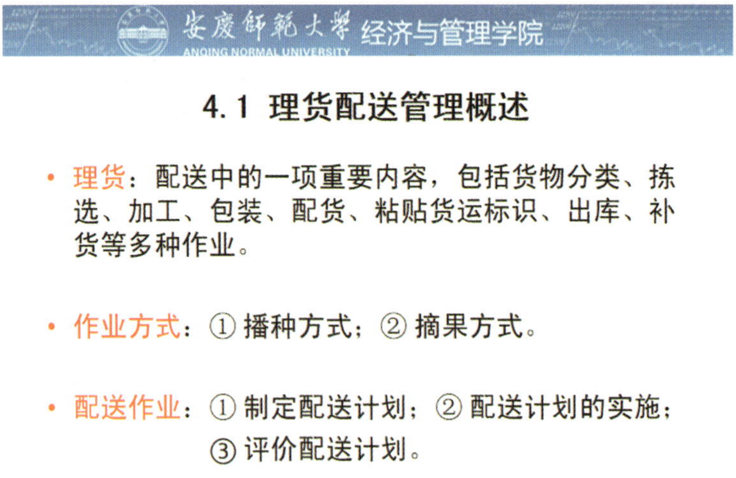

安庆师范大学 经济与管理学院
ANQING NORMAL UNIVERSITY

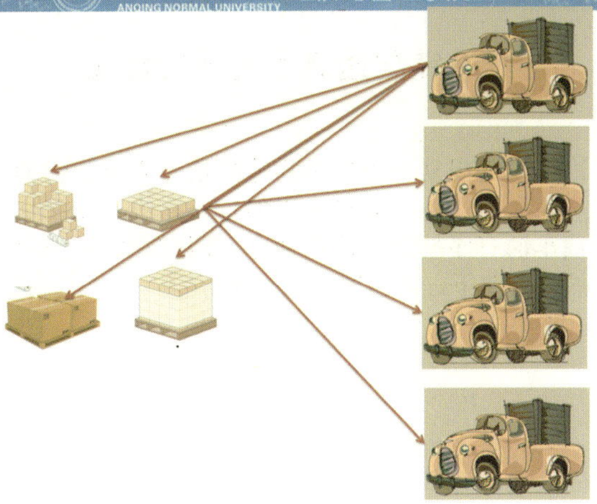

安庆师范大学 经济与管理学院
ANQING NORMAL UNIVERSITY

4.2 冷链配送路线规划

本节导入：“疫路”冷链配送策略

1. 正和祥药业线下门店的药品配送。

2. 京东的防疫物资配送。

“线上下单+线下配送”无接触式配送策略

“封控区域无人车配送+全程闭环通行”配送策略

安庆师范大学 经济与管理学院
ANQING NORMAL UNIVERSITY

冷链配送网络示意图：

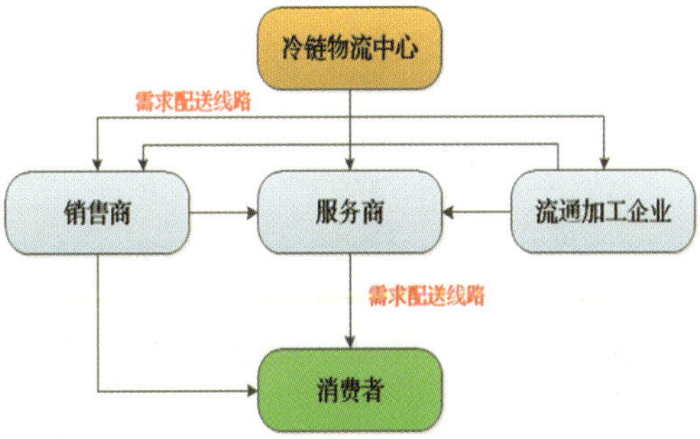

安庆师范大学 ANQING NORMAL UNIVERSITY 经济与管理学院

1. 冷链配送路线规划的含义

- 冷链配送规划是指冷链物流配送中心对货物的生产地和销售地，安排适当的行车路线，使配送冷藏车辆有序地经过这些地方，同时在满足一定的约束条件下，达到所需的优化目标。

安庆师范大学 ANQING NORMAL UNIVERSITY 经济与管理学院

2. 冷链配送路线规划的影响因素

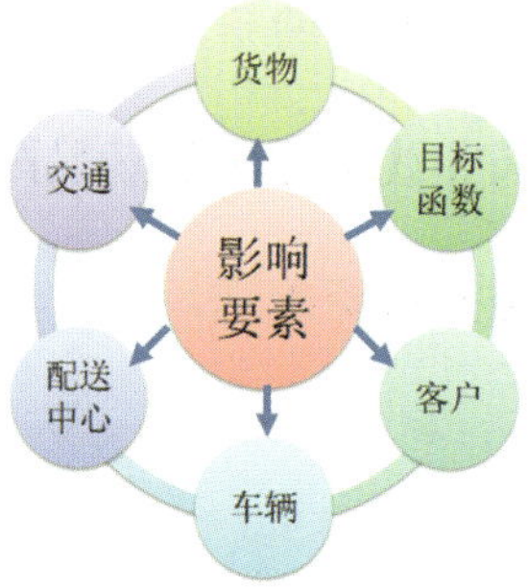

安庆师范大学 ANQING NORMAL UNIVERSITY 经济与管理学院

素材解读：正和祥药业线下门店的药品配送

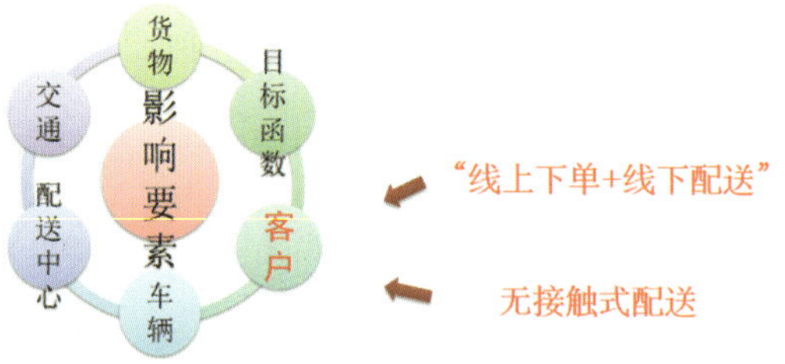

疫情期间，市民对肿瘤、血液病、罕见病等特殊药品的用药需求，如何满足？

安庆师范大学 ANQING NORMAL UNIVERSITY 经济与管理学院

微视频：无人机药品冷链配送

安庆师范大学 ANQING NORMAL UNIVERSITY 经济与管理学院

3. 冷链配送路线规划的建模过程

（1）目标函数

常见目标：

Min 配送成本　　Min 配送里程　　Min 配送时间

（2）约束条件

常见约束：

- 单次配送量≤额定载重量（容量）
- 客户配送时间≤客户期望时间
- 总配送距离≤车辆可行驶里程
- 配送起点=配送终点

安庆师范大学 ANQING NORMAL UNIVERSITY 经济与管理学院

素材解读：京东的防疫物资配送

非常见约束：
- 政策约束
- 温度约束
- 溯源约束

“封控区域无人车配送”
+
“全程闭环通行”

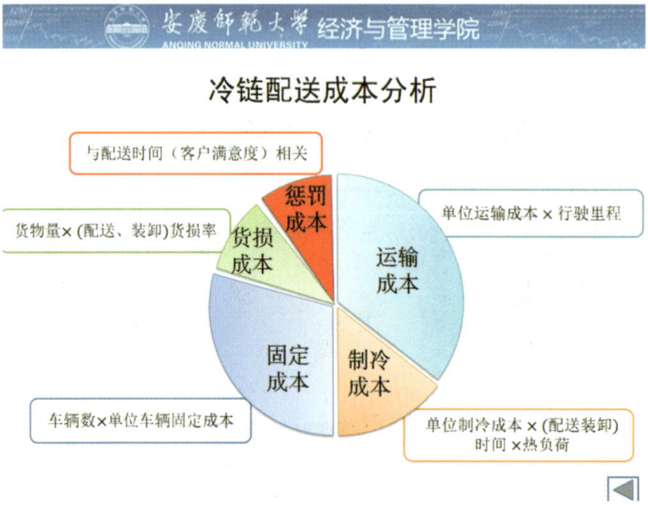
安庆师范大学 经济与管理学院
ANQING NORMAL UNIVERSITY
冷链配送成本分析
与配送时间（客户满意度）相关
惩罚成本
货物量×(配送、装卸)货损率
货损成本
单位运输成本×行驶里程
运输成本
固定成本
制冷成本
车辆数×单位车辆固定成本
单位制冷成本×(配送装卸)时间×热负荷

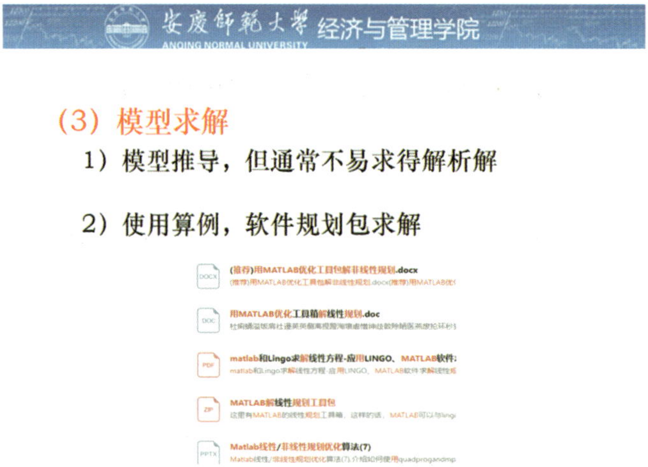
安庆师范大学 经济与管理学院
ANQING NORMAL UNIVERSITY
(3) 模型求解
1）模型推导，但通常不易求得解析解
2）使用算例，软件规划包求解
(推荐)用MATLAB优化工具包解非线性规划.docx
用MATLAB优化工具箱解线性规划.doc
matlab和Lingo求解线性方程-应用LINGO、MATLAB软件
MATLAB解线性规划工具包
Matlab线性/非线性规划优化算法(7)

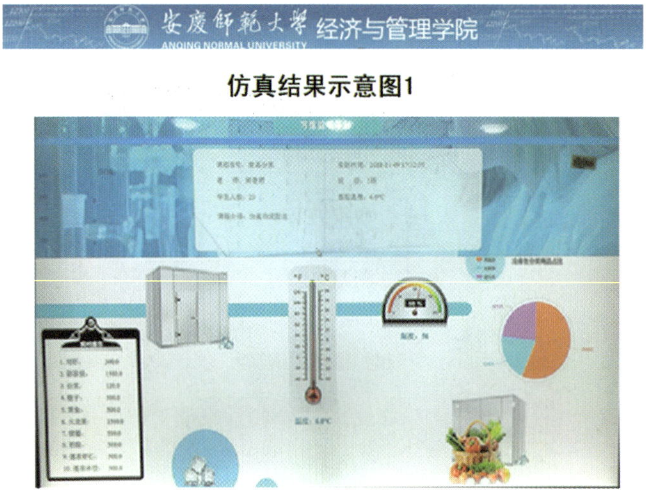
安庆师范大学 经济与管理学院
ANQING NORMAL UNIVERSITY
仿真结果示意图1

安庆师范大学 经济与管理学院
ANQING NORMAL UNIVERSITY

仿真结果示意图2

安庆师范大学 经济与管理学院
ANQING NORMAL UNIVERSITY

4. 冷链配送路线的设计方法

- 人工编排配送路线

区域路线法

扇形路线法

水滴形路线法

“西方文论”课程思政教学设计案例

一、课程简介

1. 课程性质

西方文学理论简称“西方文论”，是汉语言文学专业的基础课程，共 34 学时，2 学分。修读对象为汉语言文学专业本科三年级学生，开课时间为第一学期。

2. 课程内容

西方文论是以西方古希腊以来两千多年文学理论的形成、发展与特性为研究对象的学科。它的研究范围包括西方文学的思潮、理论与批评，内容涉及文学与社会生活的关系、作品与作家的关系、作品与读者的关系、文学作品的内部构成、作家的创作心理、文学创作、文学生产与文学欣赏、文学接受的基本特征和规律等。通过学习，学生系统地学习和掌握西方文论的基本理论和主要内容，培养学生参与文学批评实践活动的自觉性，引导学生树立马克思主义文学批评观。

3. 授课教师

李忠超，文学博士，讲师，主要研究方向为文艺美学、现象学美学，主讲文学概论、文学批评方法论、中文写作、西方文论、美学原理等课程。

二、课程思政资源分析

（一）课程思政建设目标

本课程旨在帮助学生掌握西方文学理论的基本内容，树立正确的马克思主义文学理论观念。坚持以马克思主义为指导，以马克思主义指导文艺实践，不是机械式的，而是要立足具体实际，从实践出发，古为今用，中西结合，广泛汲取世界优秀文明的文化思想资源。从文学理论上讲，善于融通古今中外各种资源，主要需把握三方面资源：马克思主义文学理论、中华优秀传统文学理论和国外文学理论中的积极成果。学生通过本课程的学习，主要是掌握西方文学理论中的积极成功，并将其与中国实际相结合，建构科学的马克思主义文学理论观念。

思政目标1：文化认同。学习西方文论，在方法上，坚持“拿来主义”，汲取西方优秀文明的文化思想资源。在学习西方文论的过程中，不断增强学生的文化认同感，将马克思主义中国化时代化同中国实际相结合，辩证看待西方文论的发生、发展过程。

思政目标2：科学精神。西方文论中的积极成果，散发出各国文化及文艺的多彩光芒，但终究植根于它们自身的民族文化土壤中，不能不加区分地生搬硬套，而需要运用马克思主义立场、观点、方法，根据我国文学活动和文学理论发展的特定要求，加以科学地分析、批判和鉴别，汲取其中的精华，去除其中的糟粕。

思政目标3：话语建构。学习西方文学理论，既是了解西方文论话语的建构方式，也是为了进一步结合自身语境，实现中国文论话语的现代性转换。当前，在马克思主义指导下，我们应坚持古为今用、洋为中用，通过上述各种思想资源的融通，为构建新时代中国特色文学理论学科体系、学术体系和话语体系而努力。

(二) 课程思政融入方式

西方文论课程思政融入主要以教学渗透、实践感知、课堂讨论等方式进行。

(1) 教学渗透。在教学设计上，合理设置思政目标，选择合适的切入点，设计思政元素的融入。比如讲到“文学的人民性”的时候，就可以结合《在延安文艺座谈会上的讲话》，将“文艺为大众服务，文艺为工农兵服务”文学为人民服务的基本观念与“文学的人民性”进行比较，引导学生了解西方文论思想中蕴涵的马克思主义精神。

(2) 实践感知。西方文论课程学习不仅要重视知识的传授性，更要重视理论实践。在讲到现实主义文论时，可以结合中西方现实主义文学创作的具体情况，进行案例剖析，可以组织学生系统搜集和整理中西方现实文学创作的代表性成果，引导学生讨论现实主义文学在形象塑造上的理论观念。通过学习，学生可以系统地掌握现实主义文论的基本内容，深刻理解文学艺术与现实的关系，培养学生的现实主义人文精神。

(3) 课堂讨论与分享交流。学习西方文论不是一味地盲从西方、唯西方马首是瞻，而是在充分了解西方的基础上，进一步掌握马克思主义文论。马克思主义文论吸收了西方文论的大量资源，在学习过程中，可以引导学生讨论马克思主义文论具体吸收了哪些西方文论思想。交流关于典型形象、喜剧和悲剧、文学生产、现实主义与浪漫主义等与西方文论关系紧密的论述。学习西方文论是学习马克思主义文论的必由之路。

三、教学案例展示

文学典型

教学展示内容来自马克思主义理论研究和建设工程重点教材、高等教育出版社出版的《西方文学理论》(第2版)第八章“现实主义文论”第三节“别林斯基、车尔尼雪夫斯基和杜勃留波夫”。本节教材包含了四项内容：形象思维；典型化；艺术与现实的审美关系；文学的人民性。本案例讲授文学典型，授课时间为1学时。

（一）教学目标

1. 情感态度与价值观目标

（1）通过学习，让学生进一步了解马克思主义文学理论中文学典型概念的思想来源，增强对马克思主义文学理论的认同感。

（2）通过学习，让学生理解马克思主义文学理论的形成发展的过程，马克思主义不是无本之木、无源之水，知其源，溯其流。帮助学生树立科学的、发展的、辩证的马克思主义价值观，学会以发展的眼光看问题。

2. 知识与技能目标

（1）掌握别林斯基关于典型的论述，准确把握文学典型的基本特点，更为重要的是，理解别林斯基典型观念与民族性观念的辩证关系。

（2）理解塑造现实主义文学典型并体现民族性的重要方法就是忠于现实生活，果戈理的现实主义文学创作就是植根于民族性之中。

3. 过程与方法目标

（1）通过中西比较的方法，将果戈理与鲁迅植根各自国家民族性、塑造人物典型的具体作品拿出来进行比较，引导学生分析把握人总是存在一定社会阶级关系中，典型形象在一定程度上就是一定社会阶级关系的折射。

（2）采用课堂研讨、自主探究和课后实践等方法，实现知识学习和批评实践的统一。

（二）教学重难点

教学重点：别林斯基论典型概念的基本特征。结合马克思主义文学理论中的文学典型与别林斯基典型概念的对比，揭示别林斯基艺术认识论的哲学基础。

教学难点：典型概念的唯物主义哲学立场。文学典型是现实主义文学创作的重要概念，理解典型概念需要牢固树立正确的马克思主义立场，也就是牢固树立辩证唯物主义和历史唯物主义的立场。

（三）教学方法、教学资源

教法：混合式教学法、参与式教学法、探究式教学。

学法：自主学习法、协作学习法、探究学习法。

教学资源：

（1）《西方文学理论》编写组. 西方文学理论[M]. 2版. 北京：高等教育出版社，2018.

（2）王一川. 文学批评教程[M]. 北京：高等教育出版社，2009.

（3）致敬逆行者. https://www.bilibili.com/video/BV1N7411P7RH/.

(四) 教学过程

教学环节一:导入新课

提问式导入:同学们,最近有关孔乙己穿长衫的话题想必有所关注,你们觉得孔乙己是一个什么样的人? 孔乙己这一形象典型特征或意义体现在什么地方? 通过孔乙己这一文学典型的讨论,引导学生思考什么是文学典型,人们对文学典型的理解是随着时代而不断变化的。马克思主义文学理论中典型概念也经历了一个发展过程,那么我们这节课就来学习别林斯基有关典型的论述。通过提问、交流的导入,让学生对典型问题有一个大致的印象。

思政元素融入设计:通过孔乙己的长衫这一文学典型的讨论,引导学生认识到现实主义文学创作的重要内容就是反映客观生活。孔乙己的形象来自鲁迅现实生活的观照,反映了时代精神。当代大学生也应该立足当下,关注现实,注重民生,树立以人民为中心的现实主义精神。

教学环节二:新课讲解

(1) 典型是创作本身获得独创性的标志之一。

独创性是作家称之为作家的重要标志。作家独创性一方面来源自作家的个人才华,另一方面则来自作家对社会生活的感受。作家发现生活,用自己的眼睛观察生活,并赋予生活以其独特的意义,这就是作家独创性的来源。而这种独创性的艺术表现就是艺术典型,是作家通过对生活的体悟发现的“这一个”,独创性使作家笔下的典型具有了独一无二性,也是作家之为作家,作家得以区别于其他作家的“纹章印记”。

互动环节:以果戈理小说《死魂灵》为例,谈谈作家独创性的具体呈现方式。通过学习,让学生们理解别林斯基对典型的认识与作家独创性的关系。

思政元素融入设计:艺术来源于生活,又高于生活,现实主义文学创作不是照抄,进行自然主义的描摹,而是用心灵观照生活,发现生活的另一面。别林斯基认为典型体现了作家的独创性,而是作家要发挥其独创性除却天赋之外,还可通过深入生活肌理来实现。引导学生树立正确的人生观、价值观、世界观,生活是最好的老师,要从日常生活中发现不寻常,感知生活中的真、善、美。比如,在新冠疫情肆虐之时,涌现出一大批感人至深的英雄事迹。他们就是日常生活中的普通人,这些普通人的典型事迹,鼓舞人心,催人奋进(播放教学视频)。

(2) 熟悉的陌生人——似曾相识的不相识者。

典型是熟悉的陌生人。对于读者而言,文学典型是似曾相识的不相识者,所谓“似曾相识”,暗示典型来自读者的日常生活,来自读者的身边,甚至来自读者本身。鲁迅曾说,他塑造人物的方法是杂取种种人,集合一个人。人物的模特儿,没有专用过一个人,往往嘴在浙江,脸在北京,衣服在山西,是一个拼凑起来的角色。为何拼凑? ——为了使人物更具典型性! 别林斯基认为果戈理在俄国文学史上具有独一无二的地位,是因为在他的笔下普通的俄罗斯民众走进了文学殿堂。这些人就是似曾相识的陌生人,他们既是一个人,同时又是很多人。

思政元素融入设计:无论果戈理,还是鲁迅,他们塑造人物典型的方式在本质上具有一致性,那就是关注现实生活中的人。在一个人的身上可以区分出两个方面来:一是作为一般的、人类的人;一是作为特殊的、个人的人。人绝不是理论上抽象的个体,而是有血肉、情感和哀怒的。文学典型之所以让人印象深刻,就是因为他们是鲜活的生命个体。注重人、关注人性,这是马克思主义人的全面发展学说的内涵。文学是人学,文学典型的塑造是共性的人与个体的人的统一。

PPT 展示:从果戈理、鲁迅两位作家塑造的文学形象比较,引导学生关注现实主义文学创作的精神是立足于人,关注人性的刻画。

(3) 文学典型的民族性。

果戈理的文学创作在俄国文学史上独一无二,鲁迅的文学创作也在中国现代文学史上独一无二。这是因为他们笔下的人物表现了独特的民族性。别林斯基极为辩证地认识到,要想真正表现民族性,并不需要诗人刻意钻研所谓的民族特征,而是要忠实于现实生活。“任何民族的生活都表露在只被它所固有的形式之中。”作家所做的就是忠实于其所生活的现实。所以,果戈理有俄国生活的民族性,鲁迅笔下则有中国生活的民族性。关注于生活本身,刻画属于自己的民族性,这是文学典型的又一层内涵。

思政元素融入设计:文学典型具有民族性。每个人民族都有自己的故事,讲好中国故事,需要我们立足于中国具体实际,植根于现实生活。习近平新时代讲好中国故事,其实就是发掘典型人物的典型事迹,发挥榜样的力量,引领积极向上的社会风气。

小组讨论:走进新时代,唱响主旋律。让同学们分组讨论在习近平总书记关于文艺创作的重要讲话精神指导下,涌现出来的一批优秀影视剧,如《山海情》。《山海情》故事原型,就是闽宁镇,它真实反映了脱贫攻坚工作的艰辛历程。唱响新时代的主旋律,就是要自足生活,扎根人民,以人民为中心,满足人民群众的文化需求。

教学环节三:应用拓展

在课后,布置作业,让同学们结合自身阅读学习体验,谈谈当下文学影视创作中的典型形象。观看优秀影视剧,如《觉醒年代》,安庆是陈独秀家乡,去瞻仰革命先烈的故居,亲身感受革命先辈精神。结合《觉醒年代》对陈独秀、陈乔年、陈延年形象的塑造,谈谈个人的看法。

思政元素融入设计:坐而论道,不如起而行之。文学典型、艺术典型在生活中比比皆是,在视频媒体发达的今天,要走进大学生的生活世界,了解他们的兴趣,积极引导学生。让他们不仅从影视剧中看到故事,更要结合现实生活,结合当下,体会革命先烈的精神,汲取红色养分,增强学生的认同感和归属感。课程思政不是说教,而是润物细无声。学习做人的道理,并将其与自身学习经历相结合,知行合一,才是最终的目的。

(五) 教学反思

为了实现“立德树人”的教育根本目标,每门课程都应该进行思政教育。思政教育要和教学内容有机融合,巧妙渗透,不能空洞说教,不能牵强附会,所以教学内容的选择至关重要。学生通过本次课的学习,不仅掌握了别林斯基关于典型的认识,而且认识到不同国家都有属于自己民族性的文学典型。职是之故,培养学生树立民族自信心、自豪感,就是发现中国文学典型的民族性。我们自古以来，就有埋头苦干的人，有拼命硬干的人，有为民请命的人，有舍身求法的人，这些人就在我们身边，就是我们身边既熟悉又陌生的人。塑造文学典型，就是学会用发现的眼光，去寻找生活中的真善美。

四、课件

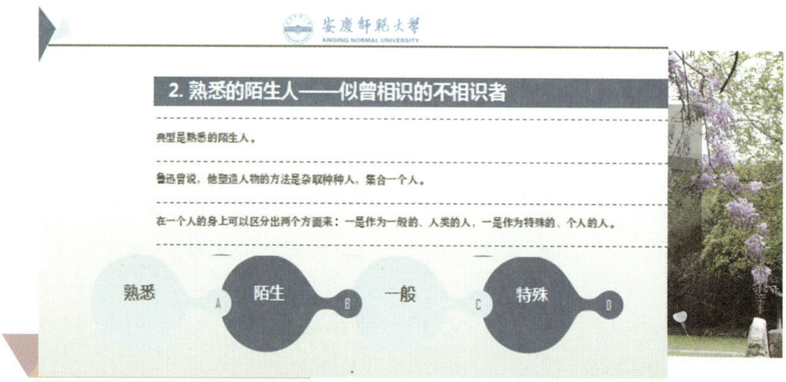
安庆师范大学
ANQING NORMAL UNIVERSITY
2. 熟悉的陌生人——似曾相识的不相识者
典型是熟悉的陌生人。
鲁迅曾说，他塑造人物的方法是杂取种种人，集合一个人。
在一个人的身上可以区分出两个方面来：一是作为一般的、人类的人，一是作为特殊的、个人的人。
熟悉
陌生
一般
特殊

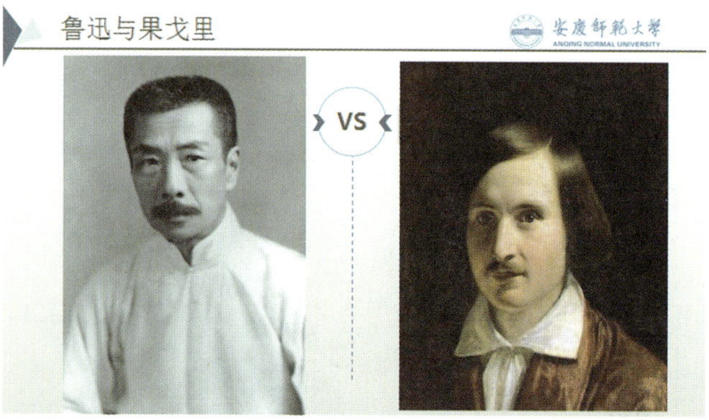
鲁迅与果戈里
安庆师范大学
ANQING NORMAL UNIVERSITY
VS

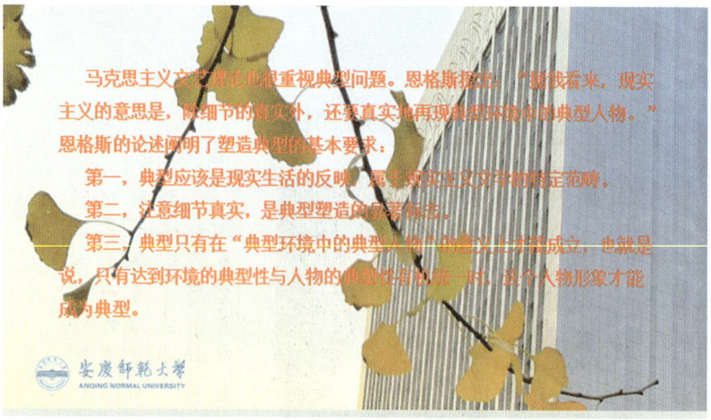
马克思主义文艺理论也很重视典型问题。恩格斯提出：“据我看来，现实主义的意思是，除细节的真实外，还要真实地再现典型环境中的典型人物。”恩格斯的论述阐明了塑造典型的基本要求：
第一，典型应该是现实生活的反映，属于现实主义文学的特定范畴。
第二，注意细节真实，是典型塑造的显著标志。
第三，典型只有在“典型环境中的典型人物”的意义上才能成立，也就是说，只有达到环境的典型性与人物的典型性有机统一时，这个人物形象才能成为典型。
安庆师范大学
ANQING NORMAL UNIVERSITY

1564年4月23日—1616年4月23日
1550年9月24日—1616年7月29日
1547年9月29日－1616年4月22日

熟悉的陌生人
山海情
理想照耀中国
唱响新时代的主旋律，就是要自足生活，扎根人民，以人民为中心，满足人民群众的文化需求。

《觉醒年代》中的典型形象
觉醒年代

陈延年

陈乔年

新时代的文学典型

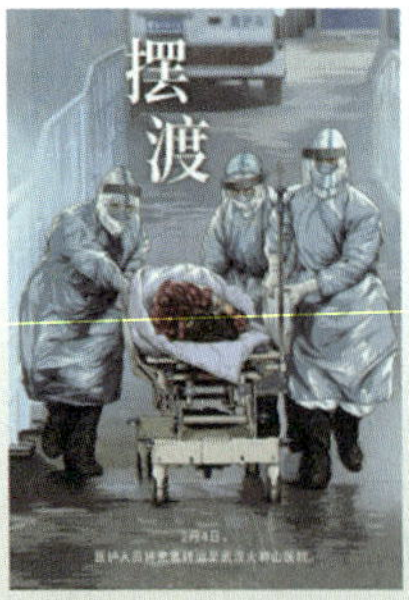

我们从古以来，就有埋头苦干的人，有拼命硬干的人，有为民请命的人，有舍身求法的人，这些人就在我们身边，就是我们身边既熟悉，又陌生的人。塑造文学典型，就是学会用发现的眼光，去寻找生活中的真善美。

“英国文学原著选读”课程思政教学设计案例

一、课程简介

1. 课程性质

英国文学原著选读是高等院校面向英语专业本科生开设的一门专业核心课程。该课程在大三学年开设两学期，共 68 学时，4 学分。

2. 课程内容

本课程共 8 章内容，主要包括英国中古英语时期文学、文艺复兴时期文学、17 世纪文学、新古典主义时期文学、浪漫主义时期文学、维多利亚时期文学、现代主义时期文学和当代文学。教学内容以各历史时期、各文学流派的代表性作家及作品为载体，涵盖诗歌、散文、小说、戏剧等多种文学体裁。本课程旨在帮助学生了解英国文学史上重要作家的创作思想、语言风格、艺术特色等，培养学生阅读、鉴赏英语文学原著的能力，同时帮助学生对英国的历史文化和政治制度形成清晰客观的认知，提高学生对文化差异的敏感性和包容度，培养学生的批判性阅读能力和思考能力，提升学生的思想道德和人文素养，实现对学生的人格塑造、价值引领和精神教化。

3. 授课教师

吴敏，英语语言文学硕士，讲师。主讲英国文学原著选读、大学英语、中国文化与翻译等课程。主持省级、校级教学研究项目各 1 项，曾获 2022 年高等学校外语课程思政优秀教学案例一等奖，第 12 届“外教社杯”全国高校外语教学大赛（安徽赛区）三等奖，指导学生在“外研社杯”全国英语阅读大赛、全国大学生英语竞赛等比赛中多次获奖。

二、课程思政资源分析

(一) 课程思政建设目标

本课程倡导英国文学的人文教育和道德教化,将与主题相关的思政元素融入文学教学,凸显铸魂育人功能。通过文学史分析和作品主题分析,培养学生对中西方不同社会制度和发展路径的科学认识与思辨能力,增强学生的道路自信;通过对作品主题的探究和讨论,引导学生对作品所蕴含的价值观进行科学思辨,树立正确的世界观、人生观和价值观;通过对作品所蕴含的中西方文化的对比分析,培养学生的国际视野和跨文化交际能力,将家国情怀、中华优秀文化融入文学赏析,强化学生的文化主体意识,坚定文化自信;通过分析文学作品的美学特点,提升学生的审美情趣。

思政目标 1:增强政治认同。提高学生的政治觉悟,增强学生的道路自信。英国文学中深厚的社会批判传统向我们揭示了英美资本主义社会的各种弊病,有助于学生深刻认识资本主义制度的本质,帮助学生客观、全面地评价西方资本主义社会现象,形成理性的价值判断,坚定学生的道路自信。

思政目标 2:坚定理想信念。英国文学有不少正能量的优秀作品,倡导社会公平正义,宣传平等博爱,主张民主和平,批判霸权压迫。通过对作品主题的探讨和拓展,引导学生在作品分析中做出正确的价值思辨,树立正确的世界观、人生观、价值观,成为有高尚品德、有责任担当、有家国情怀的栋梁之材。

思政目标 3:强化文化自信。文学作品是文化的载体。通过文学作品主题的跨文化对比,将中国情怀和中华优秀文化融入文学教学,提高学生跨文化交际意识和交际能力,提升学生的文化主体意识,增强文化自信。

思政目标 4:培养批判思维。长期的社会批判传统使很多文学作品成为批判性思维的优秀范本。赏析作品能够激发学生的独立思考,以批判精神为显著特点的文学批评实践能够训练学生的理性分析能力和独立判断能力,是培养学生批判性思维的有力武器。

(二) 课程思政融入方式

本课程主要通过教学渗透、课堂讨论、拓展阅读和课堂展示等方式融入思政元素。

(1) 教学渗透。通过对各个文学流派所处历史阶段的介绍和代表作家经典作品的主题探讨和文本分析,帮助学生理解英国不同历史阶段的社会特点,理解文学作品所蕴含的核心价值观,使学生能够就社会制度、作品价值观等进行正确的言说表达。

(2) 课堂讨论。在课程教学中播放相关主题视频,帮助学生更加直观地理解英国文学史,引导学生针对视频呈现的现象,结合中西方历史发展阶段和社会制度进行探讨,激励学生对作品开展价值思辨、观点判断与理性选择,使核心价值观内化于心,重塑学生的价值体系。

(3) 拓展阅读。除教材内容外,选取与教学主题有关的中外优秀作品让学生课外阅读,拓展学生相关主题的文化知识,引导学生进行跨文化对比,增强学生对中华优秀传统文化的认同感和自信心。

（4）课堂展示。在课堂教学中引入学生任务展示活动，通过任务设计创设真实的交际情境，引导学生以言成事，使价值观内化于心，外化于行，不断提高学生自我品德修养，自觉践行社会主义核心价值观。

三、教学案例展示

狄更斯《远大前程》

本节内容主要讲述维多利亚时期批判现实主义代表作家狄更斯的生平及文学创作特点，并以其代表作《远大前程》为例，分析维多利亚时期英国社会的基本特点，揭露资本主义制度贫富不均、金钱至上、殖民主义等弊端，增强学生对社会主义制度和构建人类命运共同体理念的认同，引导学生树立社会主义理想信念，把个人的发展和国家的利益结合起来，实现中华民族伟大复兴。

（一）教学目标

1. 情感态度与价值观目标

（1）通过对维多利亚时代社会问题的介绍和作品中丑恶社会现象的分析，培养学生的制度认同和道路认同，引导学生理解中国特色社会主义制度的优越性，体悟和践行爱国主义，激发家国情怀和爱国热忱，增强民族自豪感。

（2）通过分析作品中的绅士形象，帮助学生认识19世纪英国资产阶级绅士文化的实质，引导学生自觉抵制物质主义和享乐主义的侵蚀，坚持社会主义理想信念，保持奋斗精神，勇于担当，乐于奉献。

（3）通过梳理作品中匹普英国梦的变化，培养学生的社会责任感，引导青年学生树立正确的理想信念，将个人发展融入国家命运，勇担历史使命。

（4）通过分析作品结尾匹普的最终出路和狄更斯批判现实主义的局限性，理解英国殖民主义给他国带来的灾难，结合构建人类命运共同体的理念，增强学生对全球治理中国道路和中国智慧的认同感和自信心。

2. 知识与技能目标

（1）了解英国维多利亚时期的社会状况和存在的社会问题。

（2）掌握狄更斯的创作背景、写作特色及其主要作品。

（3）分析《远大前程》中的人物形象、故事内容和主题思想。

（4）赏析《远大前程》作品的开放式结尾。

3. 过程与方法目标

（1）以教学内容为核心，布置自主学习任务，结合导学视频，运用问题链，引领学生分析教材内容，掌握作品的核心价值观念。

（2）开展小组讨论和展示汇报，引导学生在思辨中进行价值判断和理性选择，使价值观内化于心，外化于行，并对他人产生积极影响。

（二）教学重难点

教学重点：理解狄更斯作品的主要特征及社会意义。

教学难点：认识 19 世纪英国资产阶级绅士文化价值观的实质和《远大前程》中匹普梦想幻灭的原因。

（三）教学方法、教学资源

教法：混合式教学法、问题引导法、案例分析法。

学法：自主学习法、合作学习法、探究学习法。

教学资源：

（1）刘意青，刘灵．简明英国文学史[M]．北京：外语教学与研究出版社，2008.

（2）林玉鹏．英国文学选读[M]．2 版．合肥：安徽大学出版社，2018.

（3）B 站视频《英国维多利亚时代的穷人与富人》. https://www.bilibili.com/video/BV1LW411u7PS/?spm_id_from=333.337.search-card.all.click&vd_source=fb2127a6efa82a2f87dc0013fde52c7c.

（四）教学过程

教学环节一：线上学习总结

（1）通过学习通平台，了解学生对维多利亚时代政治、经济、思想、社会状况等相关学习任务的完成情况，对作业中出现的问题进行分析点评。

（2）结合有关维多利亚时期的英国图片，组织学生结合教材内容，准确描述维多利亚时代英国的政治、经济、思想和社会状况。

（3）检查本节课新任务点的学习和掌握情况。

思政元素融入设计：通过组织学生学习、描述维多利亚时期英国的政治、经济、思想和社会状况，引导学生理性审视、科学评判资本主义社会现象。

教学环节二：新课导入

教师播放 B 站视频《英国维多利亚时代的穷人与富人》，展示维多利亚时期的社会状况，引导学生了解维多利亚盛世下底层人民生活的黑暗现实，探讨资本主义制度下贫富差距扩大、阶级矛盾恶化的社会问题，对比阐述中国共产党的共同富裕主张，引导学生在两种制度对比中坚定道路自信。

课堂讨论：

（1）视频中反映了维多利亚时期英国底层民众什么样的生活状况？反映了什么样的社会现实？

(2) 维多利亚时代英国达到强盛的顶峰，为何这个时期作家的作品却多对社会现实进行批判？

(3) 面对贫富差距的问题，中国共产党提出的解决方案是什么？

教师引导：

"共同富裕是中国共产党的历史使命，是中国特色社会主义的本质要求，是中国式现代化的重要特征，是人民群众的共同期盼。"

"中国式现代化是全体人民共同富裕的现代化。共同富裕是中国特色社会主义的本质要求，也是一个长期的历史过程。我们坚持把实现人民对美好生活的向往作为现代化建设的出发点和落脚点，着力维护和促进社会公平正义，着力促进全体人民共同富裕，坚决防止两极分化。"

思政元素融入设计：通过播放英国强盛时代普通民众生活的视频，引导学生认识资本主义逐利的本质和底层人民被剥削被压迫的残酷现实；通过对比中国共产党共同富裕理念的阐述，引导学生认识社会主义制度的优越性，增强学生对中国共同富裕和脱贫攻坚行动的认同感和自豪感。

教学环节三：新课讲授

知识点一：介绍狄更斯生平、创作阶段和主要作品，引导学生关注作家的童年经历与作品主题的关系，关注作品主题的变化背后所反映的作家社会认识的变化。

课堂讨论：

(1) 狄更斯的童年生活对他的创作主题有什么影响？

(2) 从狄更斯的创作阶段看，狄更斯对资本主义社会的认识发生了什么样的变化？

思政元素融入设计：通过介绍狄更斯的童工经历和其作品中众多悲惨儿童形象的塑造，梳理狄更斯创作主题从乐观到悲观的变化，引导学生认识资本主义社会矛盾的不可调和及日益加剧，认识狄更斯小说的批判性和人道主义思想。

知识点二：介绍狄更斯代表作《远大前程》的故事内容、主要人物，讨论作品主题。

课堂讨论：

(1) 匹普是一个成功的绅士吗？他的思想品格如何？

(2) 匹普的梦想与幻灭反映了怎样的社会现实？

(3) 匹普的人生理想先后发生了哪些变化？

教师引导：

19世纪的英国社会风尚已经将"绅士"变为一种上流社会的符号，与金钱和地位画上了等号，绅士文化也成了英国等级社会金钱至上的象征。匹普虽曾是世俗眼光中的"绅士"，但他的道德却随之腐化，成为了一个虚伪自私的人。只有当他意识到自己的错误并找回自己的善良、智慧和正直等品质的时候，他才成为了一个真正的绅士。

在铁匠铺里的时候，匹普最大的理想是成为像姐夫乔一样人格高尚、技艺精湛的铁匠；而在结识了郝维香小姐和艾丝黛拉之后，他最大的理想是摆脱铁匠铺，过上绅士的生活；在得知自己的恩人是个囚犯时，他才意识到所谓的远大前程不过是上流社会腐朽的代名词。通过悔过自新、照顾恩人和自力更生，他重新找回了自己道德上的"远大前程"。匹普人生理想的变化和实现理想过程中的挫折也为新时代的青年学生树立正确的理想信念提供了经验和教训。

“新时代中国青年要自觉树立和践行社会主义核心价值观，自觉抵制拜金主义、享乐主义、极端个人主义、历史虚无主义等错误思想。”“坚定理想信念，站稳人民立场，练就过硬本领，投身强国伟业。”

思政元素融入设计：通过对英国绅士文化的本质探讨，揭露资本主义社会等级森严、金钱至上、道德败坏的实质，引导学生科学评判英国绅士和英国梦，学会辨别是非，警惕西方拜金主义和享乐主义的侵蚀。通过分析匹普的成长经历，引导学生树立为共产主义事业奋斗的远大理想，脚踏实地，努力拼搏，把个人的发展和国家的利益结合起来，在实现中华民族伟大复兴的中国梦中拥有自己的远大前程。

知识点三：赏析《远大前程》的故事结局。

课堂讨论：

(1) 匹普最终如何实现了自己的远大前程?

(2) 匹普就职的克拉利柯东方公司是什么类型的公司? 这类公司给所在国家带来了什么样的影响?

(3) 狄更斯的批判性有什么局限性?

(4) 面对全球化，中国提出了什么样的全球治理方案?

教师引导：

梦想破灭、穷困潦倒的匹普去了印度，成了克拉利柯东方公司的职员后才拥有了自己的远大前程。匹普服务的克拉利柯东方公司同东印度公司一样，主要通过殖民活动从印度及亚洲各国捞取巨额利益。正是这些若隐若现的前殖民地给英国输送了源源不断的财富，保障了英国的繁荣发展，改变了小说主人公的生活和命运。由此可见，狄更斯作为英国维多利亚时期的批判现实主义作家，其批判的视角还局限在国内的社会矛盾，对英国的殖民主义讳莫如深，殖民话语和帝国意识仍然存在。

习近平总书记在构建人类命运共同体的理论创新相关表述中指出：“让和平的薪火代代相传，让发展的动力源源不断，让文明的光芒熠熠生辉，是各国人民的期待，也是我们这一代政治家应有的担当。中国方案是：构建人类命运共同体，实现共赢共享。”

思政元素融入设计：通过批判性思考，引导学生认识英国打着“拯救”的旗号对这些殖民地国家和地区进行的经济盘剥，分析英国的继任者——美国隐藏在经济全球化幌子下的经济贪欲和经济霸权，坚定学生只有走中国特色社会主义道路才能使我们自立自强的信心。通过对比构建人类命运共同体的全球治理理念，增强学生对全球治理中国道路和中国智慧的认同感和自信心。

教学环节四：课后拓展

对比分析《远大前程》中匹普的英国梦和《了不起的盖茨比》中盖茨比的美国梦，结合中国的发展实际，小组探讨中国新时代大学生应该具有什么样的中国梦，中国大学生该如何谱写自己的远大前程。

思政元素融入设计：引导学生从文学作品中汲取经验教训，将课上所学价值观融入自身发展实际，关心党和国家事业，坚定社会主义远大理想，主动探索成长成才的有效途径，树立自力更生和艰苦奋斗的意识，在实现中华民族伟大复兴的征程中书写青春华章。

(五) 教学反思

本案例通过历时分析,对比中西社会制度和发展理念,结合社会热点开展课程思政教学。通过课程思政元素的准确把握和阐释,引导学生立足作品,科学评判资本主义制度,坚定学生对中国政治道路和传统文化的认同感和自信心,厚植学生的爱国情怀,塑造正确的人生观、世界观和价值观,坚定社会主义理想信念,激励学生继承和传播中华优秀文化,弘扬时代精神,成为有担当、有理想、有作为的社会主义接班人和建设者,在潜移默化中实现课程的育人功能。

四、课件

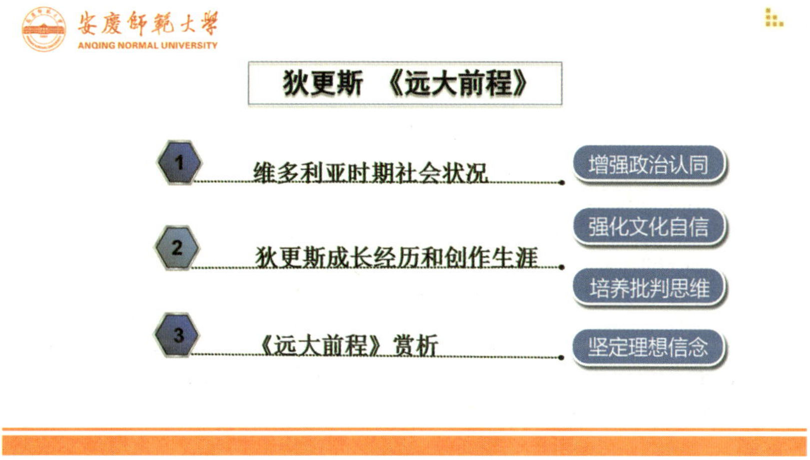

安庆师範大學
ANQING NORMAL UNIVERSITY

导入新课 The poor in the Victorian period

- Please watch the video and answer the following questions.

- What kind of life did the poor lead in the Victorian period? What social realities have been revealed by the video?
- Why did so many writers turn to critical realism during the golden age of the Victorian period?
- What is the solution by the Communist Party of China to the gap between the rich and the poor?

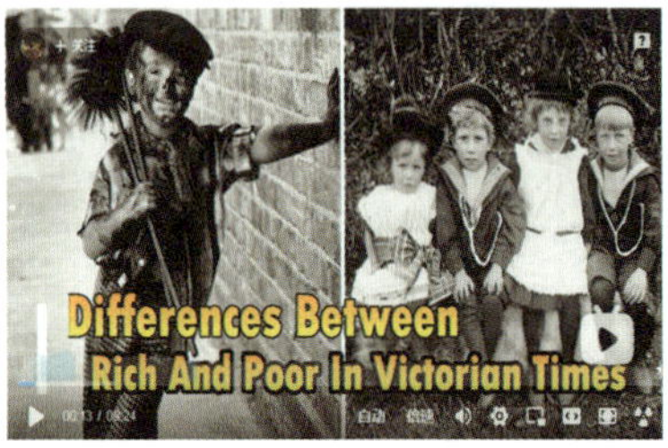

政治认同

安庆师範大學
ANQING NORMAL UNIVERSITY

Critical Realism

- It is the main literary current of the 19th century in England. The famous novelists of this school include Charles Dickens, W. M. Thackeray, the Bronte sisters, Mrs. Gaskell, Anthony Trollope, etc. While sticking to the principle of faithful representation of the 18th century realist novels, they carried on the criticism of the society and the defense of the masses. They were angry with **the inhuman social institutions, the decaying social morality as represented by the money-worship and Utilitarianism, and the widespread misery, poverty and injustice**.

批判思维

安庆师範大學
ANQING NORMAL UNIVERSITY

Wisdom of China

- 中国式现代化是全体人民共同富裕的现代化。共同富裕是中国特色社会主义的本质要求，也是一个长期的历史过程。我们坚持把实现人民对美好生活的向往作为现代化建设的出发点和落脚点，着力维护和促进社会公平正义，着力促进全体人民共同富裕，坚决防止两极分化。

——习近平总书记在中国共产党第二十次全国代表大会上的报告

- It is the modernization of common prosperity for all. Achieving common prosperity is a defining feature of socialism with Chinese characteristics and involves a long historical process. The immutable goal of our modernization drive is to meet the people's aspirations for a better life. We will endeavor to maintain and promote social fairness and justice, bring prosperity to all, and prevent polarization.

政治认同

安庆师范大学
ANQING NORMAL UNIVERSITY

新课讲授

Charles Dickens

- Charles was exceptionally bright and articulate.
- The boy had a little primary education.
- At the age of 12, Charles had to work at a shoe-blacking factory.
- He became a Parliamentary reporter for newspapers.
- Dickens liked to stroll in the streets of London and was a careful observer – he published his first work *Sketches by Boz* in 1836.

安庆师范大学
ANQING NORMAL UNIVERSITY

Dickens's Literary Career

The First Period (1836-1841)

- Fun, high spirit, and a tendency even to literary boisterous play – alternating sometimes with spells of sentimentality – strikes the dominant note.
  - *Oliver Twist*《雾都孤儿》
  - *Nicholas Nickleby*《尼古拉斯·尼克贝》
  - *The Old Curiosity Shop*《老古玩店》

批判思维

Second Period (1842- 1850)

- Dickens's naive optimism about capitalist society was thus profoundly shaken. His social criticism became deeper and more powerful.
  - *Martin Chuzzlewit*《马丁·瞿述伟》
  - *The Chimes*《教堂钟声》
  - *Dombey and Son*《董贝父子》
  - *David Copperfield*《大卫·科波菲尔》

安庆师范大学
ANQING NORMAL UNIVERSITY

The Third Period (1851—1870)

- His novels of this period are much "darker" in content. "...consciously and subconsciously, shows himself more and more at odds with bourgeois society and more and more aware of the absence of any readily available alternative."
  - *Bleak House*《荒凉山庄》
  - *Hard Times*《艰难时世》
  - *A Tale of Two Cities*《双城记》
  - *Great Expectations*《远大前程》

批判思维

Special Features

- A master story-teller
- Characters-portrayal: both types and individuals; mostly larger than life; best at child character portrayal;
- Humor and pathos: He seems to believe that life is itself a mixture of joy and grief; he intends to make people laugh, cry and wail.

安慶師範大學
ANQING NORMAL UNIVERSITY

Great Expectations

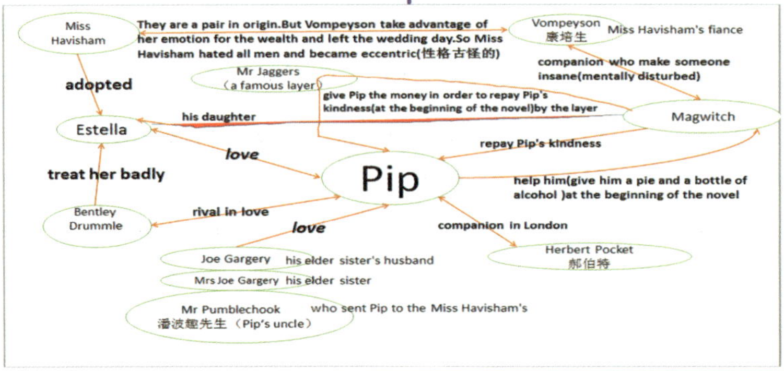

安慶師範大學
ANQING NORMAL UNIVERSITY

Plot

Three phases of Pip's life expectations

- When Pip was young, he wanted to **become a blacksmith like his brother in law**.
- He met Estella and fell in love with her, but he could not marry her because of his inferior status and his expectations changed- **become a gentleman and then marry Estella.**
- Pip realized man's true value has nothing to do with his money and status. What is important in life is to **show love and loyalty**.

批判思维

Themes

- A novel about dreams and disillusions.
- The personal development of Pip from an innocent, honest boy to a vain, selfish, snobbish young gentleman, and to a changed person who learned his lesson. The painful experience in the struggle to grow up, to "climb up" or to succeed in the commercialized world.

Affection, loyalty, and conscience are more important than social advancement, wealth, and class.

安慶師範大學
ANQING NORMAL UNIVERSITY

Discussion

- Is Pip a gentleman with moral sense?
- What social reality has been reflected by the disillusionment of Pip's dreams and expectations?
- What changes have taken place in Pip's dreams and expectations?
- How did Pip ultimately achieve his great expectations?
- What type of company is Clarico Oriental Company where Pip works? What kind of impact does this type of company have on the host country?
- What are the limitations of Dickens's criticism?
- What guidelines does China follow regarding global governance?

安慶師範大學
ANQING NORMAL UNIVERSITY

English gentlemen

- The social status and wealth is the most important
- Not necessarily moral or noble
- Hypocritical, selfish

批判思维

Pip's English Dream

To become a blacksmith like his brother in law.

↓

To raise his social status and become a gentleman, and then marry Estella.

↓

To be hard-working, self-reliant, return favors and kindness to others.

理想信念

安慶師範大學
ANQING NORMAL UNIVERSITY

Wisdom of China

- 新时代中国青年要自觉树立和践行社会主义核心价值观，……自觉抵制拜金主义、享乐主义、极端个人主义、历史虚无主义等错误思想。

  ——习近平2019年4月在纪念五四运动100周年大会上的讲话
- Young people shall nurture and practice core socialist values, … and guard against wrong ideas such as money worship, hedonism, extreme individualism and historical nihilism.
- 坚定理想信念，站稳人民立场，练就过硬本领，投身强国伟业。

  ——习近平2020年五四青年节前夕寄语新时代青年
- Hold firm convictions, stick to the people's stance and develop genuine skills to devote yourselves to the cause of building a great country.

理想信念

安慶師範大學
ANQING NORMAL UNIVERSITY

Colonialism in the novel

- Australia → overseas colony, a place of exile for English prisoners
- India → silent and prosperous, providing spices and silk for England
- America → vast land of rich resources and countless opportunities for English adventurers

批判思维

Wisdom of China

- 让和平的薪火代代相传，让发展的动力源源不断，让文明的光芒熠熠生辉，是各国人民的期待，也是我们这一代政治家应有的担当。中国方案是：**构建人类命运共同体**，实现共赢共享。

  ——2017年习近平在联合国日内瓦总部的重要讲话
- Pass on the torch of peace from generation to generation, sustain development and make civilization flourish-This is what people of all countries long for; it is also the responsibility statesmen of our generation ought to shoulder. And China's proposition is: **build a community of shared future for mankind** and achieve shared and win-win development.

理想信念

安慶師範大學
ANQING NORMAL UNIVERSITY

思考/拓展

Group Report

English Dream, American Dream or Chinese Dream

- Dream is a frequently mentioned topic for literary works, such as Pip's English dream in *Great Expectations* and Gatsby's American dream in *The Great Gatsby*.
- Please make a report on the differences between the two well-known dreams and make it clear what kind of Chinese dream we college students should have.

理想信念

理　工　篇

“通信原理概论”课程思政教学设计案例

一、课程简介

1. 课程性质

通信原理概论是物联网工程、通信工程等专业核心课程，共计 68 个学时，3.5 个学分。该课程的先修课程包括信号与信息系统、高等数学、概率论与数理统计等课程。

2. 课程内容

通信原理概论主要针对模拟和数字通信系统及其相关通信技术和原理展开介绍，如调制解调、信源编码、同步、最佳接收，详细阐述各类通信系统的组成、信道和噪声特性以及通信系统性能评价方法等内容。

3. 授课教师

施赵媛，博士，副教授，硕士生导师，主要研究方向为无线通信、深度学习以及无线资源管理等。主讲通信原理概论、人工智能导论等课程，主持安徽省质量工程项目 2 项，曾获第九届校青年教师课堂教学大赛一等奖和安徽省教学成果二等奖，指导学生参加学科竞赛获得国家级奖项 5 项和省部级奖项 30 余项。

二、课程思政资源分析

（一）课程思政建设目标

通信原理概论课程的思政建设目标为：培养具有强烈家国情怀、民族自豪感，具有求真务实、开拓创新的科学精神，具有科技报国、使命担当的奋斗精神，具有精益求精的大国工匠精神等当代优秀大学生。

思政目标 1：增强民族自信。中国是一个具有悠久历史的文明古国，我国对于通信技术的使用最早可追溯至西周时期，当时广泛运用的烽火台就是一个最简单的二进制数字通信系统。虽然在19世纪至20世纪初期，我国错过了工业革命的发展契机，通信技术曾短暂落后于世界先进水平；但在改革开放后，中国通信人奋起直追，经过几十年的发展，在无线通信、量子通信等领域达到了世界领先水平，取得了一个又一个令世界瞩目的成就。通信原理课程中蕴含着丰富的文化自信元素，通信产业作为中国高科技的名片，有利于培养学生的家国情怀和民族自豪感。

思政目标2：勇于使命担当。中国通信产业面临着愈加严重的国际政治考验，通信原理概论作为通信产业的核心专业课程，肩负着为中国通信产业持续输出高水平人才的重任。中国通信行业所面临的国际政治困境，有利于激发学生的科技报国、使命担当精神。

思政目标3：培养工匠精神。工匠精神的核心是致力于解决实际问题，具有献身事业发光发热的工作态度及精益求精的工作精神。这与通信原理课程致力于研究实际通信系统，通过调制解调等技术以不断提升频谱资源利用率，力求达到香农定理所描述的通信系统性能上限的目标不谋而合，有助于培养求真务实、开拓创新的科学精神，通过教学内容以润物细无声之力量，培育新时期的通信行业有为青年。

（二）课程思政融入方式

通信原理概论课程的思政融入方式主要包含教学渗透、案例示范、实事分析等。

（1）教学渗透。在课程教授之前，抛出问题“为什么要进行调制”引出我国通信人致力于研究实际通信系统、研究调制解调技术以提升频谱资源紧缺困局的工匠精神，介绍通信人迎难而上、不畏困难的科学精神。

（2）案例示范。在介绍调制解调技术的广泛应用领域时，介绍5G、量子通信等前沿通信技术，并阐述我国这些技术在全球的领先地位，激发学生强烈的民族自豪感和民族自信心。

（3）实事分析。在介绍调制技术的芯片时，介绍中兴和华为芯片受到西方国家制裁的事件，分析中国通信产业面临着愈加严重的国际政治考验，激发当代大学生的责任使命担当意识，并通过介绍华为顶住压力，解决“卡脖子”难题，制造出了华为Mate 60 pro手机，提升学生的名族自豪感。

三、教学案例展示

模拟调制与解调

课程案例选自第五章第一节的模拟通信系统的调制与解调技术，课程在前期已经介绍了模拟通信系统和数字通信系统、通信系统中确知信号的频谱以及信道的相关基础知识上，将介绍模拟通信系统的调制解调技术，本次课主要介绍模拟调制解调产生的背景意义，并重点介绍双边带模拟调制与解调的原理，授课学时1学时。

（一）教学目标

1. 情感态度与价值观目标

（1）通过介绍调制技术在量子通信等领域的应用，拓展到我国在量子通信和5G、6G技术全球的领先地位，培养学生强烈的民族自豪感和民族自信心。

（2）通过介绍调制相关芯片，衍生出我国通信产业面临着愈加严重的国际政治考验，激发当代大学生的责任使命担当意识。

2. 知识与技能目标

（1）通过公式演算和调制原理分析，让学生掌握模拟调制的原理。

（2）通过解调原理的讲解演示，让学生掌握已调信号是如何解调的。

（3）通过布置相关拓展作业，锻炼学生仿真实践操作和查阅资料的能力。

3. 过程与方法目标

（1）通过提问和课堂讨论，掌握计算通信系统中发射天线长度的方法。

（2）通过理论讲解和动画演示，掌握调制和解调的方法。

（3）通过课堂交流讨论和分析，掌握模拟调制技术的应用领域。

（二）教学重难点

（1）教学重点：模拟调制和解调的原理和实现。

（2）教学难点：调制中频谱搬移、时域和频域的转换。

（三）教学方法、教学资源

教法：混合式教学法、参与式教学法、探究式教学法。

学法：协作学习法、探究学习法、自主学习法。

教学资源：

（1）樊昌信，曹丽娜．通信原理[M]．7版．北京：国防工业出版社，2012．

（2）Ashkenazi A，Dixit V M．Death Receptors：Signaling and Modulation[J]．Science，1998，281(5381)：1305-1308．

（3）游伟，周先敏．模拟调制信号的自动调制识别[J]．信号处理，2009，25(1)：77-80．

（4）刘鹏，赵玲玲．双边带载波抑制调制载波信号馈送系统的研究[J]．光子学报，2010，39(4)：622-625．

（四）教学过程

教学环节一：新课导入

（1）预习效果检验。

课前在学习通上发布学习任务单：该章节的 MOOC 学习任务（中国大学 MOOC 精品教程）、配套课件、线上习题。教师通过后台统计数据，分析学生对任务单的完成情况和学习效果，教师通过线上随堂测试检测预习效果，发现学生预习中薄弱的知识点，堂上有针对性地查缺补漏。

（2）问题导入。

提问：手机的天线到底需要多长？

通过展示各个阶段不同长度的手机天线，让学生讨论手机天线的长度应该如何选取，随后给出天线计算公式，引出必须提高信号频率才能得到合适长度的手机天线，进而介绍调制的必要性（如果不调制，手机天线需要几千米）。

教学环节二：新课讲解

（1）模拟调制的定义与分类。首先介绍模拟调制的定义，并介绍根据基带模拟信号改变调制信号的参数类型不同，可将模拟调制分为幅度调制和角度调制。

（2）模拟调制解调的原理及方法。以双边带 DSB 为例，介绍调制的原理，通过对调制信号、载波信号和已调信号的时域和频域的波形的动态展示，让学生理解调制和解调的原理。

（3）模拟调制解调的应用与意义。结合新兴通信技术，介绍模拟调制解调的应用领域，总结出调制的意义。

思政元素融入设计：在介绍调制的应用领域时，引入量子通信、5G，介绍我国在世界领先的通信技术，激发学生的民族自豪感。

（4）介绍常规的调制解调芯片。

思政元素融入设计：在介绍通信芯片时，介绍中兴和华为芯片受到西方国家制裁的事件，分析中国通信产业面临着愈加严重的国际政治考验，激发当代大学生的责任使命担当意识。通过介绍华为公司乘风破浪，抗住西方多轮制裁，解决我国在通信芯片上的“卡脖子”技术，如今带着全国产的华为 Mate 60 pro 等高端手机荣耀归来，激发学生的爱国热情、民族自豪感。鼓励学生们潜心学习，将来为我国的通信事业贡献自己的力量。

教学环节三：课后作业与应用拓展

让学生了解模拟调制解调在通信系统发展中的重要性。通过本节课程的教学，让学生了解模拟调制的原理、应用与意义。在该节课程结束前发布课后习题 5～10，以及分组任务，其中分组任务要求：

（1）每个小组应用 MATLAB 仿真实现模拟调制解调的过程，提高学生实践能力，同时加深对调制解调技术的理解。

（2）查阅相关文献和资料，制作 PPT 介绍我国目前在全球领先的通信技术。

（3）预习后续章节，了解其他模拟调制解调技术与 DSB 技术的差别，并总结分析不同调制方式的优缺点。

思政元素融入设计：让学生学会应用知网、万方等数据库进行文献检索，通过阅读文献，查阅我国领先通信技术的过程中，让学生加深对今日所学知识的掌握，同时提高学生的民族自豪感与民族自信心；通过自主学习和分组任务，学生通过团队合作共同探索科研难题，培养科研精神。

（五）教学反思

在专业教学方面，本教学设计以学生为中心，重视学生课前线上预习，课堂上放手让学生去讨论、探究。课后通过拓展任务巩固知识，全方位提高学生对通信知识和技术的理解和掌握程度。本堂课的重点是模拟通信系统的调制与解调技术及其应用。通过本次课的学习，首先，学生能掌握模拟调制的原理与意义，并理解进行模拟调制的必要性以及应用领域；其次，通过完成课后实验与实践任务，让学生掌握调制技术。

在思政教育方面，本次教学设计通过介绍我国领先世界的通信技术，培养学生的家国情怀与民族自信；通过调制解调芯片，引出我国在通信产业面临的严重国际政治考验，激发学生的使命担当。通过教学内容以润物细无声之力量，培育新时期的通信行业有为青年。

四、课件

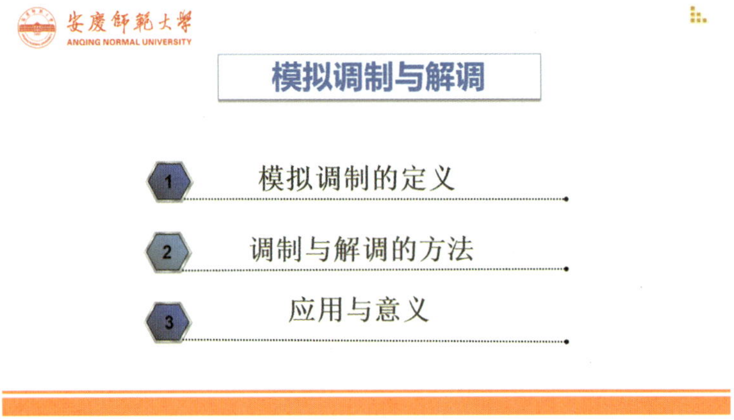

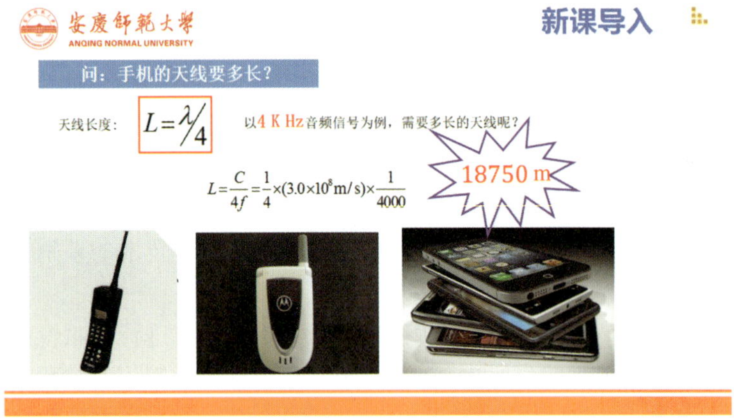

安慶師範大學 ANQING NORMAL UNIVERSITY

1.2 调制的分类

$$s_M(t)=A(t)\cos[\omega_c t+\phi(t)]$$

瞬时振幅　　瞬时相位偏移

$\varphi(t)$ 常数，$A(t)$随$m(t)$的改变而改变

幅度调制

$A(t)$ 为常数，$\varphi(t)$随$m(t)$的改变而改变

角度调制

安慶師範大學 ANQING NORMAL UNIVERSITY

2.2 频谱

时域　　频域

以DSB调制为例

$$S_M(t)=m(t)\cos\omega_c t$$

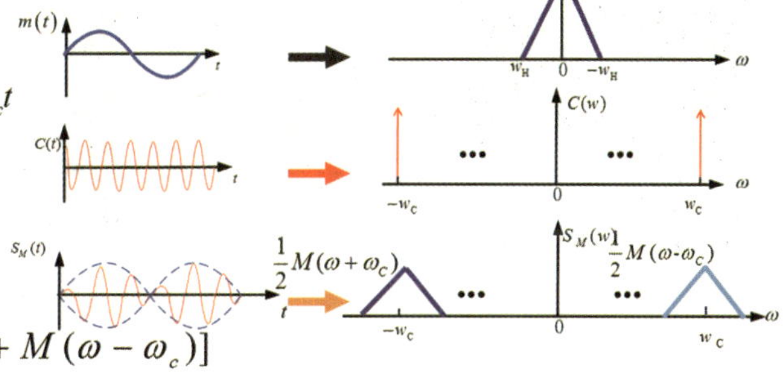

$$\frac{1}{2}[M(\omega+\omega_c)+M(\omega-\omega_c)]$$

安慶師範大學 ANQING NORMAL UNIVERSITY

2.3 解调方法

解调的定义：解调是调制的逆过程，即在通信系统的接收端，从已调信号中恢复出基带信号的过程。

已调信号　　基带信号

解调的方法：相干解调(同步检波)。

2.4 相干解调

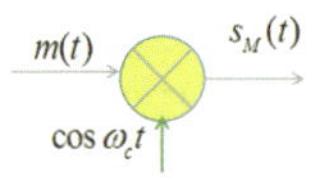

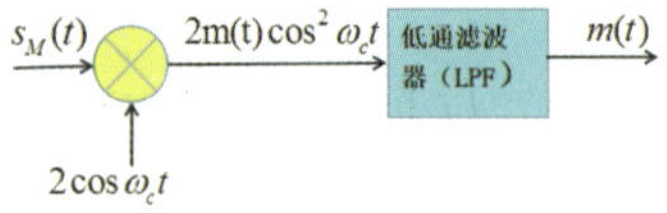

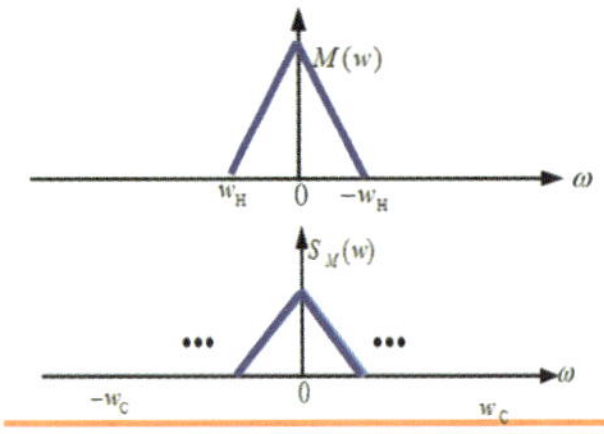

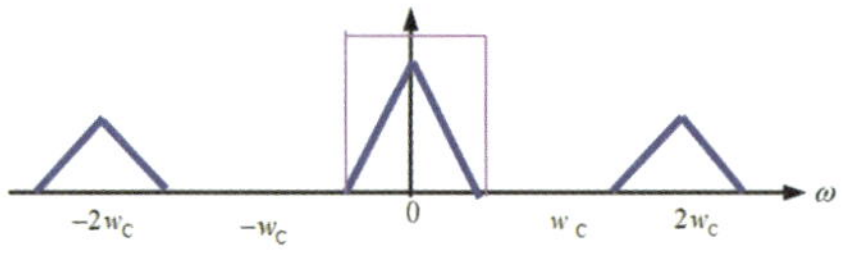

3.1 应用范围

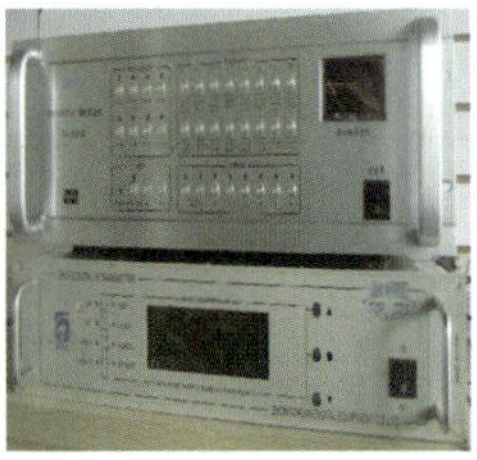

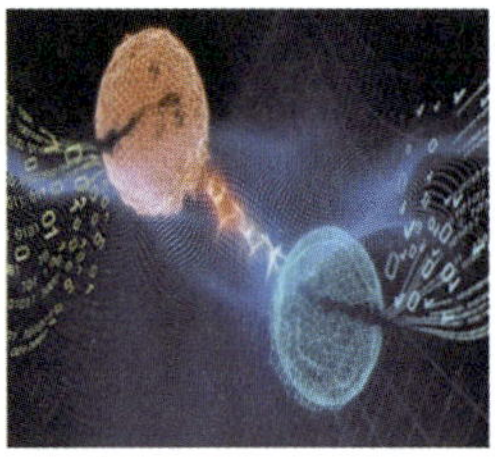

3.2 调制意义

（1）信号更加匹配信道的传输特性。

（2）有效减小天线尺寸规模。

（3）提高信道资源利用率。

安庆师范大学
ANQING NORMAL UNIVERSITY

思政课堂

家国情怀

5G——全球领先

5G是1840年以来中国第一次在技术领域获得的一项领先。

2019年6月6日国家工信部正式向移动、联通、电信、广电颁发商用牌照。

2019年7月16日 美国两党参议员组织推出了5G立法，该立法将华为列入黑名单。

2020年8月 全面禁止华、为中兴参与美国市场，2020年9月 全面断供华为芯片。

安庆师范大学
ANQING NORMAL UNIVERSITY

思政课堂

通信领域面临的政治危机

1 2019年5月16日，华为被美国列入贸易管制黑名单，禁止华为以及附属的70家公司与美国企业进行业务往来。随后谷歌宣布不再为华为提供GMS框架服务，导致华为手机无法在海外正常使用，同时多家美国芯片突然断供。

2 5月17日凌晨2点，华为海思总裁致信所有员工，宣布花费多年心血打造的海思麒麟芯片备胎，全部转“正”。信中写道：“曾在多年之前，华为便做出了极限生存的假设，预计有一天，所有美国的先进芯片和技术将不可获得，而华为仍将持续为客户服务。”

3 2020年5月15日，美国全面升级了对华为的制裁，所有使用美国技术的厂商，向华为提供芯片设计和生产都必须获得美国政府的许可，导致台积电、三星甚至是中芯国际都无法给华为制造先进制程的芯片，麒麟芯片无法生产。

4 2021年3月，美国开展了对华为的第四轮制裁，限制华为的器件供应商只要涉及美国技术的产品，就不允许供应华为5G设备，而这一项禁令公布之后，导致华为余下的5G芯片只能当4G芯片使用，而这也是为什么华为P50系列不支持5G的原因！

安庆师范大学
ANQING NORMAL UNIVERSITY

举例说明与应用拓展

高通5G芯片

华为 Mate 60 pro

麒麟9000芯片

2019年5月16日华为被美国制裁以来，时隔1500多天，华为带着麒麟9000芯片（代号：HI36A0）荣耀归来。上标注着一串2035CN的符号，CN”标注的含义相对明确，即代表中国。“2035”则显示了华为的未来愿景和远大目标，意味着华为致力于在2035年之前打造具有全球竞争力的芯片生态系统，象征着中国在2035年成为全球领先科技强国的愿景。这不仅是华为的骄傲，也是中国科技的骄傲。它将激励更多的企业和个人为中国科技的发展贡献自己的力量。

安庆师范大学
ANQING NORMAL UNIVERSITY

课后拓展

习题 课本128页的习题5—10

分组任务

任务1 应用MATLAT仿真实现模拟调制解调的过程。

任务2 查阅相关文献和资料，制作一个PPT介绍我国目前在全球领先的通信技术。

任务3 预习后续章节，了解其他模拟调制解调技术与DSB技术的差别，并总结分析不同调制方式的优缺点。

“计算机控制技术”课程思政教学设计案例

一、课程简介

1. 课程性质

计算机控制技术是自动化专业的学科基础课程和必修课程，修读对象为自动化专业本科三年级学生，开课时间为第六学期，共34学时，2.5学分。计算机控制技术亦称计算机控制系统（Computer Control System），是由计算机参与并作为核心环节的自动控制系统。也就是说，如果控制系统的控制器功能由计算机来实时完成，则该控制系统称为计算机控制系统。

2. 课程内容

本课程主要讲述计算机控制系统理论与工程设计的基础理论与方法。通过课程学习，使学生了解计算机控制系统的组成、特点及专业术语，掌握计算机控制系统的分析和相关的设计方法，初步解决计算机系统工程的实现问题和构建、调试，为以后参与计算机控制系统开发、调试和维护打下坚实的基础。

3. 授课教师

郭玉祥，副教授，主要承担电子信息类专业的计算机控制技术、系统辨识与自适应控制等课程的教学任务。

二、课程思政资源分析

（一）课程思政建设目标

本课程坚持立德树人，遵循智育特点，把科创精神、爱国主义和民族情怀贯穿、渗透到课堂教学过程中，突出培育学生热爱科学、积极探索的品质，高尚的人文素养和道德情操，健康乐观的学习、工作和生活态度，积极弘扬中华科创精神。通过计算机控制系统理论的学习与工程设计的实验，全面提高学生的实践实训能力和科学探索精神，通过教师的言语教导、行动示范，推动学生树立正确的人生观、价值观、世界观，实现课程知识传授与育人协调统一发展。

思政目标 1:家国情怀。自 20 世纪 60 年代起计算机被引入控制领域中，并成功实现对一个车间或多个机组进行控制，经过几十年的发展，计算机控制技术已成为控制科学一个重要的分支。在授课过程中，通过对控制学科背景、相关科学家的介绍，让学生了解我国人民的优秀智慧，了解我国现代科技的发展水平，激发学生的爱国热情。

思政目标 2:科创素养。计算机控制技术是一门以电子技术、自动控制技术、计算机应用技术为基础的学科。多数发达国家实现了农业生产机械化、自动化，也是得益于计算机控制技术。还须继续研究计算机控制技术，让其为社会主义建设提供强劲动力，同时助力强化学生们的科研、创新能力。

思政目标 3:工匠精神。本课程以计算机为核心，综合可编程控制技术、单片机技术、计算机网络技术，从而实现生产技术精密化、生产设备信息化、生产过程自动化及机电控制系统最佳化的专门学科。企业对具备较强计算机控制技术应用能力的专门人才需求很大。回望中国共产党领导的百年征程，正是一批批执着卓越、勇于奉献的能工巧匠们，为社会主义建设事业做出了杰出贡献。展望新时代，没有工匠精神，就不可能打造出金字招牌的中国制造。作为中国共产党人红色基因的重要组成部分，工匠精神为社会主义建设提供了强劲动力。

(二) 课程思政融入方式

本课程思政融入方式主要有教学渗透、故事分享、课堂讨论等。

(1) 教学渗透。通过问卷形式，掌握学生的学习状况，并对学生所遇到的问题及时给予解答，全方位、全时段地实现与学生互动。

(2) 故事分享。通过课程思政微信群，向学生推送与课程相关的时事信息、短片等，让学生能够及时了解国际、国内时讯和前沿科技知识。同时，引导学生利用课余时间观看与课程相关的影片、阅读有关科学家的传记与专著，树立正确的价值观。

(3) 课堂讨论。利用课间，通过单独谈话的方式了解学生的具体学习情况，力争做到及时发现问题并及时给予解决。

三、教学案例展示

计算机控制系统稳定性分析

教学内容选自高等教育出版社出版的《计算机控制系统》(第 2 版)第五章“计算机控制系统特性分析”第一节“计算机控制系统稳定性分析”。该节教材有四部分内容:连续系统稳定性及稳定条件、S 平面与 Z 平面的映射关系、计算机控制系统稳定性条件、计算机控制系统稳定性判断准则。本次案例主要讲授前两部分内容，授课学时 1 学时。

（一）教学目标

1. 情感态度与价值观目标

（1）通过本课程的学习，让学生深刻认识到在计算机控制系统中，“稳”压倒一切，是系统控制的基本要求，对于国家和社会亦然。

（2）通过本课程的学习，让学生深刻认识到怎么样做一个内外兼修的人，其中变换（映射）所蕴含的诚信、友爱、平等的思想。

2. 知识与技能目标

（1）通过本课程的学习，让学生回顾迁移连续系统稳定性到计算机控制系统稳定性。

（2）通过本课程的学习，让学生熟练掌握 S 平面与 Z 平面的映射关系，进而导出计算机控制系统（或离散系统）的稳定性条件。

3. 过程与方法目标

（1）以教学内容为核心，运用一系列问题链，引导学生分析思考教学内容，把握本课程的相关知识。

（2）通过教师引领，运用自主学习、小组讨论和课堂探究等方式，提升学生综合能力，实现“连续”与“离散”、“S 平面”与“Z 平面”的知识迁移和统一。

（二）教学重难点

教学重点：连续系统的稳定性条件、计算机控制系统的稳定性条件。

教学难点：S 平面、Z 平面以及两者之间的映射关系。

（三）教学方法、教学资源

教法：迁移教学法、问题引导法。

学法：教师引领法、自主学习法、小组讨论法、探究学习法。

教学资源：

（1）席爱民. 计算机控制系统[M]. 2 版. 北京：高等教育出版社，2014.

（2）姜学军. 计算机控制技术[M]. 3 版. 北京：清华大学出版社，2020.

（3）刘建昌. 计算机控制系统[M]. 2 版. 北京：科学出版社，2016.

（4）赵邦信. 计算机控制技术[M]. 北京：科学出版社，2008.

（5）中国大学 MOOC（慕课）. https://www.icourse163.org/course/NEU1001765003?from=searchPage.

（四）教学过程

教学环节一：新课导入

教师播放课件，展示一段影片：2022 年 1 月 2 日《焦点访谈》之“聚焦‘稳’字出实招和疫情防控”的剪辑合成版（时长约 6 分钟）。

引导学生“基于对当前国内外复杂形势——奥密克戎变异毒株在国内多地扩散、乌克兰危机导致风险挑战增多，经济发展环境的复杂性、严峻性、不确定性上升，稳增长、稳就业、稳物价面临新的挑战”，来思考我国经济工作应该怎么干？党中央给出了明确答案——疫情要防住、经济要稳住、发展要安全，及时回应了市场关切，为实现全年经济社会发展预期目标指明前进方向，并注入强大信心和力量。

再通过提问：在疫情防控下，“稳”经济为什么如此重要？在自动控制原理中，线性时不变定常连续系统的稳定性是什么？计算机控制系统有稳定性吗？进而导入正文：计算机控制系统稳定性分析。

思政元素融入设计：将“疫情要防住、经济要稳住、发展要安全”融入课堂，让学生在思考和发言中，领悟到社会主义制度的优越性，认识到中国共产党始终坚持人民至上、生命至上，最大限度保护人民生命安全和身体健康，最大限度减少疫情对经济社会发展的影响，培养学生爱党爱国情怀。

教学环节二：新课讲解

知识点一：连续系统稳定性及稳定性条件。

引导学生阅读教材回顾线性时不变定常连续系统中的“线性”与“非线性”、“时不变”与“时变”、“定常”与“非定常”、“连续”与“非连续”以及连续系统稳定性和稳定性条件。让同学们思考计算机控制系统稳定性的情形，再用课件展示连续系统稳定性相关知识：

(1) 一个系统稳定是指该系统在平衡状态下（其输出量为不随时间变化的常数或零），受到外部扰动作用而偏离平衡状态，当扰动消失后，经过一段时间，系统能够回到原来的平衡状态（这种意义下的稳定通常称为渐进稳定）。

(2) 如果不能回到原平衡状态，则该系统不稳定。

(3) 临界稳定，顾名思义，是稳定与不稳定的临界点。

线性系统的稳定性是由系统本身固有的特性决定的，与系统外部输入信号的有无和强弱无关。对应“自动控制原理”中连续系统稳定性条件及判断方法的内容。

(1) 连续系统稳定的充要条件：系统特征方程的所有特征根，亦即系统传递函数的所有极点都分布在 S 平面的左半平面，S 平面的虚轴为稳定边界。

(2) 连续系统稳定性判断方法：① 代数判据：劳斯判据、胡尔维茨判据等；② 根轨迹方法；③ 频率域方法：奈奎斯特判据、波特图法等。

知识点二：S 平面与 Z 平面的映射关系。

引导学生阅读教材“S 平面与 Z 平面”部分，指出“S 平面”对应连续系统，“Z 平面”对应计算机控制系统。

在第三章定义 Z 变换时，规定了 z 和 s 的关系为

$$z = e^{Ts}$$

式中，z 和 s 均为复变量，T 是采样周期。设 $s = \sigma + j\omega$，则

$$z = e^{Ts} = e^{T(\sigma + j\omega)} = e^{\sigma T} e^{j\omega T}$$

z 的模及相角分别为

$$|z| = e^{\sigma T}, \quad \angle z = \varphi = \omega T$$

在实际计算机控制系统中，采样频率 ω_s 远远大于系统中被采信号的最高频率 $\omega_{\max}$，即 $\omega_s \gg 2\omega_{\max}$（根据采样定理，$\omega_s \geqslant 2\omega_{\max}$，$\omega_{\max} \leqslant \omega_s/2$），也就是说，系统实际工作频率 ω 范围在主频区 $-\omega_s/2 \sim +\omega_s/2$ 以内。因而，在研究 S 平面和 Z 平面关系时，主要讨论 S 平面主频区与 Z 平面之间的关系即可。因为 $\omega_s = \frac{2\pi}{T}$，$\frac{1}{2}\omega_s = \frac{\pi}{T}$，所以 S 平面主频区对应的 ω 范围是 $-\frac{\pi}{T} \sim +\frac{\pi}{T}$。

结合图 1 中 S 平面①～⑤主频区，具体分析如下。

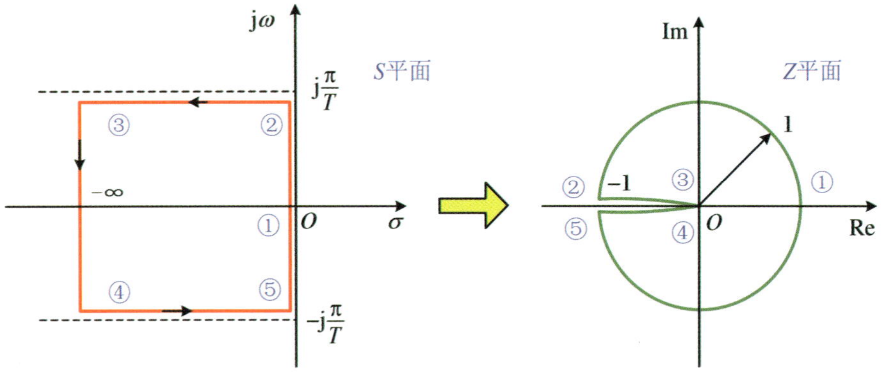

图 1　S 平面至 Z 平面的映射

（1）S 平面虚轴上①～②段，$j0 \leqslant j\omega \leqslant j\pi/T$，映射到 Z 平面半径为 1 的上半圆。

因为 $s = j\omega$，则 $z = e^{Ts} = e^{j\omega T} = 1\angle\omega T$。$z$ 的模 $|z| = 1$；相角 $\varphi = \omega T = 0 \sim \pi$。

（2）S 平面②～③段，$s = \sigma + j\omega$，$\sigma = 0 \sim -\infty$，$\omega = \pi/T$。因而，映射到 Z 平面上，z 的模 $|z| = e^{(0 \sim -\infty)T} = 1 \sim 0$，$z$ 的相角 $\varphi = \omega T = \pi$。该段对应于 Z 平面上的②～③段，实际上它是与负实轴重合（沿着负实轴由 -1 变到 0），但为了表示清楚，将②～③段同负实轴分开画出。

（3）S 平面③～④段，$s = \sigma + j\omega$，$\sigma = -\infty$，$\omega = +\pi/T \sim -\pi/T$。因而，映射到 Z 平面上，z 的模 $|z| = e^{-\infty T} = 0$，z 的相角 $\varphi = \omega T = \pi \sim -\pi$。③点、④点重合，但相角改变了 π。

（4）S 平面④～⑤段，$s = \sigma + j\omega$，$\sigma = -\infty \sim 0$，$\omega = -\pi/T$。因而，映射到 Z 平面上，z 的模 $|z| = e^{(-\infty \sim 0)T} = 0 \sim 1$，$z$ 的相角 $\varphi = \omega T = -\pi$。该段对应于 Z 平面上的④～⑤段。

（5）S 平面⑤～① 段，s 沿负虚轴变化，$s = \sigma + j\omega$，$\sigma = 0$，$\omega = -\pi/T \sim 0$。因而，映射到 Z 平面上，z 的模 $|z| = e^{0T} = 1$，z 的相角 $\varphi = \omega T = -\pi \sim 0$。对应于 Z 平面上的⑤～①段，半径为 1 的下半圆。

(6) 若 s 的实部 $\sigma>0$，则 z 的模 $|z|=e^{\sigma T}>1$。

(7) S 平面左半面负实轴的无穷远处对应于 Z 平面单位圆的圆心。

(8) S 平面的负实轴对应于 Z 平面的单位圆内正实轴。

(9) S 平面的原点对应于 Z 平面正实轴上 $z=1$ 的点 。

以上分析表明：S 平面左半面映射到 Z 平面单位圆内部；S 平面右半平面映射到 Z 平面单位圆外部；S 平面虚轴映射到 Z 平面单位圆上。

由此可以得出离散系统的稳定条件：如果离散系统脉冲传递函数的根，即特征方程的根都位于 Z 平面单位圆内部，则系统稳定；如果有一个根位于单位圆外部，则系统不稳定；如果有根位于单位圆上，则系统临界稳定，如图 2 所示。

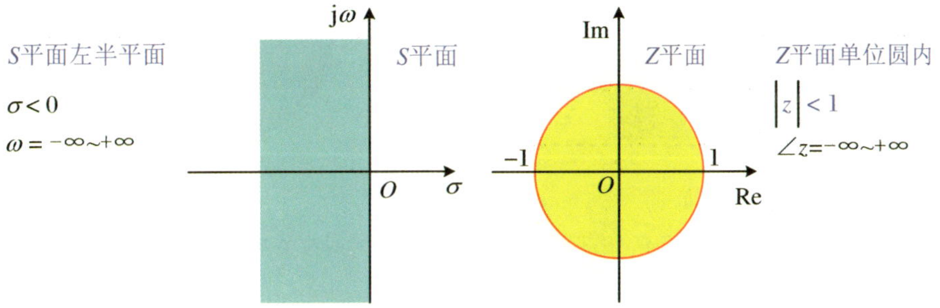

图 2　平面到平面的稳定性

思政元素融入设计：将中华传统美德“诚信、友爱、平等”与“社会主义核心价值观”融入专业课教学，激发学生兴趣，培养学生文化自信、家国情怀，增强民族自豪感和社会主义核心价值观的认同感。

知识点三：系统稳定性与采样周期。

举例说明：采样周期的大小是影响计算机控制系统稳定性的一个重要因素。对于同一个计算机控制系统，取某个采样周期系统稳定，然而换成另一个采样周期，系统有可能不稳定。一般来说，采样周期越小，系统稳定性越高。采样周期对系统稳定性的影响主要是由计算机控制系统中采样保持器引起的，若不考虑采样保持器的影响，则采样周期与计算机控制系统的稳定性没有必然联系，进而得出计算机控制系统的稳定性是由采样周期和被控对象本身的特性所共同决定的结论。

例 1：判断图 3 系统在采样周期 $T=1$ s 和 $T=4$ s 时的稳定性，取 $K=1$。

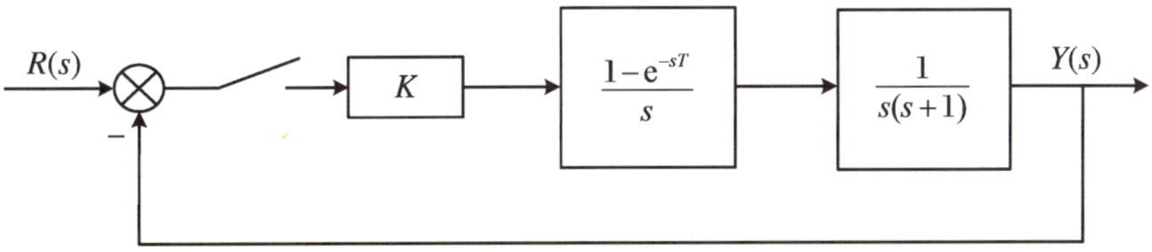

图 3　单位反馈系统

解题过程略。结果：采样周期 $T=1$ s 时，系统稳定；采样周期 $T=4$ s 时，系统不稳定。

思政元素融入设计：通过具体例子阐述系统稳定性与采样周期内在联系，让学生感受到计算机控制系统稳定性的不同之处，激发学生对课程内容的兴趣，增强课堂教学的效果，培养学生热爱科学、积极探索的品质。

教学环节三：应用拓展

若以 S 平面内 5 条恒频率线 $-\mathrm{j}w_s/2$、$-\mathrm{j}w_s/4$、$\mathrm{j}0$、$\mathrm{j}w_s/2$、$\mathrm{j}w_s/4$ 为界，将主频区化为 4 条平行带，再以不同颜色区分，如图 4 所示，可以看出 S 平面与 Z 平面之间的对应关系。

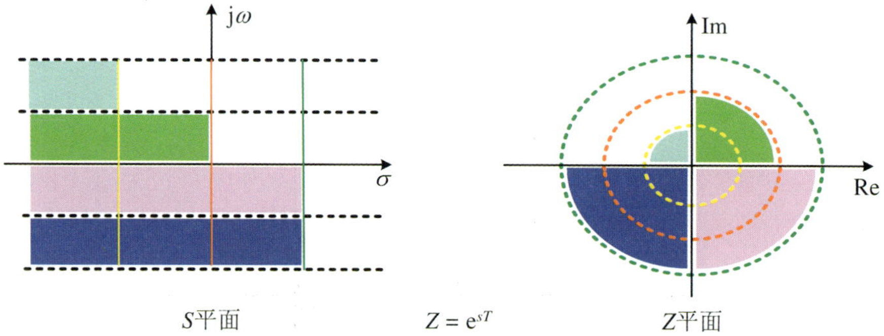

图 4　S 平面上极点与 Z 平面的对应关系

思政元素融入设计：通过不同颜色进一步演示 S 平面上极点与 Z 平面的对应关系，拓展连续系统的稳定性与计算机控制系统稳定性的平等之美——简单美、对应美和唯一美，将美学教育融入教学过程中，培养学生学习乐趣，提高学生的综合素养。

教学环节四：课程小结

本节主要回顾了连续系统的稳定性及稳定性条件，通过 S 平面与 Z 平面的映射关系，给出了计算机控制系统的稳定性条件，再通过实例阐述计算机控制系统的稳定性不仅与被控对象本身的特性有关，还与采样周期有关，得出了计算机控制稳定性的特殊之处，最后进一步拓展了 S 平面上极点与 Z 平面的对应关系，激发了学生对课程内容的兴趣，增强了课堂教学的效果。

（五）教学反思

通过本节内容的学习，学生复习了“自动控制原理”中连续系统的稳定性，通过知识的迁移，使学生理解了计算机控制系统的稳定性；通过 S 平面与 Z 平面的映射关系，让学生掌握了计算机控制系统稳定性的条件，并拓展了 S 平面上极点与 Z 平面的对应关系。通过将课程思政元素与知识点相结合，改进教学方法，有利于让学生领悟到社会主义制度的优越性，认识到中国共产党始终坚持人民至上、生命至上，且最大限度保护人民生命安全和身体健康。同时在课堂中穿插中华优秀传统文化和社会主义核心价值观，培养学生文化自信、家国情怀，增强民族自豪感和社会主义核心价值观的认同感，激发学生对课程内容的乐趣，提高学生的综合素养和创新意识。如何将课程思政元素有机融入计算机控制技术课程各章教学内容中，切实改善教学效果，仍需深入研究。

四、课件

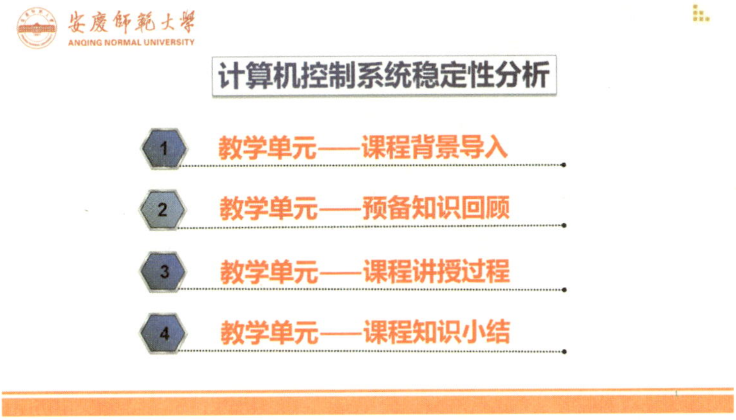

安慶師範大學
ANQING NORMAL UNIVERSITY
计算机控制系统稳定性分析
1 教学单元——课程背景导入
2 教学单元——预备知识回顾
3 教学单元——课程讲授过程
4 教学单元——课程知识小结

安慶師範大學
ANQING NORMAL UNIVERSITY
教学单元——课程背景导入
播放影片：2022年1月2日《焦点访谈》“聚焦‘稳’字出实招和疫情防控”的剪辑合成版
CCTV 13 新闻
焦点访谈
0:00 / 15:09
思政元素

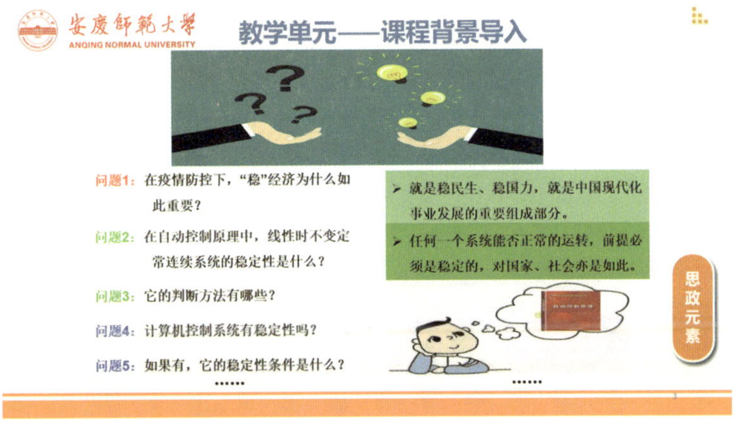

安慶師範大學
ANQING NORMAL UNIVERSITY
教学单元——课程背景导入
问题1：在疫情防控下，“稳”经济为什么如此重要？
问题2：在自动控制原理中，线性时不变定常连续系统的稳定性是什么？
问题3：它的判断方法有哪些？
问题4：计算机控制系统有稳定性吗？
问题5：如果有，它的稳定性条件是什么？
……
➢ 就是稳民生、稳国力，就是中国现代化事业发展的重要组成部分。
➢ 任何一个系统能否正常的运转，前提必须是稳定的，对国家、社会亦是如此。
……
思政元素

安慶師範大學
ANQING NORMAL UNIVERSITY
教学单元——预备知识回顾
回顾：线性时不变定常连续系统的稳定性
区分
概念
线性
非线性
时不变
时变
定常
非定常
连续
非连续
离散系统 抑或
计算机控制系统

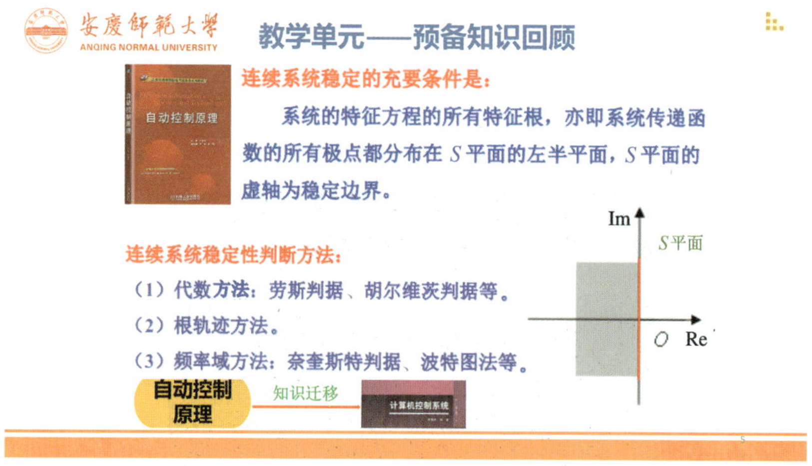
安慶師範大學
ANQING NORMAL UNIVERSITY
教学单元——预备知识回顾
自动控制原理
连续系统稳定的充要条件是：
系统的特征方程的所有特征根，亦即系统传递函数的所有极点都分布在 S 平面的左半平面，S 平面的虚轴为稳定边界。
Im
S 平面
O
Re
连续系统稳定性判断方法：
（1）代数方法：劳斯判据、胡尔维茨判据等。
（2）根轨迹方法。
（3）频率域方法：奈奎斯特判据、波特图法等。
自动控制原理
知识迁移
计算机控制系统

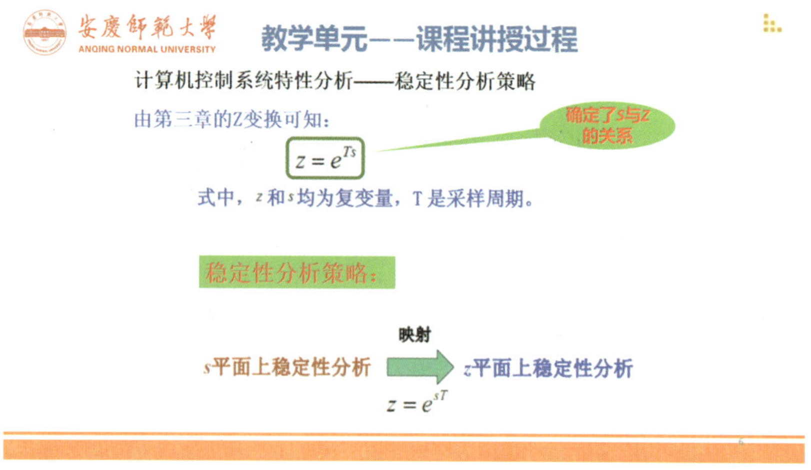
安慶師範大學
ANQING NORMAL UNIVERSITY
教学单元——课程讲授过程
计算机控制系统特性分析——稳定性分析策略
由第三章的Z变换可知：
$z = e^{Ts}$
确定了s与z的关系
式中，z 和 s 均为复变量，T 是采样周期。
稳定性分析策略：
映射
s平面上稳定性分析
z平面上稳定性分析
$z = e^{sT}$

安庆师范大学 ANQING NORMAL UNIVERSITY

教学单元——课程讲授过程

由此得出，S平面到Z平面之间的关系：

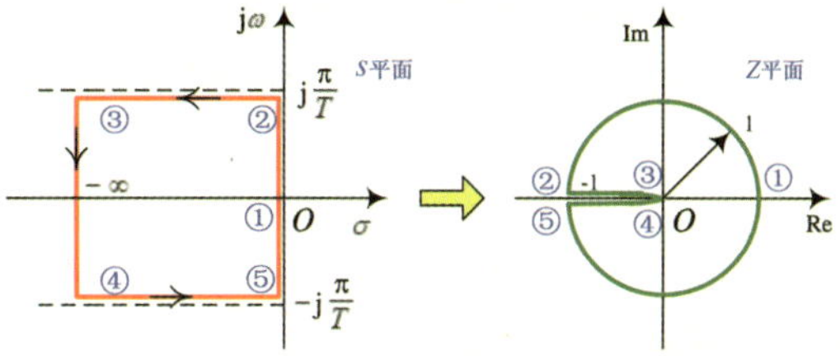

S平面到Z平面的映射

安庆师范大学 ANQING NORMAL UNIVERSITY

教学单元——课程讲授过程

图中阴影部分即为两平面的稳定区

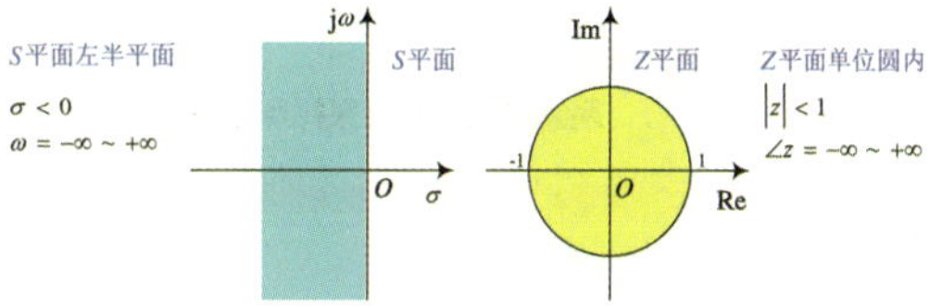

例1： 某离散系统的闭环Z传递函数为

$$W(z)=\frac{3.16z^{-1}}{1+1.792z^{-1}+0.368z^{-1}}$$

解： 根据已知条件可知 $W(z)$的极点为

z_1=−0.237， z_2=−1.556

由于 $|z_2|>1$，故该系统是不稳定的。

安庆师范大学 ANQING NORMAL UNIVERSITY

教学单元——课程讲授过程

例2： 判断系统在采样周期T=1 s和T=4 s时的稳定性，图中取K=1。

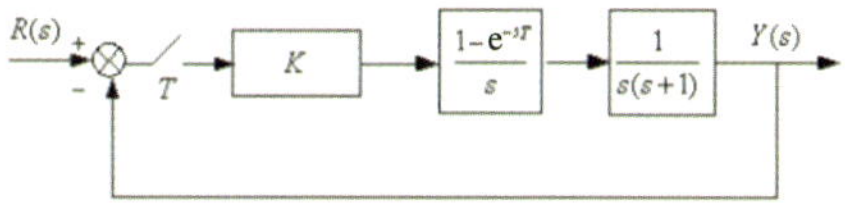

解： 考虑零阶保持器时对象的传递函数模型为

$$W_d(s)=\frac{1-e^{-sT}}{s}\cdot\frac{1}{s(s+1)}$$

其脉冲传递函数模型为

$$W_d(z)=Z\left[\frac{1-e^{-sT}}{s}\cdot\frac{1}{s(s+1)}\right]=\frac{(e^{-T}+T-1)z+(1-e^{-T}-Te^{-T})}{z^2-(1+e^{-T})z+e^{-T}}$$

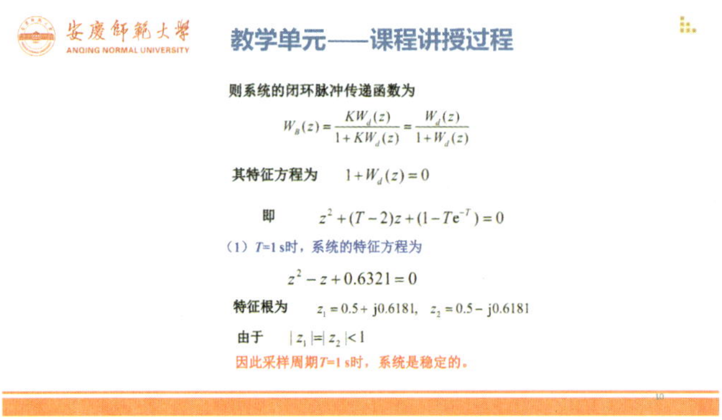
安庆师范大学
ANQING NORMAL UNIVERSITY
教学单元——课程讲授过程
则系统的闭环脉冲传递函数为
$W_B(z)=\frac{KW_d(z)}{1+KW_d(z)}=\frac{W_d(z)}{1+W_d(z)}$
其特征方程为 $1+W_d(z)=0$
即 $z^2+(T-2)z+(1-Te^{-T})=0$
（1）T=1 s时，系统的特征方程为
$z^2-z+0.6321=0$
特征根为 $z_1=0.5+\mathrm{j}0.6181$，$z_2=0.5-\mathrm{j}0.6181$
由于 $|z_1|=|z_2|<1$
因此采样周期T=1 s时，系统是稳定的。

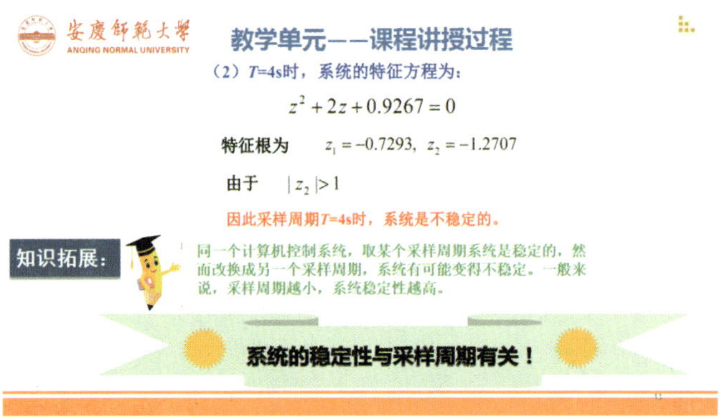
安庆师范大学
ANQING NORMAL UNIVERSITY
教学单元——课程讲授过程
（2）T=4s时，系统的特征方程为：
$z^2+2z+0.9267=0$
特征根为 $z_1=-0.7293$，$z_2=-1.2707$
由于 $|z_2|>1$
因此采样周期T=4s时，系统是不稳定的。
知识拓展：
同一个计算机控制系统，取某个采样周期系统是稳定的，然而改换成另一个采样周期，系统有可能变得不稳定。一般来说，采样周期越小，系统稳定性越高。
系统的稳定性与采样周期有关！

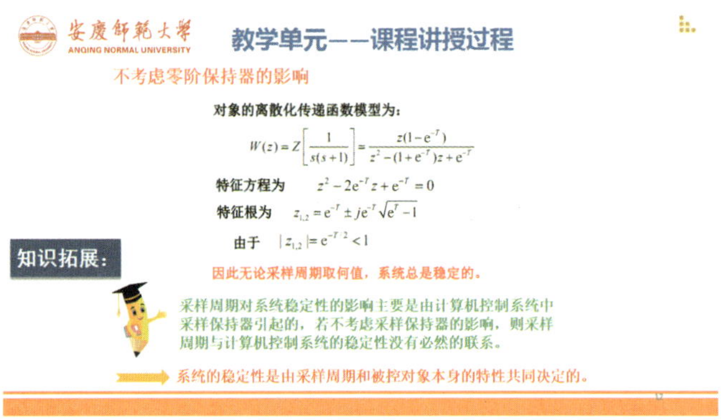
安庆师范大学
ANQING NORMAL UNIVERSITY
教学单元——课程讲授过程
不考虑零阶保持器的影响
对象的离散化传递函数模型为：
$W(z)=Z\left[\frac{1}{s(s+1)}\right]=\frac{z(1-e^{-T})}{z^2-(1+e^{-T})z+e^{-T}}$
特征方程为 $z^2-2e^{-T}z+e^{-T}=0$
特征根为 $z_{1,2}=e^{-T}\pm je^{-T}\sqrt{e^{T}-1}$
由于 $|z_{1,2}|=e^{-T/2}<1$
因此无论采样周期取何值，系统总是稳定的。
知识拓展：
采样周期对系统稳定性的影响主要是由计算机控制系统中采样保持器引起的，若不考虑采样保持器的影响，则采样周期与计算机控制系统的稳定性没有必然的联系。
系统的稳定性是由采样周期和被控对象本身的特性共同决定的。

安庆师范大学
ANQING NORMAL UNIVERSITY
教学单元——课程知识小结
以上的分析表明：S 平面左半面映射到 Z 平面单位圆内部；S 平面右半平面映射到 Z 平面单位圆外部；S 平面虚轴映射到 Z 平面单位圆上。
思政拓展：
中华传统美德
诚信
平等
社会主义核心价值观
友爱

“经济数学(2)”课程思政教学设计案例

一、课程简介

1. 课程性质

经济数学(2)是经济类专业必修的一门通识基础课程,56 学时,4 学分,在本科一年级第二学期开设。本课程对培养学生数学素养,提高学生抽象思维能力、逻辑推理能力具有重要作用。

2. 课程内容

本课程主要介绍微积分基本定理、定积分的计算与应用、无穷级数的性质与敛散性判定、多元函数微积分学理论、微分方程和差分方程基本概念等核心知识。旨在使学生掌握基本概念、基本理论和基本方法,为后续课程的学习奠定基础。

3. 授课教师

邢抱花,硕士,副教授,硕士生导师,主要研究方向为图论及其应用。主讲经济数学、高等数学、数学分析等课程,主持安徽省教学研究项目 4 项,指导学生参加师范生教学技能大赛、数学建模和数学竞赛等各类赛事获奖 10 余项。

二、课程思政资源分析

(一) 课程思政建设目标

本课程立足人才培养需求和经济类专业特点,以学生专业成长为中心,明确思政育人目标,深度挖掘和提炼学科专业知识体系中所蕴含的辩证唯物主义思想价值与人文主义精神内涵。从课程所涉及的数学发展史、数学文化、多学科领域知识等内容出发,不断开发课程的科学性与人文性素材,水到渠成、润物无声地与专业知识有机融合,促进学生深度沉浸式学习,帮助学生树立正确的世界观、人生观、价值观,知行合一,立德树人。

思政目标 1:弘扬科学精神。坚持以科学的态度看待问题,勇于实践,勇于探索,勇于创新。从对数学历史名人、重要科学家的事迹讲述中,深刻感受他们的科学精神,以求实和创新为核心,结合现实可能性和主观能动性,科学评价问题,有坚持力、不怕困难,传承客观、严谨和理性精神,锲而不舍的探索精神,怀疑、批判和创新精神。

思政目标 2:树立严谨学风。从课程内容与工匠精神的密切联系出发,发扬严谨执着、精益求精的工匠精神,一方面,鼓励学生勇于担当,脚踏实地,树立强烈的集体荣誉感,夯实团队协作意识;另一方面,激励学生主动面对学习,全身心投入学习,在自主学习、合作学习过程中,以学习为乐趣,将学习中的任务当作工艺品去细致雕琢。

思政目标 3:增强文化自信。从课程教学内容的背景素材中提炼数学审美意识,把中国数学史、数学文化悠久绵长的发展史与高等数学的知识体系融合起来,与课程思政的基本精神融合起来。在每一章节的导入、讲解、讨论或拓展中,注意引入数学知识的产生背景,介绍生动的数学文化故事,特别是中国古代和现代数学家的数学成就,不断激发学生积极向上的求知欲。通过学习,使学生提升对中华优秀传统文化的兴趣,增强民族自豪感和文化认同感。

(二)课程思政融入方式

在本课程教学过程中,课程思政元素融入的主要方式有教学渗透、案例示范、课堂讨论、拓展阅读等。

(1) 教学渗透。深入研究教材,探索课程教学与思政元素的结合点,比如定积分的概念、常数项级数的概念与性质等内容,可以通过数学文化、数学名人故事与数学成果介绍知识的产生背景,增加教学内容的趣味性,丰富并升华相关内容,激发学生学习内驱力,培养数学素养。

(2) 案例示范。结合案例介绍知识点实际应用,增强应用的真实性。比如定积分的应用、多元函数的极值与最值应用、二重积分的应用等内容,适当补充现实生活中的应用案例,让学生感受到学有所用、学可致用;提高学生学习的主动性,培养科学探索和实际应用能力。

(3) 课堂讨论。教学内容中的判别、计算部分,如定积分的计算、多元复合函数和隐函数的微分计算、高阶偏导数的计算、敛散性的判别、函数的幂级数展开、微分方程与差分方程的计算等内容,让学生参与课堂讨论,用辩证思维分析问题,动手计算,注重严谨,培养数学思维,提高学生的分析问题、解决问题的能力和计算能力。

(4) 拓展阅读。作为课后延伸,补充教学内容的相关阅读,拓宽对课程知识的了解,解除疑惑,开拓思想,陶冶情操,锤炼人格。培养良好阅读习惯的同时,达到教学延展的目的。

三、教学案例展示

定积分的概念

本案例是课程教材第六章第一节,通过“如何计算曲边三角形的面积”引入课题,由其中的极限思想，自然讲解我国古代数学家刘徽的“割圆术”，结合转化思想，导出曲边梯形面积的四步解法。数学注重严谨性，接着给出精确的定积分概念，最后分析体现分类思想的定积分几何意义，并举例说明它在定积分计算中的巧用。本次案例主要针对定积分的内涵开展设计讲解，授课时长1学时。

（一）教学目标

1. 情感态度与价值观目标

（1）通过名人名言的展示，让学生产生共情，内化为学习的内驱力。

（2）通过介绍刘徽的割圆术，体会我国古代数学的伟大成就，增强学生的民族自豪感和“为中华之崛起而读书”的爱国情怀。

2. 知识与技能目标

（1）理解定积分的概念，特别是曲边梯形面积计算公式的推导，掌握四步法，会用转化的思想解决问题。

（2）掌握定积分的几何意义，并会用它计算图形面积，理解基础知识的应用技巧。

3. 过程与方法目标

（1）通过曲边梯形面积的推导，加深学生对“化整为零、化曲为直、积少成多、精益求精”四步法的理解，提高学生的数学思维。

（2）通过定积分几何意义的分析，让学生学会利用分类讨论的思想拓展思路、多角度思索来解决数学问题。

（二）教学重难点

教学重点：曲边梯形面积的计算、定积分的几何意义。

教学难点：定积分的概念。

（三）教学方法、教学资源

教法：讲授法、讨论法、演示法。

学法：学思结合法、学练结合法、合作探究法。

教学资源：

（1）龚德恩，范培华，胡显佑，等. 经济数学基础[M]. 5版. 成都：四川人民出版社，2016.

（2）陈笑缘. 经济数学[M]. 3版. 北京：高等教育出版社，2018.

（3）冯翠莲. 新编经济数学基础[M]. 2版. 北京：北京大学出版社，2015.

（4）霍伊. 经济数学[M]. 3版. 北京：中国人民大学出版社，2015.

（5）中国大学慕课“经济数学：微积分（二）”. https://www.icourse163.org/course/WHUT-1001530001? from=searchPage&outVendor=zw_mooc_pcssjg_.

（四）教学过程

教学环节一：新课导入

以问题导入展开学习，在平面几何中，我们会计算三角形、矩形、梯形等由直线围成图形的面积，以及圆、椭圆、扇形等特殊曲线所围成图形的面积。思考如何计算由曲线 $y=x^2$，x 轴和直线 $x=1$ 所围平面图形的面积（这样的图形称为曲边三角形，如图 1 所示）。

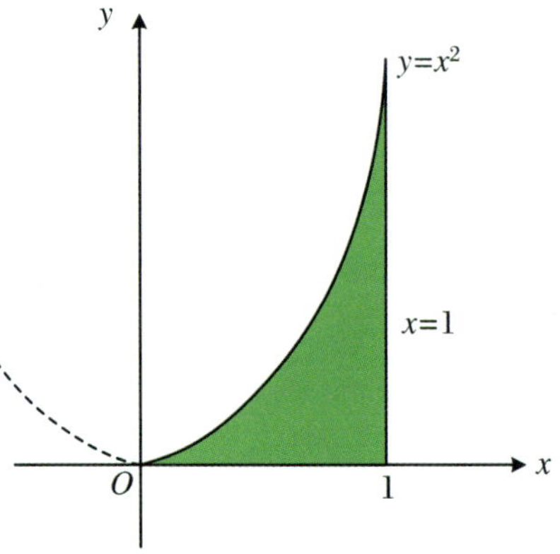

图 1　曲边三角形

思政元素融入设计：让学生参与课堂讨论，引导学生利用转化思想，把未知化为已知来解决问题，经过互动交流，总结归纳计算曲边三角形面积四步法——“化整为零、化曲为直、积少成多、精益求精”，得到曲边三角形面积计算公式。通过这一问题的解答，让学生懂得“困难再大，也是可以分解的，把一个大困难分解成一个个小困难，克服就很容易”的道理，帮助学生树立勇于探索、攻关克难的信心。人生的道路上，难免会碰到大大小小的困难，要学会直面困难，寻找办法解决困难。

教学环节二：新课讲解——定积分的概念

介绍极限思想——“刘徽割圆术”，用圆内接正多边形的面积去无限逼近圆面积，并以此计算圆周率。分析曲边梯形面积计算四步法：第一步，“大化小”，把曲边梯形分割为 n 个小曲边梯形；第二步，“常代变”，计算每个小曲边梯形面积的近似值；第三步，“近似和”，把上一步所得的 n 个近似值相加即是曲边梯形面积的近似和；第四步，“求极限”，当分割很细时，对近似和求极限，便得曲边梯形面积的精确值。讲解定积分的概念，剖析其内涵。

思政元素融入设计：通过故事分享，以案例为切入点，强调概念内涵。刘徽割圆术的融入，让学生认识一位中国数学史上非常伟大的数学家。他人格高尚，刻苦探求数学知识，提出“割之弥细，所失弥少，割之又割，以至于不可割，则与圆合体而无所失矣”计算圆周率的科学方法，奠定了此后千余年令国人感到骄傲的世界领先地位。在计算曲边梯形面积时，利用课堂讨论、名人名言的融入，加深学生对四步法的理解，培养学生用辩证思维分析问题的能力。最后，通过详细分析概念的内涵，让学生感受数学的严谨性，理解精益求精的科学精神。

教学环节三：新课讲解——定积分的几何意义

通过 PPT 演示，数形结合，师生互动，总结归纳定积分几何意义：

情形 1：$f(x)$在闭区间$[a,b]$上可积，且 $f(x)\geqslant 0$，则 $\int_a^b f(x)\mathrm{d}x$ 表示由曲线 $y=f(x)$ 与直线 $y=0$，$x=a$，$x=b$ 所围成的曲边梯形的面积。

情形 2：$f(x)$在闭区间$[a,b]$上可积，且 $f(x)<0$，则 $\int_a^b f(x)\mathrm{d}x$ 表示由曲线 $y=f(x)$ 与直线 $y=0$，$x=a$，$x=b$ 所围成的曲边梯形的面积的相反数。

情形 3：$f(x)$在闭区间$[a,b]$上可积，$f(x)$符号不定，则 $\int_a^b f(x)\mathrm{d}x$ 表示由曲线 $y=f(x)$与直线 $y=0$，$x=a$，$x=b$ 所围成的曲边梯形的面积的代数和。

结合例题，强调应用定积分的几何意义计算定积分的技巧。

思政元素融入设计：

数形结合，让学生学会用分类讨论思想拓展思路，多角度思索解决数学问题。通过例题示范，实际探究，让学生觉得学有所用，学可致用，提高学生学习的主动性，培养科学探索和解决问题的能力。

教学环节四：课堂小结

本节通过曲边三角形和曲边梯形面积的“四步法”计算，重点介绍了定积分的概念，剖析了定积分的几何意义，举例说明了其在计算定积分时的巧妙应用。

课后作业：作为课后延伸，查阅教学内容的相关资料，去图书馆借阅《刘徽评传》《九章算术》等书籍，加深对课堂知识和古代数学思想的了解，并思考用定积分还能解决哪些几何量，为后续学习做准备。

（五）教学反思

通过本节内容的学习，使学生理解定积分的概念，掌握曲边梯形面积“四步法”计算方法和定积分的几何意义，会用几何意义巧算定积分的值。通过将课程思政元素与知识点相结合教学，更新教学内容，改进教学方法，有利于让学生了解中国悠久的数学文化，激发学生的学习和研究兴趣，培养学生提出问题、分析问题和解决问题的能力，提高学生的综合素养和创新意识。

四、课件

安庆师范大学 ANQING NORMAL UNIVERSITY

定积分及其应用

——定积分的概念

1. 新课导入
2. 新课讲解
3. 课堂小结

安庆师范大学 ANQING NORMAL UNIVERSITY

1 新课导入

在平面几何中，我们会计算三角形、矩形、梯形等由直线围成的图形的面积，以及圆、椭圆、扇形等特殊曲线所围成图形的面积。

如何计算由曲线$y=x^2$，x轴和直线$x=1$所围平面图形的面积呢？(右图，这样的图形称为曲边三角形。)

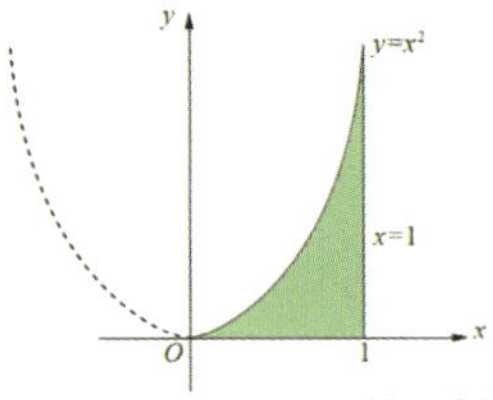

计算曲边三角形面积四步法："化整为零、化曲为直、积少成多、精益求精"。

安庆师范大学 ANQING NORMAL UNIVERSITY

1 新课导入

第一步：化整为零

将区间$[0,1]$作n等分，分点分别为$\frac{1}{n},\frac{2}{n},\cdots,\frac{n-1}{n}$，过这些分点作平行于$y$轴的直线，把平面图形分割成$n$个小窄条。

现在分别以分点上的值

$$0,\left(\frac{1}{n}\right)^2,\left(\frac{2}{n}\right)^2,\cdots,\left(\frac{2}{n}\right)^2,\cdots,\left(\frac{n-1}{n}\right)^2$$

为高，以$1/n$为底作小矩形。

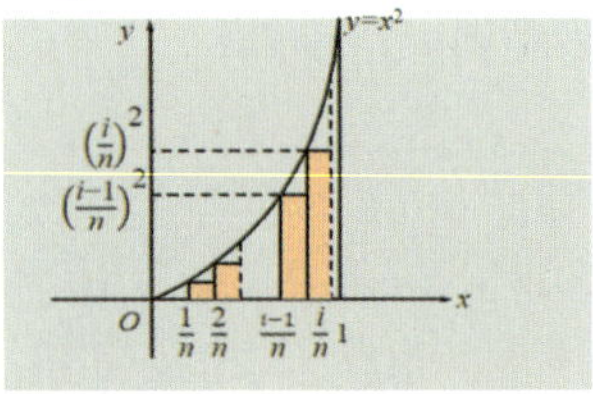

科学精神：困难再大，也是可以分解的，把一个大困难分解成一个个小困难，克服就容易多了。

安庆师范大学 ANQING NORMAL UNIVERSITY

1 新课导入

第二步：化曲为直

用每个小矩形的面积近似替代作为对应的小窄边梯形的面积 $\Delta A_i\ (i=1,2,3,\cdots,n)$，即

$$\Delta A_1 \approx \frac{1}{n}\cdot\left(\frac{1}{n}\right)^2,\ \Delta A_2 \approx \frac{1}{n}\cdot\left(\frac{2}{n}\right)^2,\ \ldots,$$

$$\Delta A_i \approx \frac{1}{n}\cdot\left(\frac{i}{n}\right)^2,\ \ldots,\ \Delta A_n \approx \frac{1}{n}\cdot 1^2$$

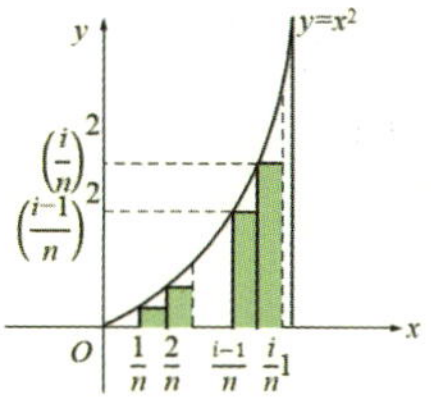

利用转化思想，把未知化为已知。

安庆师范大学 ANQING NORMAL UNIVERSITY

1 新课导入

第三步：积少成多

曲边梯形面积的近似值为

$$A=\Delta A_1+\Delta A_2+\cdots+\Delta A_i+\cdots+\Delta A_n$$
$$\approx \frac{1}{n}\cdot\left(\frac{1}{n}\right)^2+\frac{1}{n}\cdot\left(\frac{2}{n}\right)^2+\cdots+\frac{1}{n}\cdot\left(\frac{i}{n}\right)^2+\cdots+\frac{1}{n}\cdot 1^2$$
$$=\frac{1}{n^3}\cdot\sum_{i=1}^{n} i^2=\frac{1}{n^3}\cdot\frac{1}{6}n(n+1)(2n+1)$$

不积跬步，无以至千里；不积小流，无以成江海。

安庆师范大学 ANQING NORMAL UNIVERSITY

1 新课导入

第四步：精益求精

当这些分点无限增加，即 $n\to\infty$ 时，这个近似值的极限就是曲边三角形面积的精确值

$$A=\lim_{n\to\infty}\frac{1}{n^3}\sum_{i=1}^{n} i^2=\lim_{n\to\infty}\frac{1}{n^3}\cdot\frac{n(n+1)(2n+1)}{6}$$
$$=\lim_{n\to\infty}\frac{1}{6}\left(1+\frac{1}{n}\right)\left(2+\frac{1}{n}\right)=\frac{2}{6}=\frac{1}{3}$$

工匠精神：数学是一种别具匠心的艺术。

安庆师范大学 ANQING NORMAL UNIVERSITY

2 新课讲解

割圆术(cyclotomic method)

所谓"割圆术"，是用圆内接正多边形的面积去无限逼近圆面积并以此求取圆周率的方法。（极限思想）

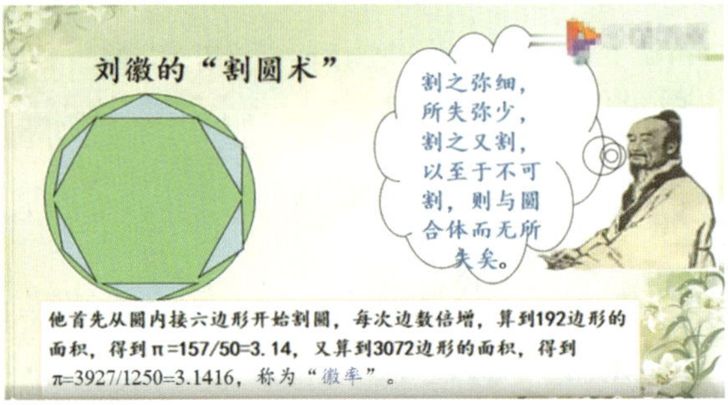

安庆师范大学 ANQING NORMAL UNIVERSITY

2 新课讲解

计算曲边梯形面积四步法

一般地，设函数 $y=f(x)$ 在区间 $[a,b]$ 上非负且连续，由曲线 $y=f(x)$ 及直线 $x=a$，$x=b$ 和 $y=0$ 四条线围成的平面图形 $AabB$ 称为曲边梯形(右图)。为求其面积，可采取以下步骤：

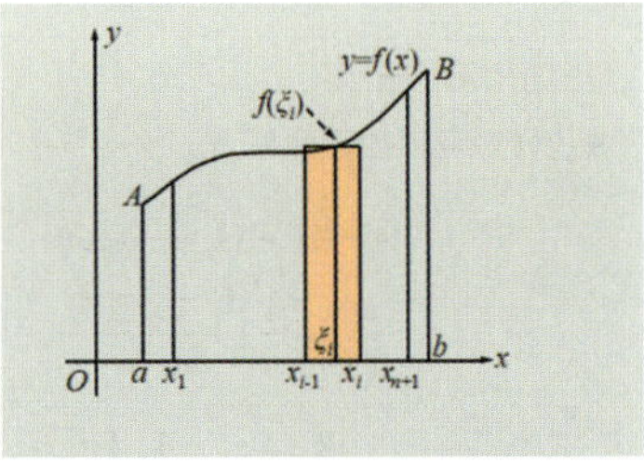

第一步"大化小"在区间 $[a,b]$ 上任意插入 $n-1$ 个分点 $x_1,x_2,\cdots,x_{n-1}$，将 $[a,b]$ 分成 n 个小区间 $[x_0,x_1]$，$[x_1,x_2],\cdots,[x_{i-1},x_i]$，其中 $a=x_0<x_1<x_2<\cdots<x_{n-1}<x_n=b$，且每个小区间的长度为 $\Delta x_i=x_i-x_{i-1}\ (i=1,2,\cdots,n)$；相应地，把曲边梯形 $AabB$ 分为 n 个小曲边梯形。

安庆师范大学 ANQING NORMAL UNIVERSITY

2 新课讲解

第二步"常代变"。在每个小区间 $[x_{i-1},x_i]$ 内任取一点 $\xi_i\ (i=1,2,\cdots,n)$，并以 Δx_i 为底边，$f(\xi_i)$ 为高作小矩形，其面积用 ΔS_i 表示，则有 $\Delta S_i=f(\xi_i)\Delta x_i$，且当 Δx_i 很小时，有

$$\Delta S_i\approx\Delta A_i\quad(i=1,2,\cdots,n)$$

第三步"近似和"。设小矩形面积的总和为 S_n，则 $S_n=\sum\limits^{n}\Delta S_i=\sum\limits^{n}f(\xi_i)\Delta x_i$，此为曲边梯形面积的近似值.

第四步"求极限"。如果我们用 $\lambda=\max\limits_{1\leqslant i\leqslant n}\{\Delta x_i\}$ 表示所有小区间中的最大区间长度，当分点数 n 无限增大且 λ 趋于零时，S_n 便趋近于曲边梯形 $AabB$ 的面积 S，即

$$S=\lim_{\lambda\to0}\sum_{i=1}^{n}f(\xi_i)\Delta x_i$$

转化思想
极限思想

安庆师范大学 ANQING NORMAL UNIVERSITY

2 新课讲解

定义 设函数 $f(x)$ 在 $[a,b]$ 上有界，在区间 $[a,b]$ 上任意插入 $n-1$ 个点

$$a=x_0<x_1<x_2<\cdots<x_{i-1}<x_i<\cdots<x_n=b$$

得到 n 个小区间 $[x_0,x_1]$，$[x_1,x_2]$，…，$[x_{i-1},x_i]$，…，$[x_{n-1},x_n]$

对应的区间长度分别为

$$\Delta x_1=x_1-x_0、\Delta x_2=x_2-x_1、\dots、\Delta x_i=x_i-x_{i-1}、\dots、\Delta x_n=x_n-x_{n-1}$$

记 $\lambda=\max\limits_{1\leqslant i\leqslant n}\{|\Delta x_i|\}$，在每一个小区间 $[x_{i-1},x_i]$ $(i=1,2,\cdots,n)$ 上任取一点 $\xi_i(x_{i-1}\leqslant\xi_i\leqslant x_i)$ $(i=1,2,\cdots,n)$，作和 $\sum\limits_{i=1}^{n}f(\xi_i)\Delta x_i$，如果不论区间分法如何，$\xi_i$ 如何选取，总有

$$\lim_{\lambda\to 0}\sum_{i=1}^{n}f(\xi_i)\Delta x_i=I\ (I\text{ 为常数})$$

安庆师范大学 ANQING NORMAL UNIVERSITY

2 新课讲解

则称 I 为 $f(x)$ 在 $[a,b]$ 上的定积分(简称积分)，记作

$$I=\int_a^b f(x)\mathrm{d}x$$

即

$$\int_a^b f(x)\mathrm{d}x=\lim_{\lambda\to 0}\sum_{i=1}^{n}f(\xi_i)\Delta x_i$$

其中，x 称为积分变量，$[a,b]$ 称为积分区间，a，b 分别称为积分的下限和上限，$f(x)$ 为被积函数，$f(x)\mathrm{d}x$ 为被积表达式。

安庆师范大学 ANQING NORMAL UNIVERSITY

2 新课讲解

对于定积分的定义，还应注意以下几点:

(1)在上述定义中，分法是任意的，ξ_i 的选取是任意的。

(2)定积分是一种和式的极限，其值是一个实数，它的大小仅与被积函数 $f(x)$ 和积分区间 $[a,b]$ 有关，而与积分变量的写法无关，即

$$\int_a^b f(x)\mathrm{d}x=\int_a^b f(t)\mathrm{d}t=\int_a^b f(u)\mathrm{d}u$$

严谨的科学精神

安庆师范大学 ANQING NORMAL UNIVERSITY

2 新课讲解

定积分的几何意义

分类思想： 分情况讨论（1）

若在$[a,b]$上$f(x)\geqslant 0$，则$\int_a^b f(x)\mathrm{d}x$的值表示以$y=f(x)$为曲边，与直线$x=a$，$x=b$，$y=0$所围曲边梯形的面积(见右图)。

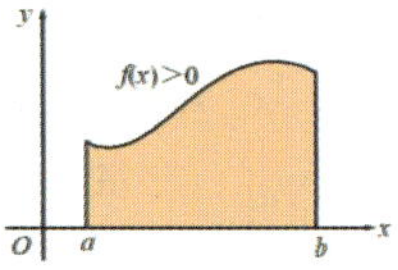

安庆师范大学 ANQING NORMAL UNIVERSITY

2 新课讲解

定积分的几何意义

分类思想： 分情况讨论（2）

若在$[a,b]$上$f(x)\leqslant 0$，则$\int_a^b f(x)\mathrm{d}x$为负值，其绝对值表示以$y=f(x)$为曲边，与直线$x=a$，$x=b$，$y=0$所围曲边梯形的面积(见右图)。

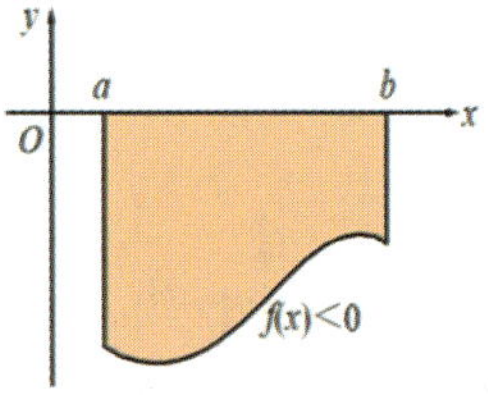

安庆师范大学 ANQING NORMAL UNIVERSITY

2 新课讲解

定积分的几何意义

分类思想： 分情况讨论（3）

若在$[a,b]$上$f(x)$有正有负，则$\int_a^b f(x)\mathrm{d}x$表示由$y=f(x)$，$x=a$，$x=b$，$y=0$所围图形在x轴上方的面积减去在x轴下方的面积之差(见右图)。

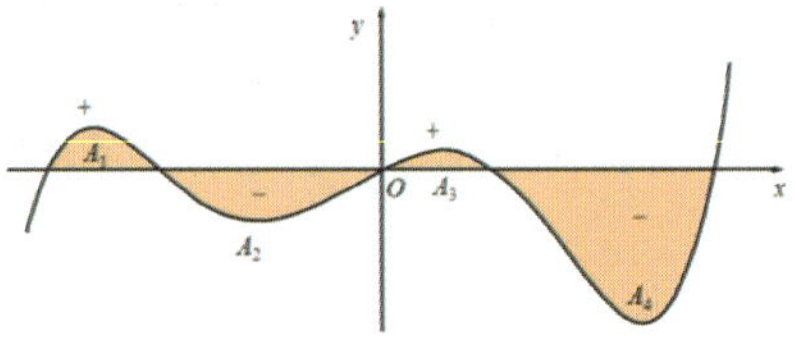

安庆师范大学 ANQING NORMAL UNIVERSITY

2 新课讲解

举例说明与应用拓展

例 由定积分的几何意义，求 $\int_1^2 (x-3)\mathrm{d}x$.

解 由于在区间$[1,2]$上，$f(x)=x-3<0$，因此按照定积分的几何意义，该定积分表示由曲边 $y=x-3$ 和直线 $x=1, x=2, y=0$ 所围图形面积的负值，该图形是底为 1 和 2，高为 1 的梯形(见图 4)，其面积为$\frac{1}{2}(1+2)\cdot 1=\frac{3}{2}$，故

$$\int_1^2 (x-3)\mathrm{d}x=-\frac{3}{2}$$

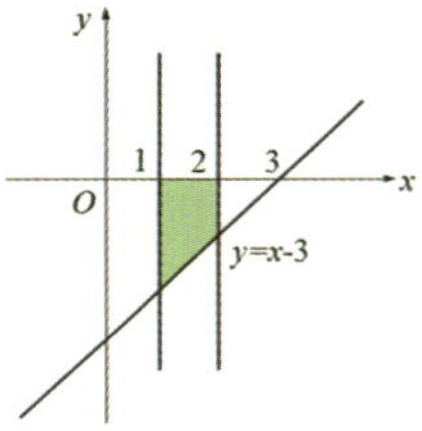

图4

安庆师范大学 ANQING NORMAL UNIVERSITY

3 课堂小结

课堂小结
- 知识点回归
- 学生总结
- 布置作业

“线性代数”课程思政教学设计案例

一、课程简介

1. 课程性质

线性代数是面向高校理、工、经管等多个专业学生开设的公共基础课程，属于学科基础课，一般在第一或第二学期开设。本课程共34课时，2学分。

2. 课程内容

本课程旨在展现科学计算中最普遍也是最基础的方法——线性运算及关系中的一般性方法。通过教学，使学生掌握线性代数的基本概念、基本性质及基本的计算方法，培养学生的数学思维，增强他们用数学的能力，为后继课程的学习打下代数的基础。主要内容包括行列式、矩阵及其运算、矩阵的初等变换与线性方程组、向量的线性相关性、相似矩阵及二次型等理论及其有关知识。

3. 授课教师

舒阿秀，硕士，副教授，硕士生导师，主要研究方向为数学教育教学、偏微分方程及其应用。主讲高等代数、线性代数、常微分方程等本科生课程。主持安徽省质量工程项目8项和校级质量工程重点教学研究项目1项，曾获得校首届我心目中的好老师、校“三育人”先进个人、校级教坛新星等多项荣誉，指导学生参加安徽省师范生技能大赛、安徽省数学竞赛等获奖10余项。

二、课程思政资源分析

（一）课程思政建设目标

本课程围绕立德树人根本任务，把爱国主义、民族情怀贯穿渗透到课程教学中，通过训练学生的数学思维能力、理解能力和创新能力，促进学生对事物的原理、方法、规律的本质认识，培养学生的爱国主义精神、责任与担当意识，不屈不挠、勇往直前的坚强意志以及踏实细致、严谨科学的学习习惯。增强学生的文化自信和爱国情怀，帮助学生塑造正确的人生观、世界观和价值观，激发学生科技报国和对国家、社会发展的责任担当意识，最终帮助学生实现其全面发展。

思政目标 1：使命担当。通过介绍与课程相关的中国元素及中外科学家高尚的理想信念、无私奉献的精神、严谨求实的工作态度、坚韧不拔的意志品质、勇于探索的创新精神、缜密有序的学习习惯，培养学生的文化自信和家国情怀，激发学生科技报国的使命担当。

思政目标 2：科学精神。通过数学文化（数学史、数学美、数学家）的介绍，插入科学起源与发展，培养学生的数学思维，特别是线性代数课程中经典的逻辑思维。认识有关线性代数应用的科技发展现况与趋势，培养持续学习的习惯与能力、前瞻视野的能力，揭示数学中理性和批判创新精神，激发学生探寻真理的热情。

思政目标 3：人格塑造。通过课程学习，寓价值观引导于知识传授和能力培养之中，培养学生认真严谨、踏实肯干、吃苦耐劳的精神，引导学生树立求实创新、精益求精的科研观，自强不息、止于至善的价值观，励志成才、报效祖国的人生观。

思政目标 4：真善美情怀。通过课程学习，引导学生多角度观察数学概念、定理，发现课程中的内容在生活中的应用，揭示其蕴含的真善美，感染熏陶学生心灵，不断激发学生的学习兴趣，提高学生学习课程的效果，促进学生的全面发展。

思政目标 5：哲学思想。通过不断挖掘抽象的概念和方法中所蕴含的哲学思想，帮助学生更好地梳理知识点，弄清知识的脉络内涵，揭示数学中的辩证唯物主义哲学思想，培养学生的哲学思维品质，提高学生的辩证思维能力，进一步调动学生学习的积极性和主动性。

（二）课程思政融入方式

本课程通过进一步的教材与参考资料调研，全面分析教学内容中的思政元素，梳理提炼相关知识点内容和思政元素切入点，完善各章节相关知识点的课程思政特色教学设计。在教学中，依托信息化教学手段与平台，着力构建思政元素、信息技术与课堂教学深度融合的课前、课中、课后“三段式”混合式教学，在课堂上开展课程思政的创新实践。

本课程思政融入主要通过教学渗透、课堂讨论、拓展阅读和课堂展示等方式进行。

（1）教学渗透。在教学中教师可从学科与专业的形成背景、发展历程、现实状况和未来趋势等方面切入，如重要的科学技术发展成果，科学家或学科领军人物的科研事迹，学科专业原理以及与之相关的生活实践、科技实践等，从中挖掘蕴含的自豪感、使命感、责任感、爱国精神、奋斗精神、开拓创新精神、大国工匠精神等思政元素，在教学中自然而然、潜移默化地渗透这些育人元素，让学生有代入感，发挥精神层面的感染力。

（2）课堂讨论。线性代数课程概念多、定理性质多、抽象程度高，学生会遇到各种各样的困难。教师可以根据课程及其各章节特点来选择合适的、多元的教学方法作为辅助手段。通过情境教学法、任务驱动法、案例教学法、讨论式教学法、直观演示法、自主学习法、错误展示法等多种教学方式，调动同学们的学习兴趣和热情。通过创设问题情境、价值判断情境等培养学生分析问题、解决问题的能力，让学生在解决问题的过程中，认识问题和知识背后所蕴含的理论思维、方法论和价值判断，激发学生的思想碰撞和情感体验，实现对学生的价值引领。当丰富的教学内容遇上有趣的教学方法，课堂氛围热了起来，同学们思路活了起来，课程思政实了起来。

(3) 拓展阅读和课堂展示。中国是有着五千年历史的文明古国，是人类文化的发祥地。在悠久的历史长河中，中国出现了很多非常杰出的科学家，为中国乃至世界发展做出了巨大贡献。课后布置同学们去查阅资料了解中国数学史上都有哪些杰出的几何方面的数学家，他们又有着怎么样的贡献与科学精神。学生在了解这些数学家的故事中可以增强学生的民族文化自信，激发学生的爱国热忱。另外，课后布置与知识点密切相关的科技论文进行文献研读，配以后续的课堂互动探讨，以此加深学生对知识的理解和掌握，既授之以鱼，又授之以渔，教导学生治学贵在“学用结合，知行合一”，使得他们在以后的工作岗位中树立严谨求实的科学精神。

三、教学案例展示

正定二次型

教学展示内容选自高等教育出版社出版的《工程数学线性代数》(第 6 版)第五章“相似矩阵及二次型”第七节“正定二次型”。本案例主要讲授正定二次型的定义及两个判定条件，讲授时间为 1 学时。

(一) 教学目标

1. 情感态度与价值观目标

(1) 通过本课题的学习，让学生感受数学知识的应用价值，培养学生的抽象思维能力、辩证思维能力和逻辑推理能力，培养踏实、认真、求实的做事态度。

(2) 通过本课题的学习，让学生增强学生探索未知、追求真理、勇攀科学高峰的责任感和使命感，明确自己的历史担当和责任。

(3) 通过本课题的学习，让学生增强改革创新为核心的时代精神。

(4) 通过本课题的学习，让学生理解“形变质不变”“量变引质变”的哲学思想，体验高等代数的逻辑美、形式美，培养学生的数学素养。

2. 知识与技能目标

(1) 通过本节课的学习，让学生理解正定二次型的概念。

(2) 通过本节课的学习，让学生掌握正定二次型的判定条件。

(3) 通过本节课的学习，让学生能够利用正定二次型的判定条件解决实际问题。

3. 过程与方法目标

(1) 以教学内容为核心，让学生学会由简单到复杂、由具体到抽象、由特殊到一般的抽象概括方法。

(2) 以具体问题为抓手,让学生学会化难为易、化繁为简、化未知为已知的化归方法。

(3) 运用自主学习、小组讨论和课后探究等方式,提升学生综合能力,实现知和行的统一。

(二) 教学重难点

教学重点:正定二次型的定义与判定条件。

教学难点:正定二次型的判定。

(三) 教学方法、教学资源

教法:直观导入法、启发式和问题驱动法、反馈训练法。

学法:自主学习法、学思结合法、学练结合法、合作探究法。

教学资源:

(1) 同济大学数学系. 工程数学线性代数[M]. 6 版. 北京:高等教育出版社,2014.

(2) 吴传生. 经济数学:线性代数[M]. 4 版. 北京:高等教育出版社,2020.

(3) 郝志峰. 线性代数[M]. 上海:复旦大学出版社,2015.

(4) 中国大学 MOOC(慕课)国家精品课程在线学习平台"线性代数"(同济大学). https://www.icourse163.org/course/TONGJI-481001?from=searchPage.

(5) 安徽智慧教育平台(e 会学)"线性代数"(安庆师范大学). https://www.ehuixue.cn/index/detail/index.html?cid=35891.

(四) 教学过程

本节内容的教学过程整体分为课前线上预习、课中课堂授课、课后辅导答疑三个阶段。

教学环节一:课前线上预习

根据教师在中国大学慕课堂发布的"自主学习指导手册",观看中国大学 MOOC 平台开设的"线性代数"在线开放课程视频,回答"自主学习指导手册"中的简单问题。通过观看慕课数学史料,了解本节课知识点的数学背景和应用实践背景。

教学环节二:新课导入

(1) 介绍正定二次型在最优化理论中的两个应用实例。

实例 1:通过《磁浮列车悬浮系统的二次型最优控制》《地震波的场方程矩阵和能量的正定二次型及其意义》,介绍磁悬浮列车的发展历程以及中国的发展现状(图 1)。

实例 2:在《科技日报》刊登的《沪深广磁悬浮规划曝光!相比高铁和飞机,磁悬浮有哪些优势》一文中(图 2),中车四方股份公司副总工程师吴冬华说:"发展高速磁浮,有利于抢占轨道交通技术制高点,保持我国高铁领域的领先优势。"

通过这些介绍,学生不仅能直观感受到正定二次型的重要性,同时能培养他们的科

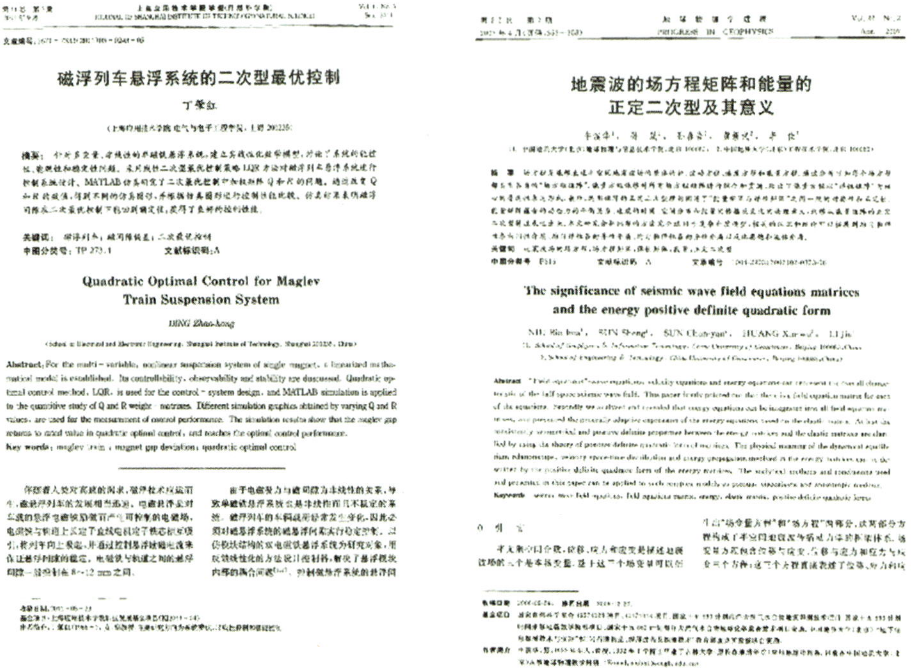

图 1　相关论文

图 2　相关报道

学思维，拓宽他们的知识面，激发科研兴趣，增强爱国主义精神和民族精神，形成正确的理性和信念。

思政元素融入设计： 通过介绍磁悬浮列车发展的现状，激发学生的民族自豪感，增强学生探索未知、追求真理、勇攀科学高峰的责任感和使命感，明确自己的历史担当和责任，增强改革创新为核心的时代精神。

(2) 通过图形展示实二元二次多项式的三种特殊情形（图 3），分析三种图形的差异，从而导入新课。

教学环节三：新课讲解

(1) 正定二次型的定义。

定义 1　设 n 元实二次型 $f(x_1,\cdots,x_n)=\boldsymbol{X}^{\mathrm{T}}\boldsymbol{A}\boldsymbol{X}(\boldsymbol{A}^{\mathrm{T}}=\boldsymbol{A})$，若对 $\forall\, X_0=(c_1,c_2,\cdots,c_n)^{\mathrm{T}}\neq 0$，均有 $f(c_1,\cdots,c_n)=\boldsymbol{X}_0^{\mathrm{T}}\boldsymbol{A}\boldsymbol{X}_0>0$，称 f 为正定二次型，相应的矩阵 $\boldsymbol{A}$ 称为正定

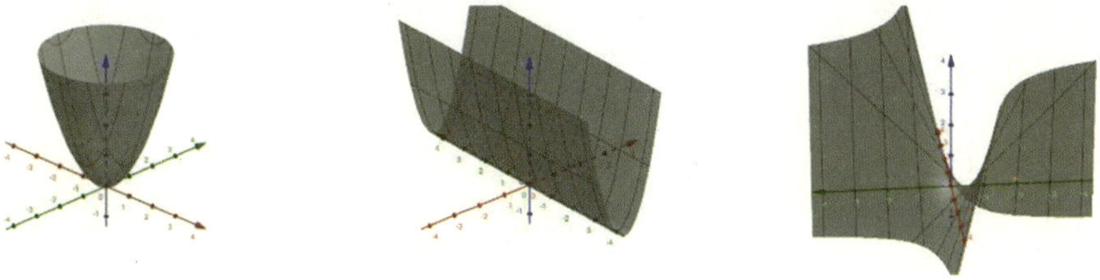

图 3　二元二次各项式的三种情形

矩阵。

例 1　n 元实二次型 $f(x_1,\cdots,x_n)=x_1^2+x_2^2+\cdots+x_n^2$ 是正定的。

例 2　实二次型 $f(x_1,\cdots,x_n)=d_1x_1^2+\cdots+d_nx_n^2$ 正定$\Leftrightarrow d_i>0,i=1,\cdots,n$。

问题驱动 1：通过上面两个例子，不仅巩固了学生对定义的理解，同时自然而然地提出问题：对于一般的实二次型，能否利用它的标准形来判断是否正定呢？启发学生展开思考和讨论，很自然地就会想到需要证明下面的结论，从而学会由简单到复杂、由具体到抽象、由特殊到一般的抽象概括方法。

(2) 正定二次型的判定。

结论 1　非退化线性替换不改变实二次型的正定性。

思政元素融入设计：德国数学家、逻辑学家和哲学家弗雷格认为，"一个好的数学家，至少是半个哲学家"，可见在数学方法中往往也蕴含着一定的哲学思想。在教学过程中挖掘抽象的概念和方法中蕴含的哲学思想，可以帮助学生弄清知识的脉络内涵，提高学生的辩证思维能力。

在非退化线性替换的作用下，二次型的形式虽然发生了改变，但是它的正定性始终保持不变。这种以"变"为突破，以"不变"为根基解决问题的方法是"形变质不变"的完美体现，是形式和内容的和谐统一。引导学生认识事物，不但要观其表象，更要明其内里，真正明白形式改变背后隐藏的真谛。引导学生为解决问题，在形式上寻求最佳改变方案，进一步学会化难为易、化繁为简、化未知为已知的化归方法。

定理 6　n 元实二次型 $f(x_1,\cdots,x_n)$ 正定$\Leftrightarrow p=n$。

注：正定二次型的规范形式为 $y_1^2+y_2^2+\cdots+y_n^2$。

思政元素融入设计：辩证唯物主义认为，事物具有质和量两个方面，是质和量的统一体。而数学研究就是从量的关系方面去把握事物的质及其变化规律，特别是质的差异和从量变到质变的飞跃过程。在高等代数中，许多研究对象都有与其密切相关的量，当这些量改变到某种程度，即当量变达到某一值时，就会引起研究对象发生质的改变，这就是"量变引质变"。上面的定理告诉我们，只要 $p\neq n$ 时，二次型就一定不是正定的，这就充分说明了"量变引质变"。

在教学中，教师要善于引导学生发现能反映事物质的量，而且还要帮助学生理解这个量为何影响质，并且要重点掌握对这个量变引起质变的临界值。在实际应用时，常常会遇到量变取决于某些未知参数，因此就需要根据临界值，先对未知参数进行讨论，然后再具体判别事物的质，使得问题得以顺利展开和讨论。

问题驱动 2：继续提出问题：如果不化二次型为标准型，能否从原二次型本身固有的信息来判断其正定性？激发学生的兴趣，引出下面的新的定义。

定义 2　设 $\boldsymbol{A}=(a_{ij})_{n\times n}$，则子式 $H_k=\begin{vmatrix} a_{11} & a_{12} & \cdots & a_{1k} \\ a_{21} & a_{22} & \cdots & a_{2k} \\ \vdots & \vdots & & \vdots \\ a_{k1} & a_{k2} & \cdots & a_{kk} \end{vmatrix}$ 称为 $\boldsymbol{A}$ 的顺序主子式。

注：比较子式、主子式、顺序主子式的区别。

定理 7　n 元实二次型 $f(x_1,\cdots,x_n)=\boldsymbol{X}^{\mathrm{T}}\boldsymbol{AX}(\boldsymbol{A}^{\mathrm{T}}=\boldsymbol{A})$ 是正定的⇔矩阵 $\boldsymbol{A}$ 的顺序主子式全大于零。

利用讲授法对定理进行简单分析证明。

设计意图：利用讲授法，通过传统的教学手段（黑板板书），逐步分析推导出定理的结论，加深学生对结论和证明方法的理解，培养学生的逻辑推理能力。

思政元素融入设计：在定理 7 的充分性证明时，教师着重从初等变换的角度来分析可逆阵 $\boldsymbol{C}_2$ 的构造思路，更易于学生理解，并能在实际解题中加以运用。教师的这种在教学中从学生角度处理教材的方式，增强了学生学习数学理论的信心，提升了学生学习的积极性和主动性，有利于培养学生掌握利用马克思主义的立场、观点和方法去发现问题、分析问题、解决问题的能力，锻炼学生的理性思维和创新意识，激发学生对社会主义核心价值观的认同。

例 3　判定二次型 $f(x_1,x_2,x_3)=x_1^2+2x_2^2+5x_3^2+2x_1x_2-4x_2x_3$ 是否正定？

例 4　试证二次型 $f(x_1,\cdots,x_n)=2\sum_{i=1}^{n}x_i^2+2\sum_{1\leqslant i<j\leqslant n}x_ix_j$ 为正定二次型。

例 5　设实二次型 $f(x_1,x_2,x_3)=x_1^2+x_2^2+5x_3^2+2tx_1x_2-2x_1x_3+4x_2x_3$，问 t 取何值时，该二次型为正定的？

设计意图：通过三个不同难度和不同类型的例题，加深学生对正定二次型第四个判别条件的理解与认识。

教学环节四：应用拓展

利用慕课堂布置两道练习题：

练习 1：判断二次型 $f(x_1,x_2,x_3)=10x_1^2-2x_2^2+3x_3^2+4x_1x_2+4x_1x_3$ 是否正定？

练习 2：设实二次型 $f(x_1,x_2,x_3)=5x_1^2+6x_2^2+4x_3^2+2tx_1x_2-4x_2x_3$，问 t 取何值时，该二次型为正定的？

设计意图：通过智慧课堂软件进行练习，练习的结果可以及时反馈，便于实时掌握学生学习的动态，有针对性地补缺补差，加深学生对正定二次型第二个判别条件的理解，学会应用它解决具体问题。

教学环节五：课程小结

总结本次课内容的重点和难点，其中重点是正定二次型的定义与判定条件；难点是正定二次型的判定。

提出问题：能否在前面二次型与对称阵关系的基础上，将定理 6 从二次型语言转换为矩阵语言？启发学生展开思考和讨论，利用类比的方法，仿照前面两种语言转化的模式来进行阐述。

最后布置课后作业:教材第五章课后习题第 7、8 题。

思政元素融入设计:在总结本节课主要内容时,将定理 6 从二次型语言转换为矩阵语言,培养了学生类比分析与归纳推理的数学思维能力。告诉同学们在学习新的知识体系时先从熟悉的特殊的出发,分析它们的规律,然后上升到一般的情况,最后再由一般的运用到特殊的情况,充分展示了哲学思想中的特殊与一般、抽象与具体之间的辩证关系。同时,也让学生明白虽然研究内容提升了,但也不能忽略它的雏形,正所谓“不忘初心、砥砺前行”。

(五)教学反思

为了实现“立德树人”的教育根本目标,每门课程都应该进行思政教育。思政教育要和教学内容有机融合,巧妙渗透,不能空洞说教,不能牵强附会,所以教学内容的选择至关重要。数学课程中很多概念与结论都蕴含思政元素,如何挖掘线性代数课程的思政元素,并在日常教学中润物细无声地融入思政元素,切实提高学生专业知识能力的同时,又提高学生的学习积极性与主动性,仍然是专业课授课老师需要不断探讨与实践的问题。我们不仅要确立“课程思政”的教育教学理念,还要在今后的教学活动中不断探索教学模式,改进教学方法,结合当今社会形式和大学生的自身特点,探索出适合学生特征,有利于学生全面发展的课程思政教育模式。

四、课件

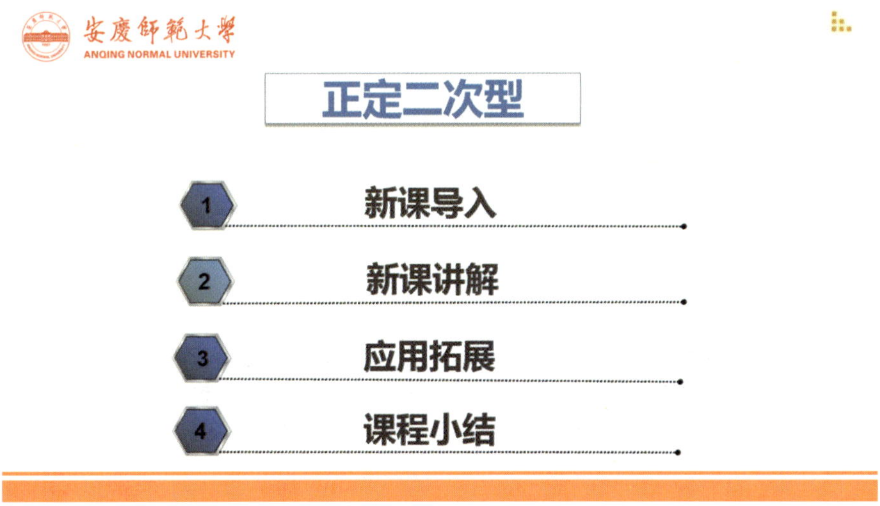

安庆師範大學
ANQING NORMAL UNIVERSITY

1 新课导入

家国情怀

安庆師範大學
ANQING NORMAL UNIVERSITY

1 新课导入

目前国内磁悬浮产业发展、应用及前景如何?

2016年7月，我国启动了时速600公里高速磁浮交通系统的研制，关键技术被列入国家"十三五"交通领域科技创新专项规划，是科技部国家重点研发计划"先进轨道交通"重点专项课题。

磁悬浮交通在我国已有多年应用实践。2015年12月，国产长沙中低速磁浮线通车运营，线路全长18.54公里，设计时速100公里；最高时速430公里的上海磁浮线已安全运营近15年，两条线自开通以来均实现安全运营。

历经四年多的科技攻关，我国时速600公里高速磁浮交通系统项目团队突破了车辆、牵引系统、运控通信和线路轨道等多个高速磁浮系列关键核心技术，并于2020年6月成功实现样车试跑。来自中车四方股份公司最新消息，按照高速磁浮课题推进计划，时速600公里高速磁浮工程样车正抓紧推进，我国形成高速磁浮全套技术和工程化能力指日可待。

家国情怀

安庆師範大學
ANQING NORMAL UNIVERSITY

1 新课导入

在《科技日报》刊登的《沪深广磁悬浮规划曝光！相比高铁和飞机，磁悬浮 有哪些优势》一文中，中车四方股份公司副总工程师吴冬华说："发展高速磁浮， 有利于抢占轨道交通技术制高点，保持我国高铁领域的领先优势。"

勇攀科学高峰的责任感和使命感

历史担当和责任

改革创新的时代精神

家国情怀

安庆师范大学 ANQING NORMAL UNIVERSITY

实二元二次多项式

1 新课导入

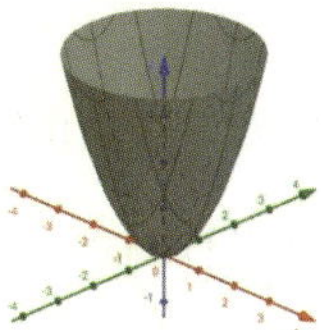

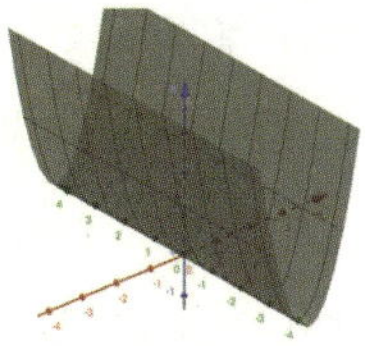

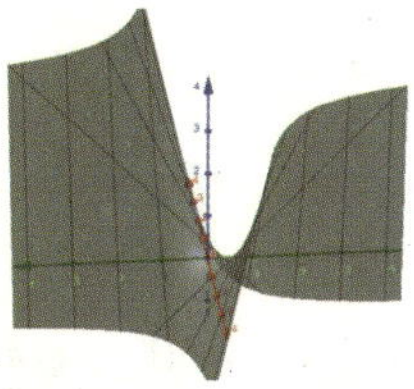

正定二次型

安庆师范大学 ANQING NORMAL UNIVERSITY

2 新课讲解

一、正定二次型（正定矩阵）

1. 正定二次型的定义

定义1：实二次型 $f(x_1,\cdots,x_n)=X^{\mathrm{T}}AX(A^{\mathrm{T}}=A)$

若对任意一组不全为零的实数 $c_1,c_2,\cdots,c_n$ 都有 $f(c_1,c_2,\cdots,c_n)>0$

则称f为正定二次型，相应的矩阵A称为正定矩阵。

例1 二次型 $f(x_1,x_2,\cdots,x_n)=\sum\limits_{i=1}^{n}x_i^2$ 是正定的；

但二次型 $f(x_1,x_2,\cdots,x_n)=\sum\limits_{i=1}^{n-1}x_i^2$ 不是正定的。

安庆师范大学 ANQING NORMAL UNIVERSITY

2 新课讲解

例2 设实二次型 $f(x_1,x_2,\cdots,x_n)=d_1x_1^2+d_2x_2^2+\cdots+d_nx_n^2$

则f正定$\Leftrightarrow d_i>0,i=1,2,\cdots,n$。

问题驱动

证明：充分性显然. 下证必要性，若f正定，取

$$X_0=(0,\cdots,0,\underset{(i)}{1},0,\cdots,0)^{\mathrm{T}},i=1,2,\cdots,n$$

则 $f(X_0)=d_ix_i^2>0,\quad \therefore\ d_i>0,i=1,2,\cdots,n$

2. 正定二次型的判定

结论1：非退化线性替换不改变实二次型的正定性。

安庆师范大学 ANQING NORMAL UNIVERSITY　　2 新课讲解

结论1： 非退化线性替换不改变实二次型的正定性。

证明： 设正定二次型 $f(x_1,x_2,\cdots,x_n)=X^{\mathrm{T}}AX$，经过非退化线性替换 $X=CY$ 化成 $f(x_1,x_2,\cdots,x_n)=Y^{\mathrm{T}}(C^{\mathrm{T}}AC)Y=g(y_1,y_2,\cdots,y_n)$

任取一组不全为零的数 $k_1,k_2,\ldots,k_n$，令

$$Y_0=\begin{pmatrix}k_1\\k_2\\\vdots\\k_n\end{pmatrix},\quad X_0=CY_0=\begin{pmatrix}c_1\\c_2\\\vdots\\c_n\end{pmatrix},$$

则 $f(c_1,c_2,\cdots,c_n)=X_0{}^{\mathrm{T}}AX_0=Y_0{}^{\mathrm{T}}(C'AC)Y_0=g(k_1,k_2,\cdots,k_n)$

安庆师范大学 ANQING NORMAL UNIVERSITY　　2 新课讲解

又由于C可逆，$Y_0\neq 0$，所以 $X_0\neq 0$，即 $c_1,c_2,\cdots,c_n$ 不全为0。

$\therefore\ g(k_1,k_2,\cdots,k_n)=f(c_1,c_2,\cdots,c_n)>0$

于是，$g(y_1,y_2,\cdots,y_n)$正定。

反之，实二次型 $g(y_1,y_2,\cdots,y_n)$ 可经过非退化线性替换 $Y=C^{-1}X$ 变到实二次型 $f(x_1,x_2,\cdots,x_n)$，同理，若 g 正定，则 f 正定。

所以，非退化线性替换不改变二次型的正定性。

形变质不变

安庆师范大学 ANQING NORMAL UNIVERSITY　　2 新课讲解

定理6 n元实二次型 $f(x_1,x_2,\ldots,x_n)$正定 $\Leftrightarrow$ 秩 $f=n=p$（f 的正惯性指数）。

证明： 设$f(x_1,x_2,\cdots,x_n)$ 经非退化线性替换 $X=CY$ 变成标准形

$$f(x_1,x_2,\cdots,x_n)=d_1y_1^2+d_2y_2^2+\cdots+d_ny_n^2$$

由例2，f 正定 $\Leftrightarrow d_i>0,i=1,2,\cdots,n$

即，f 的正惯性指数 $p=n=$秩f。

量变引质变

安庆师范大学 ANQING NORMAL UNIVERSITY　　2 新课讲解

注： 正定二次型 $f(x_1,x_2,\cdots,x_n)$ 的标准形为

$$d_1y_1^2+d_2y_2^2+\cdots+d_ny_n^2,\quad d_i>0,\quad i=1,2,\cdots,n$$

规范形为 $z_1^2+z_2^2+\cdots+z_n^2$。

慕课堂讨论题

线上线下互动

安庆师范大学 ANQING NORMAL UNIVERSITY　　2 新课讲解

类比可得

定理6' 实对称矩阵A正定 $\Leftrightarrow A$与单位矩阵E合同。

$\because$ 正定二次型的规范形为$z_1^2+z_2^2+\cdots+z_n^2=Z^{\mathrm{T}}EZ$

可见，正定矩阵是可逆矩阵.

推论1 实对称矩阵A正定$\Leftrightarrow$存在可逆矩阵C，使 $A=C^{\mathrm{T}}C$

$\because$ A与E合同,即存在可逆矩阵C，使 $A=C^{\mathrm{T}}EC=C^{\mathrm{T}}C$

安庆师范大学 ANQING NORMAL UNIVERSITY　　2 新课讲解

定义2 设矩阵$A=(a_{ij})\in \mathbf{R}^{n\times n}$

(1) $$A(1,2,\cdots,k)=\begin{pmatrix} a_{11} & \cdots & a_{1k}\\ \vdots & \ddots & \vdots\\ a_{k1} & \cdots & a_{kk}\end{pmatrix}\in \mathbf{R}^{k\times k}$$

称为A的k阶顺序主子矩阵；

(2) $$H_k=\det A(1,2,\cdots,k)=\begin{vmatrix} a_{11} & \cdots & a_{1k}\\ \vdots & \ddots & \vdots\\ a_{k1} & \cdots & a_{kk}\end{vmatrix}$$

称为A的k阶顺序主子式。

问题驱动

安庆师范大学 ANQING NORMAL UNIVERSITY

2 新课讲解

（3） *k* 阶行列式

$$H(i_1,\cdots,i_k)=\begin{vmatrix} a_{i_1i_1} & a_{i_1i_2} & \cdots & a_{i_1i_k} \\ a_{i_2i_1} & a_{i_2i_2} & \cdots & a_{i_2i_k} \\ \cdots & \cdots & \cdots & \cdots \\ a_{i_ki_1} & a_{i_ki_2} & \cdots & a_{i_ki_k} \end{vmatrix}$$

即行指标与列指标相同的*k*阶子式

称为*A*的一个*k* 阶主子式。

安庆师范大学 ANQING NORMAL UNIVERSITY

2 新课讲解

定理7　实二次型 $f(x_1,x_2,\cdots,x_n)=\sum_{i=1}^{n}\sum_{j=1}^{n}a_{ij}x_ix_j=X^{\mathrm{T}}AX$ 正定

$\Leftrightarrow A$ 的顺序主子式 H_k 全大于零。

理性思维、创新意识

板书证明

安庆师范大学 ANQING NORMAL UNIVERSITY

2 新课讲解

注：结论　正定二次型中任抽取一部分（指任取相同的*k*行*k*列）

仍是正定二次型.

从而，有：实二次型 f 正定 $\Leftrightarrow A$ 的主子式全大于零。（习题9）

定理7'　实对称阵 A 正定 $\Leftrightarrow A$ 的顺序主子式 H_k 全大于零。

例3　判定下面二次型是否正定。

$$f(x_1,x_2,x_3)=x_1^2+2x_2^2+5x_3^2+2x_1x_2-4x_2x_3$$

解：$f(x_1,x_2,x_3)$的矩阵 $A=\begin{pmatrix}1&1&0\\1&2&-2\\0&-2&5\end{pmatrix}$

其顺序主子式

$$H_1=|1|>0,\quad H_2=\begin{vmatrix}1&1\\1&2\end{vmatrix}=1>0,\quad H_3=|A|>0.$$

$\therefore f$ 正定

例4　判定下面二次型是否正定。

$$f(x_1,x_2,\cdots,x_n)=2\sum_{i=1}^{n}x_i^2+2\sum_{1\leqslant i<j\leqslant n}x_ix_j$$

解：$f(x_1,x_2,\cdots,x_n)$的矩阵 $A=\begin{pmatrix}2&1&\cdots&1\\1&2&\cdots&1\\\cdots&\cdots&\cdots&\cdots\\1&1&\cdots&2\end{pmatrix}$

A的第 k 阶顺序主子式 H_k

$$H_k=\begin{vmatrix}2&1&\cdots&1\\1&2&\cdots&1\\\cdots&\cdots&\cdots&\cdots\\1&1&\cdots&2\end{vmatrix}_k=(k+1)\begin{vmatrix}1&1&\cdots&1\\1&2&\cdots&1\\\cdots&\cdots&\cdots&\cdots\\1&1&\cdots&2\end{vmatrix}_k$$

$$H_k=\begin{vmatrix}2&1&\cdots&1\\1&2&\cdots&1\\\cdots&\cdots&\cdots&\cdots\\1&1&\cdots&2\end{vmatrix}_k=(k+1)\begin{vmatrix}1&1&\cdots&1\\1&2&\cdots&1\\\cdots&\cdots&\cdots&\cdots\\1&1&\cdots&2\end{vmatrix}_k$$

$$=(k+1)\begin{vmatrix}1&1&1&\cdots&1\\0&1&0&\cdots&0\\\cdots&\cdots&\cdots&\cdots&\cdots\\0&0&0&\cdots&1\end{vmatrix}_k=k+1>0,\quad k=1,2,\cdots,n$$

$\therefore f$ 正定

安庆师范大学 ANQING NORMAL UNIVERSITY　　**3 举例说明与应用拓展**

例5　设实二次型

$$f(x_1,x_2,x_3)=x_1^2+x_2^2+5x_3^2+2tx_1x_2-2x_1x_3+4x_2x_3$$

问 t 取何值时，该二次型为正定的？

慕课堂练习题

线上线下互动

安庆师范大学 ANQING NORMAL UNIVERSITY　　**4 课程小结**

定理　设实二次型 $f(x_1,x_2,\cdots,x_n)=X^{\mathrm{T}}AX(A^{\mathrm{T}}=A)$，则下列命题等价：

（1）f 正定（或 A 正定）；　（2）f 的正惯性指数等于 n；

（3）A 合同于正对角阵，即存在可逆阵 C，使

$$C^TAC=\begin{pmatrix} d_1 & & \\ & \ddots & \\ & & d_n \end{pmatrix},\ d_i>0, i=1,2,\cdots,n \quad \text{即} A\simeq E_n$$

(4) 存在实可逆阵 C，使 $A=C^TC$；

(5) A 的所有顺序主子式皆大于零；　(6) A 的所有主子式皆大于零；

(7) A 的所有特征值均为正数。

安庆师范大学 ANQING NORMAL UNIVERSITY　　**4 课程小结**

课后作业

教材第五章课后习题（P157）第 7、8 题

“化工机械设备基础”课程思政教学设计案例

一、课程简介

1. 课程性质

化工机械设备基础为化学工程与工艺专业的专业基础课。通过课程的学习，能培养学生的理论素养和实操技能。该课程于第五学期开设，共51学时，3学分。

2. 课程内容

该课程整体包括工程力学基础（静力学、材料力学）和化工设备基础两大部分。其任务是使学生了解相关的工程力学和材料学的基本知识，熟悉工程力学计算的基本方法，为后续化学工程类课程提供必要的力学基础知识，为进一步学习化工设备的设计、使用、管理与维护打下基础。学生通过学习，掌握各类化工设备中常见工程力学问题的类型、熟悉计算方法与过程，了解化工设备所用材料的性能指标等基本要素，了解简单的贮运类压力容器的机械设计。课程的教学应强调应用性，要求工程问题分析与实例计算方法相结合。理论教学主要是讲清概念，学会应用，对数学推导一般不做演绎；课堂讨论、习题等教学环节要重视分析化工生产的实例，将课程内容与生产实习、毕业设计相结合，培养学生理论联系实际的能力。

3. 授课教师

董晓庆，博士，副教授，硕士生导师，主要研究方向为化工新材料的开发与应用。主讲化工机械设备基础、反应工程及AutoCAD与课程设计等课程，已建设并上线运行6年“AutoCAD与课程设计”省级MOOC课程、“化工设计基础课程设计”省级示范课程，曾获安庆师范大学思政教案设计大赛二等奖等多项奖项。

二、课程思政资源分析

（一）课程思政建设目标

本课程坚持以学以致用为原则，将国家信息安全和个人职业规划通过建设“家国情怀”“科学精神”“科学伦理”等理念融入课程教育中（图 1），潜移默化地感染和引导学生，让学生在充分理解化工设备设计的基础上，进一步确立社会主义核心价值观，养成良好的职业道德和严谨的科学素养，从而为我国现代化工业建设培养出德才兼备的技术型人才和研究型人才。

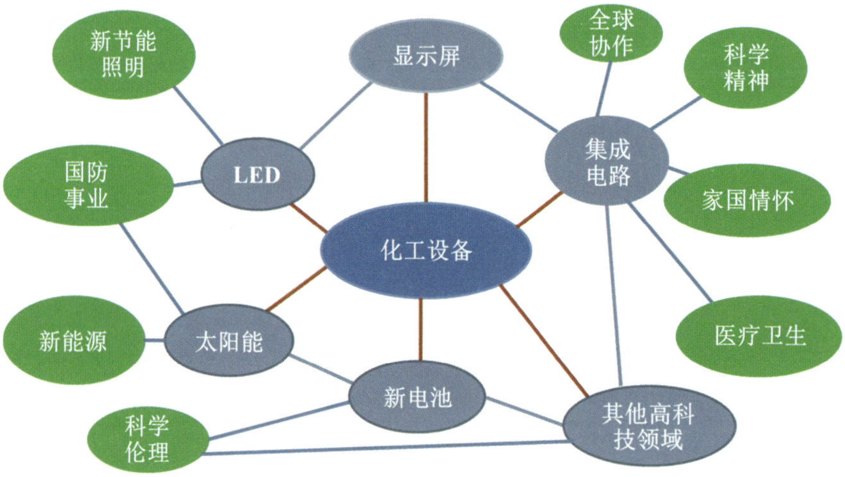

图 1　化工机械设备基础课程思政相关性示意图

思政目标 1:家国情怀。教学过程中融入思政元素，在提高思政课实效性的同时，让学生感受到化工设备、微电子设备与国家信息安全需求的高度契合，增强专业自信和认同感。此外能够潜移默化地帮助学生树立正确的“三观”，将自身的努力和新时代的国家需求紧密结合，实现个体价值和社会价值的高度融合，达到内化于心，外化于行。

思政目标 2:科学精神。通过讲述化工设备在现代化工业的重要地位，结合影响国家信息安全的光刻机等微电子设备与化工设备的对应关系解读，阐述科学素养是在专业知识基础上形成的对问题内在本质探索和追求的品质。引导学生感悟科学素养对国家综合国力、个人生活质量、政府决策的科学程度和民主化程度等的影响，进而注重个人科学素养的养成。

思政目标 3:科学伦理。通过设计的国内外标准解读，让学生了解化工设备设计的要求及目的，结合光刻机的组成、全球性协作及我国“卡脖子”技术实际，让学生明白化工工程师的职责，以唤醒他们的使命感，从而明确未来努力的方向。

思政目标 4:全球协作。通过课程设计和线上教学，让学生参与化工设备设计的全过程，结合各项课外学术科技创新大赛，让学生理解化工设备设计工作和其他一切工作一样，单凭个人很难完成，以培养其集体意识，培养他们沟通、交流、组织能力，养成团队协作良好习惯。

(二) 课程思政融入方式

本课程思政融入方式主要有微电子主要设备事例与思政相结合(图 2)，在专业知识的传授中，提高思政教学的实效性，教学过程中主要用到教学渗透、案例示范、故事分享、课堂讨论、拓展阅读和课堂展示等融入方式。

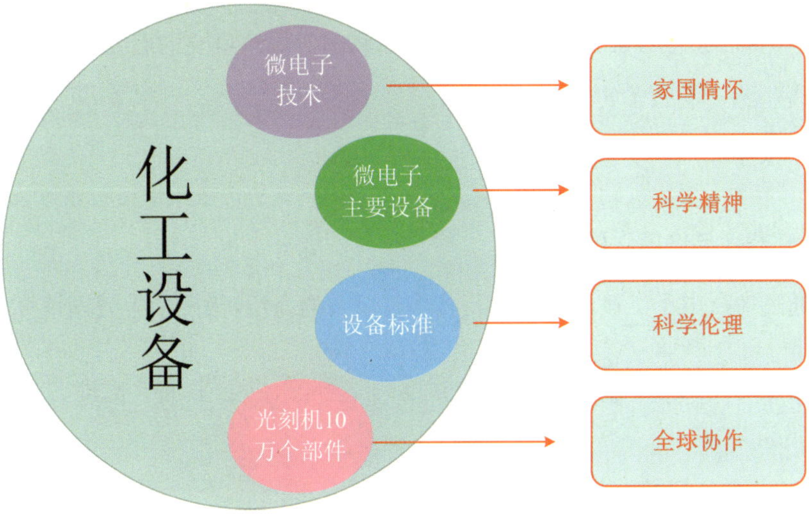

图 2　课程思政融入方式与思政目标实现路线示意图

思政目标 1:(1) 微电子技术:针对家国情怀目标，结合本课程以现代化工业尤其是我国国家信息安全，通过教学讲授微电子技术的迅猛发展促进信息技术的改革，在现代化工业和国家信息安全中居关键枢纽地位，潜移默化地引导学生，让学生树立不畏艰难、勇攀科学高峰，结合个人职业规划献身于国家现代化工业建设的远大志向。

思政目标 2:(2) 微电子主要设备:针对科学精神目标，结合本课程化工设备分类教学要求，基于国家"十四五"期间须解决的关键"卡脖子"技术/设备(如光刻机、刻蚀机、曝光机等)，采用翻转课堂的方式，让学生了解"中国制造 2025"、查询"卡脖子"技术有哪些、亟须设备的特点和组成是什么。

(3) 设备标准:针对科学伦理目标，结合化工设备常见的国内外设计标准，让学生深刻领悟习近平总书记所讲的"我们提出全面推进依法治国，坚定不移厉行法治，一个重要意图就是为子孙万代、为长远谋发展"，让学生明白设备标准化的意义和组成，以及我国已实现的零部件标准化。

(4) 光刻机的 10 万个部件:针对全球协作目标，结合我国完备的工业体系，在课程设计模块安排适当课时，让学生主动学习、合作学习，并自动从中领悟思政元素，从而形成从被动接受到主动宣讲的蜕变。通过让学生分组编制设计技术文件，组织多轮模拟评审，促进组间竞争，培养学生发现问题、分析问题并最终全球协同解决问题的能力，增益其民族荣誉感和全球协作意识。

三、教学案例展示

化工设备设计基础

生产中使用的任何机器或设备的构件，应该满足适用、安全和经济三个基本要求。为了使机器或设备能安全而正常的工作，在设计时必须使构件满足以下要求：① 要有足够的强度，以保证构件在外力作用下不致破坏；② 要有足够的刚度，以保证构件在外力作用下不致发生过大变形。鼓励学生追本溯源，让学生在理解的基础上掌握化工设备设计的原则，对本课程其他难度较大、公式较多的课程的学习有重要的启发意义。授课学时1学时。

（一）教学目标

1. 情感态度与价值观目标

（1）通过对微电子工业的重要性及其主要设备的介绍，激发学生爱国情怀、钻研奉献的科学精神。

（2）通过对化工设计现行的国内外标准的学习，激发学生科学伦理、探求真理的价值观。

2. 知识与技能目标

（1）通过课前预习及教师推演，让学生充分理解化工设备设计的分类、原理及现状，学会使用工程思维理解化工设备。

（2）通过课堂作业及教师辅导，让学生掌握化工设备设计的原则、方法及标准化，学会使用标准化思维解读前沿化工设备。

3. 过程与方法目标

（1）通过讲授微电子技术的迅猛发展促进信息技术的改革，在现代化工业和国家信息安全中居关键枢纽地位，提高学生科研能力和从无到有的开拓创新能力。

（2）通过标准化的内容，让学生掌握我国如何在国外标准的基础上进一步拓展、提高及完善的思维、方法及过程，提高学生从旧到新的改进创新能力。

（二）教学重难点

教学重点：化工设备分类及标准化的意义。

教学难点：如何将实际问题抽象为数学问题；容器的标准化设计。

（三）教学方法、教学资源

教法：讲解法、问题引导法、课堂练习法。

学法：自主学习法、合作学习法、迁移学习法。

教学资源：

(1) 赵军．化工设备机械基础[M]．3 版．北京：化学工业出版社，2018．

(2) 喻健良．化工设备机械基础[M]．7 版．大连：大连理工大学出版社，2013．

(3) 超星泛雅"化工设计基础课程设计"省级示范课程。

(4) 超星泛雅"AutoCAD 与课程设计"省级 MOOC 课程。

(5) Bilibili 视频《知识科普：了解光刻机》。

(6) 化工设备百张图例．https://zhuanlan.zhihu.com/p/526404306．

(四) 教学过程

教学环节一：新课导入

通过学习通软件，开始学生课前预习作业完成情况回顾，针对易错题，提问学生并让学生互相讨论，最终得出正确答案。

思政元素融入设计：

(1) 针对学生课前预习遇到的困难，使其认识到科学研究道路的艰难与险阻，认识到解决科学问题不仅需要大智慧，也需要大毅力。

(2) 通过"卡脖子"和全球协作讨论，让学生初步认识团队力量的强大及合作学习的重要性。

教学环节二：新课讲解

知识点 1：化工设备结构与分类。

提出问题：化工设备有哪些分类？请同学结合教材进行回答。引导学生得出"反应设备、分离设备、传热设备、储运设备"的结论。

学生回答问题后，再进行层层设问：影响国家信息安全的光刻机属于其中哪类设备？"卡脖子"技术、设备有哪些？微电子工业的主要设备有哪些？给学生约 1～2 分钟的思考时间后，开始讲解微电子技术的迅猛发展促进信息技术的改革，在现代化工业和国家信息安全中居关键枢纽地位。讲解生产中使用的任何机器或设备的构件，应该满足适用、安全和经济三个基本要求。为了使机器或设备能安全而正常的工作，在设计时必须使构件满足上述三方面要求。

思政元素融入设计：

(1) 通过微电子设备属于化工设备的四大分类的解读，让学生明白家国情怀源于实际应用的需要，从而启发他们在生活中做一个有心人，长存学以致用的满足感。

(2) 通过相关理论的学习，让学生明白科学问题的解决需要大量科学家的通力合作，提醒他们团队协作的重要性。

(3) 通过相关"卡脖子"设备的介绍，拉近科技前沿与学生的距离，激发他们参与国家信息安全建设的雄心。

知识点 2：化工设备标准化的意义。

提出问题：化工设备组成部件有多少？如何保证它们正常连接？请同学们回答，引导学生得出“为便于设计,有利于成批生产,提高质量,便于互换,降低成本,提高劳动生产率,须对零部件进行了标准化”的结论。

学生回答问题后,开始讲解我国各有关部门对容器的零部件(例如封头、法兰、支座、人孔、手孔、视镜、液面计等)进行了标准化、系列化工作,许多化工设备(例如贮槽、换热器、搪玻璃与陶瓷反应器)也有了相应的标准。

思政元素融入设计:

(1) 通过对国内外现行化工设备标准化的介绍,让学生大胆假设、小心求证、有的放矢,形成科学思维习惯,并勉励他们保持下去,为未来从事科学研究打下良好基础。

(2) 通过灵活看待我国标准化建设的科学伦理,训练学生跳跃式思维并养成科学研究过程中的突破性意识,引导他们如何攻坚克难。让他们坚信,只要青年勇于担当,敢于创新就能够突破西方“卡脖子”技术封锁。

知识点 3:全球化协作。

通过光刻机的组成部件超过 10 万个的实例,告诉学生这些部件个个都是“高精尖”,并设问:为什么需要全球化协作?给学生 3 分钟时间讨论后,推选代表回答。

学生解答后,开始标准化内容介绍。提出标准的最基本参数是公称直径 D_N 与公称压力 P_N。设计时选用标准零部件主要原因是什么?留课后作业由学生查文献资料解决。

思政元素融入设计:

(1) 通过“逆全球化”问题提出、全球化协作的重要性和课堂讨论,激发学生求知欲和求胜心,训练学生不断发现经典模型缺点,勇于去质疑经典、修正和完善经典,同时也鼓励他们勇敢表达自己的看法。

(2) 通过当前“逆全球化”带来的问题,引导学生养成站在前人研究的基础上向前拓展的科研习惯,让他们更深刻地理解牛顿的名言“如果我比别人看得更远,那是因为我站在巨人的肩上”。

教学环节三:拓展阅读及课堂作业(时长 5 分钟)

(1) 思考:作为一名大学生,我们能为国家信息安全建设做些什么?

(2) 调研:你认为未来三十年想从事什么样的工作才能获得成就感?

思政元素融入设计:

(1) 学以致用,从小事做起,从身边做起,从自身做起。一方面,大学生有学习系统的、专业的化工前沿知识的条件,具备辨别和使用网络信息的基本能力。另一方面,阅读关于本专业相关的设备、材料的书籍以及了解国内外前沿相关资料,是增加大学生学科素养的重要渠道,同时这方面知识也是对大学生人生观、价值观、世界观形成的重要补充。

(2) 将有限的生命融入中华民族伟大复兴的事业中去。要成大才,增强担负时代使命的本领。大力弘扬“敢闯敢试、敢为人先、埋头苦干”的工程师精神,在实现中华民族伟大复兴的时代大潮中做出自己应有的贡献。要担大任,强化担负时代使命的责任,将自己有限的生命融入无限的为人民服务中去,融入中华民族伟大复兴的事业中去。

（五）教学反思

化工设备机械基础课程中蕴含着丰富的思政元素，通过科学合理、多样化的方法，将思政元素融入教学全过程，逐步培养出具有正确人生观、价值观、世界观“德才兼备”的化工工程师。但传统的大学生思政教育形式单一、内容寡淡且教学目标过于直白，亟待“学习致用”和“与时俱进”的有机结合。只有将化工设备机械基础课程思政与思政课程视为一个体系中的有机组成部分，方可发挥其“耦合效应”，进而在大学生思政教育中产生事半功倍的教学实效。如果青年积极贡献个人智慧、能量和创造力，那么我国的现代化工业建设将会更强大、更完善。

四、课件

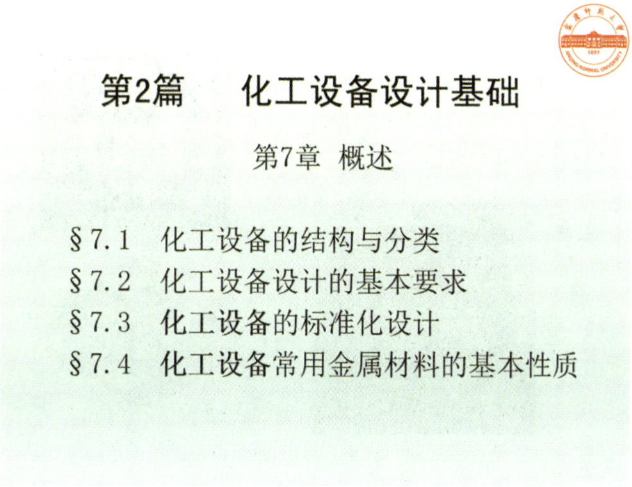

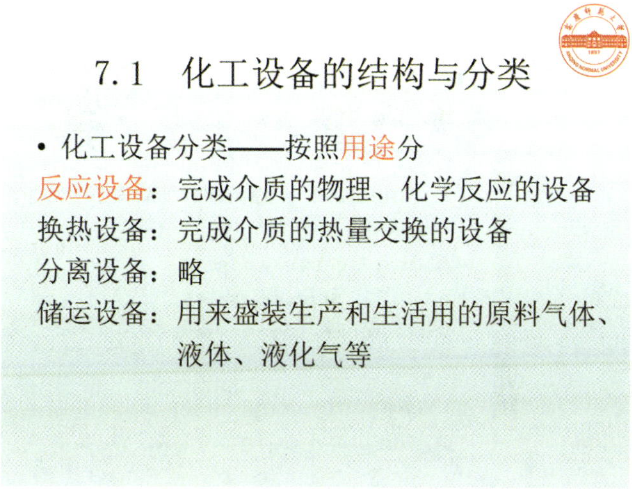

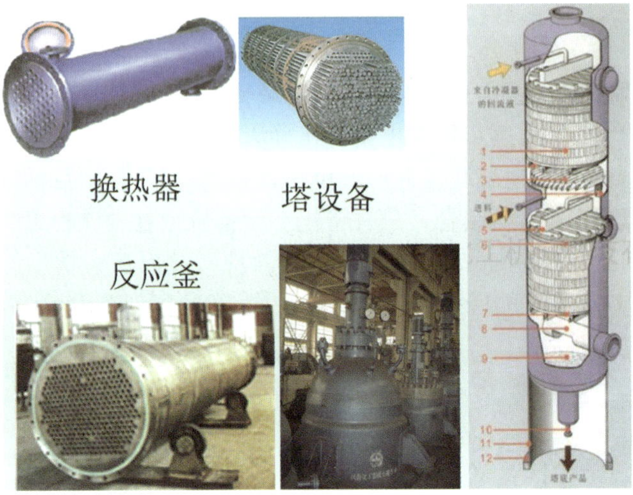

家国情怀

微电子技术的迅猛发展促进信息技术的改革，在现代工业和国家信息安全中居关键枢纽地位。

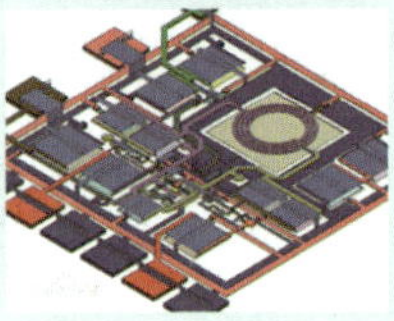

家国情怀

中华人民共和国工业和信息化部

Ministry of Industry and Information Technology of the People's Republic of China

《国家集成电路产业发展推进纲要》正式公布

【发布时间：2014年06月24日】【来源：电子信息司】【字体：大 中 小】

经国务院同意，现将《国家集成电路产业发展推进纲要》公布如下：

国家集成电路产业发展推进纲要

集成电路产业是信息技术产业的核心，是支撑经济社会发展和保障国家安全的战略性、基础性和先导性产业，当前和今后一段时期是我国集成电路产业发展的重要战略机遇期和攻坚期，为加快推进我国集成电路产业发展，特制定本纲要。

一、现状与形势

微电子主要设备——科学精神

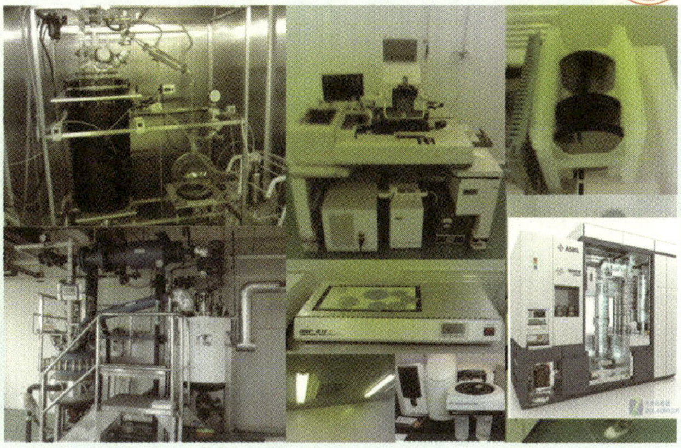

化工设备分类

光刻主要设备——科学精神

承压性质
- 内压容器：常、低、中、高、超高
- 外压容器

壁温分
- 常温：20~200 ℃
- 高温：达到材料蠕变温度
- 中温：常温、高温之间
- 低温：低于-200 ℃

刻蚀机

显影机

后烘机

光刻机

7.2 化工设备设计的基本要求

1. 化工设备设计条件

（1）工艺结构要求及基本工艺尺寸

（2）工作压力、工作温度及工作介质

（3）工作环境、重要程度

2.设计程序

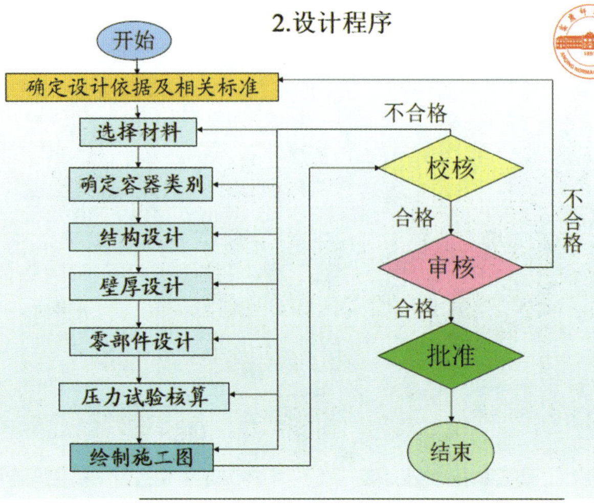

3. 设备设计的基本要求

(1) 强度——不发生破坏。如焊缝开裂，筒体爆破，螺栓拉断等。

(2) 刚度——不发生过大变形。如塔体倾斜，塔盘下凹等。

(3) 稳定性——不发生瘪塌或褶皱。如卧式容器支座之间的筒体发生瘪塌，气柜抽负瘪塌，塔体支座在起吊时发生瘪塌等。

(4) 耐久性——保证使用寿命。一般化工设备设计使用寿命为10～15年。大多取决于腐蚀情况，有些取决于疲劳、蠕变或振动。

(5) 密封性——包括内漏和外漏。

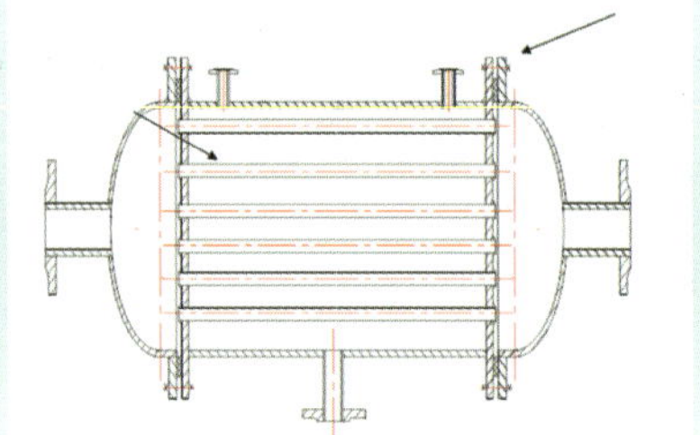

(6) 标准化设计。法兰、螺栓、封头、筒体、支座、接管、人孔。

(7) 方便制造、操作与检修，便于运输。

※操作阀门位于操作台面2米高，可否？

※储罐内介质脏，设计结构如何考虑？

※塔高100米，设计要求整体运输。合理吗？

※直径2米的碳钢制容器，壁厚2毫米就满足强度要求，可否批准？

(8) 技术经济指标合理。经济指标：单位生产能力；消耗系数；设备价格；管理费用和生产总成本。

7.3 化工设备标准化设计

1. 标准化的意义

- 设计——无需计算和制图，按已有标准图选择。
- 制造——有利于成批生产，降低成本，保证产品质量，提高竞争力。
- 维修——备件规格尺寸通用，实现互换性。
- 通商贸易——国内、国际间通用，消除贸易障碍。

我国已实现容器零部件标准化的有：圆筒体、封头、法兰、支座、人孔、手孔、视镜和液面计等。

国外主要规范——科学伦理

国外的规范主要有：

✓美国ASME规范

✓英国压力容器规范（BS）

✓日本国家标准（JIS）

✓德国压力容器规范（AD）

2. 相关法规及常用标准

(1) 基本法规：

《压力容器安全技术监察规程》

——国家质量技术监督局 1999

(2) 压力容器常用标准：

GB150—1998《钢制压力容器》国家标准

GB151—1999《管壳式换热器》国家标准

JB4709—2000《钢制压力容器焊接规程》

JB4730—2005《压力容器无损检测》

HG20592~20635—97《钢制管法兰、垫片、紧固件》

JB/T4700~4707—2000《压力容器法兰》

3. 容器零部件标准化的基本参数

- 公称直径DN：将容器及管子直径加以标准化以后的标准直径。
- 公称压力PN：规定的标准应力等级

7.4 化工设备常用金属材料的基本性质

1. 选用材料的一般要求

(1) 材料品种应符合我国资源和供应情况。

(2) 材质可靠，能保证使用寿命。

(3) 足够的强度，良好的塑性和韧性，对腐蚀性介质能耐腐蚀。

(4) 便于制造加工，焊接性能良好。

(5) 成本低，经济上合算。

选材要抓住主要矛盾，遵循适用、安全和经济的原则。

2. 材料的基本性能

(1) 力学性能。材料抵抗外力而不产生超过允许的变形或不被破坏的能力，叫做材料的力学性能。主要特征指标包括强度、塑性、韧性、硬度、材料高温下的力学性能这是设计时选用材料的重要依据。

(2) 物理性能：密度、熔点、热膨胀系数、导热系数和导电性等。

(3) 化学性能：耐腐蚀性、抗氧化性。

(4) 工艺性能。

(5) 其他性能。

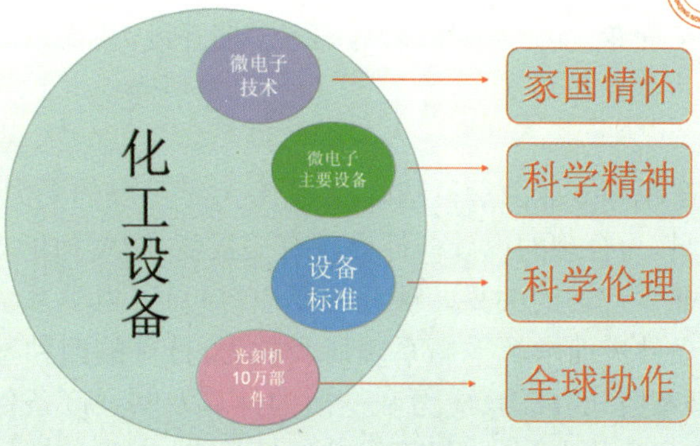

“工程力学”课程思政教学设计案例

一、课程简介

1. 课程性质

工程力学是车辆工程专业的专业基础课，第三学期开设，共51+17学时，3.5学分。

2. 课程内容

工程力学是车辆工程等专业的学科基础课，研究力学系统的受力与平衡以及杆件的应力与变形的一门学科，为合理的设计杆件提供有关强度、刚度和稳定性问题的判据，与生产及工程实际有着非常密切的关系。课程主要内容包括：力学系统的受力分析；力学系统平衡的充分必要条件进而求解平衡系统所受的力；杆件的四种基本变形（轴向拉伸压缩、剪切、扭转、平面弯曲）的内力、应力和变形的计算及其强度条件和刚度条件；组合变形的强度条件；复杂应力状态下的强度理论；压杆稳定；疲劳破坏；材料力学性能的测试等内容。

3. 授课教师

吴磊，教授，硕士生导师，主要研究方向为结构动力学、机械设计。主讲理论力学、材料力学、工程力学、振动与噪声控制等课程，主持安徽省质量工程项目3项和安徽省课程思政示范课1项。曾获安庆师范大学第二届课程思政教学设计大赛教案赛理科组一等奖和第三届课程思政教学设计大赛教学赛理科组三等奖。

二、课程思政资源分析

（一）课程思政建设目标

工程力学作为工科专业的专业基础课，一只脚踏着力学基础理论，一只脚踏着工程实践，是培养学生将力学基础理论运用到工程实践中的课程。这就决定了课程思政目标既要培养学生的科学精神，也要培养工程素养；同时，学生作为未来的工程师，将担负起制造强国的历史重任，课程中要培养学生对祖国和人民的热爱，树立为了民族复兴努力学习的家国情怀。

思政目标 1:培养科学思维方法和科学伦理观。使学生树立辩证唯物主义的世界观，注重科学思维方法的训练和科学伦理的教育，培养学生探索未知、追求真理、勇攀科学高峰的责任感和使命感，引导学生增强人与自然环境和谐共生的意识。

思政目标 2:树立工匠精神和工程伦理观。注重强化学生工程伦理教育，突出培育求真务实、耐心专注、吃苦耐劳、精益求精的工匠精神，培养学生踏实严谨、耐心专注、吃苦耐劳、追求卓越的优秀品质。工程师作为现实世界的创造者，要秉承良好的职业道德和工程伦理，为造福人类和世界的共同发展做出贡献。

思政目标 3:教育学生立德修身，自律自强。但丁说：一个知识不全的人可以用道德去弥补，而一个道德不全的人却难以用知识去弥补。立德树人是所有专业课程思政的重要目标。自律是修身立志成大事者必须具备的能力和条件。青年学生是祖国的未来，工科专业的学生是国家未来最重要的建设者，少年强才能国强。

思政目标 4:激发学生的家国情怀。注重把爱国主义、民族情怀贯穿渗透到教学课程中，通过介绍中国科学家在学术界的重大贡献和中国工程界创造的伟大奇迹，鼓励学生树立为中华民族伟大复兴而努力学习的家国情怀。

思政目标 5:培养学生的文化自信。通过工程实践应用的介绍，将中国传统文化中与其相关的理念渗透其中，并以此解读传统文化的精髓。鼓励学生学习和了解中国传统文化中的精华，并从中汲取为人处世和解决问题的智慧。引导学生自觉传承和弘扬中华优秀传统文化，提升学生的人文素养，树立文化自信。

（二）课程思政融入方式

在工程力学的教学过程中，主要运用教学渗透、案例示范、实践感知等课程思政融入方式。

(1) 教学渗透。在讲授专业基础知识的同时，有机地将其中的某些结论推广到思想政治领域范畴，以类比的方式找出其中的关联性，进而对学生进行多方位（包括人生观、价值观、方法论等方面）的思想政治教育。

(2) 案例示范。通过科学史和工程史中的典型案例，让学生接受科学精神和工匠精神的熏陶，建立起正确的科学和工程伦理观，认识到工科学生作为未来世界的建设者，应该担负的社会责任和历史责任。

(3) 实践感知。在实验教学环节和课后习题环节，通过学生亲身体验，认识到科学精神和工匠精神的重要性，逐渐养成踏实严谨、耐心专注、吃苦耐劳的优秀品质。

三、教学案例展示

压杆稳定的概念

压杆稳定问题是讨论杆件在轴向压力作用下，由于不能保持原有的平衡状态，突然发生显著的弯曲变形，使结构丧失工作能力的现象。这一现象也称为失稳。由于细长杆的失稳破坏先于强度破坏，导致历史上出现了很多由于压杆失稳造成的工程事故，故而要引起足够的重视。同时，由于稳定性计算中杆件的临界应力计算公式与杆的实际柔度有关，所以稳定性问题的计算与强度和刚度问题相比要更加复杂，学生学习起来有一定的难度。本次授课时间为20分钟，主要介绍第十章第一节“压杆稳定的概念”。

（一）教学目标

作为工科专业的专业基础课程教学，总体的目标是要培养卓越的工程师。结合本次课程内容，从以下几方面达成目标。

1. 情感态度与价值观目标

（1）通过介绍加拿大魁北克大桥坍塌事故和韩国三丰百货大厦倒塌的工程案例，教育学生作为未来的工程师，要秉承实事求是、严谨认真的理性态度，承担起必要的社会责任。帮助学生树立职业道德和工程伦理观。

（2）通过“对科技史中压杆稳定问题的提出到解决”这一过程的讲解，使学生了解科技创新的传统范式的特点。进而从个人发展、我国制造业振兴、以ChatGPT为代表的人工智能的兴起对人类发起的挑战等几个方面，论述当今社会培养创新能力的重要性和急迫性。

（3）在讲述稳定的重要性时，强调对个人来说，稳定来自内心的坚定和强大，而内心的坚定和强大要通过坚定理想信念来实现，只有信仰和爱能够让我们面对生活的风风雨雨，矢志不渝，初心不改。讲到国家的稳定时，强调家国情怀，为了实现中华民族伟大复兴，一定要做到“两个维护”，保证国内经济和政治的稳定。

2. 知识与技能目标

（1）使学生理解压杆平衡的稳定性，同时理解压杆失稳、临界荷载等概念。

（2）通过讲授，让学生理解压杆失稳的特点以及危害性，强调保持压杆稳定的重要性。

（3）通过介绍压杆稳定问题的发现，指出创新源泉往往来源于现实生活，鼓励学生深入生产和生活，不断发现现实中的问题、痛点和需求，从而提升创新的敏锐度，强化创新意识。

3. 过程与方法目标

（1）通过实际案例，利用启发式教学，让学生从现象发现短杆和细长杆破坏形式的不同，从而引出稳定性和失稳的概念。

（2）通过动画演示实验，使学生直观了解压杆平衡的稳定性问题。

（3）通过图片展示和工程故事讲述，让学生了解工程史上由于压杆失稳造成的重大事故，使学生理解压杆稳定问题的重要性，并认识到作为工程师应该具备社会责任感和职业道德品质。

（4）通过分析和类比，采用渗透式教学，将个人、国家与压杆进行类比，强调稳定的重要性以及如何保持稳定。强调在现阶段我国正面临国际环境的巨大挑战，中华民族伟大复兴正处在关键时期，坚定执行“两个维护”，保证政治和经济的稳定，是最具体的爱国表现。

(二) 教学重难点

教学重点：压杆稳定性的概念；压杆失稳的特点及其危害；工程师的职业道德和职业素养。

教学难点：压杆稳定性概念的理解。

(三) 教学方法、教学资源

教法：案例分析法、启发式教学、动画演示直观教学法。

学法：讨论法、探究学习法。

教学资源：

(1) 谢帮华.工程力学[M].3版.西安：西北工业大学出版社，2021.

(2) 张功学.材料力学[M].3版.西安：西安电子科技大学出版社，2019.

(3) 魁北克大桥的坍塌.https://www.docin.com/p-2156986764.html.

(4) 钱学森是怎么做学问的.https://epaper.gmw.cn/wzb/html/2011-12/27/nw.D110000wzb_20111227_6-06.htm.

(四) 教学过程

教学环节一：引出主题

观看20世纪工程界十大惨案之一的韩国汉城三丰百货大楼倒塌视频。三丰大楼倒塌导致502人死亡，930人受伤，财产损失达2.16亿美元。强调倒塌的原因是由于立柱发生失稳破坏引起的。引出本节课讲授的内容压杆稳定的概念。

教学环节二：复习提问

课堂互动：

问：材料力学的主要任务是什么？

参考答案：研究杆件的强度、刚度和稳定性判据。

问：受压杆件的强度条件是什么？

参考答案：$\sigma=\dfrac{F_N}{A}\leqslant[\sigma]$。

按照强度条件，对于材料相同，截面面积相同的两根压杆，其承载能力是否一样？

参考答案：一样。

教学环节三：新课导入

设置习题，图1中两根截面相同，材料相同的长、短两根杆，在承受轴向压力时，出现了与强度条件结果不一致的现象，这是什么原因？

启发式教学：利用实例引发学生思考，得出结论。

问：细长杆的破坏是由于强度不够造成的吗？

答：不是。

问：细长杆的破坏是什么原因引起的？从图 1 中，你能得出什么结论？

结论 1：细长压杆的破坏并非因强度不够，而是由于不能保持原有的平衡状态，突然产生显著的弯曲变形，使结构丧失工作能力。这种现象称为“失稳”。

结论 2：短粗杆的承载能力由强度决定；细长杆的承载能力由稳定性决定。

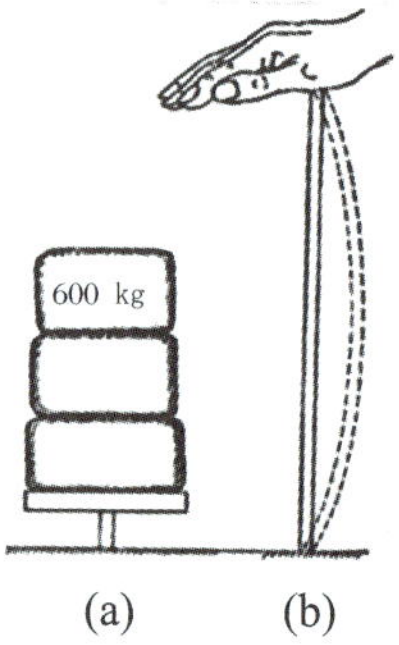

图 1　两种杆的应力反应

教学环节四：新课讲解

(1) 压杆稳定的概念。

① 压杆平衡的稳定性。我们通过观看实验视频理解三种平衡状态，图 2 为三种平衡状态的视频截图。

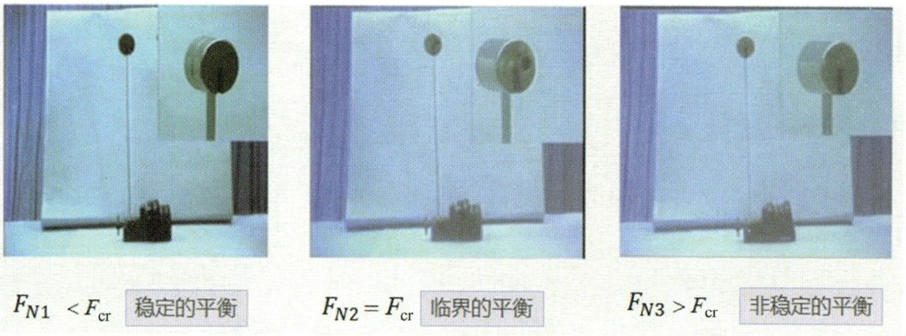

图 2　实验视频截图

压杆的稳定性：压杆保持稳定的直线平衡状态的能力。

② 失稳的概念：压杆不能保持其直线平衡形态，变弯进而破坏的现象称为失稳(屈曲)。

③ 临界荷载的概念：使得压杆发生失稳的最小压力叫作临界荷载，用 p_{cr} 表示。

提问：压杆保持稳定的条件是什么？

答：$F_N < F_{cr}$。

(2) 压杆失稳的特征。

由于失稳的临界荷载远小于强度条件的许用荷载，因此，细长杆在强度失效之前就会发生稳定性失效，失稳易于发生。同时失稳的发生是突发性的，破坏性极强。因此，要尤其重视失稳现象。

(3) 工程中由于压杆失稳造成的事故：魁北克大桥坍塌、韩国汉城三丰百货倒塌的工程事故。韩国汉城三丰百货大楼死 502 人，伤 930 人，财产损失达 2.16 亿美元。

思政元素融入设计：

对个人来说，要做到内心的坚定，不要因为别人的一两句嘲讽或挫折、失败就失去理智，做出令人痛心的事情；锻炼强大坚定的内心，需要树立远大崇高的理想，信仰和爱是保持内心坚定的守护神。

对于国家，我国正处在中华民族伟大复兴的关键时期，面临复杂的国际环境和巨大的风险挑战，此时，保持国家的稳定、政权的稳定是重中之重，作为大学生，一定要坚定地做到“两个维护”。这是爱国最具体的表现。

(4) 工程师的职业道德。火箭之父冯·卡门曾说“科学家发现已有的世界，工程师创造从未有过的世界”。工程师是人类文明和幸福生活的创造者和建造者，工科专业的学生都应该以此为骄傲。工程所系，社会福祉，人民安康。

思政元素融入设计：树立工程师的社会责任感，强调工程师的职业道德和伦理。

加拿大魁北克大桥的惨痛事故：1907 年 8 月 29 日，加拿大魁北克大桥南端下弦杆发生稳定性破坏导致整个上部结构倾塌，仅仅 15 秒的时间，正在施工中的魁比克桥坍塌，桥上正在施工的 85 位工人全部死亡。库珀为了将魁北克大桥设计成具有划时代意义的桥梁，提升自己在设计界的声望，固执己见地将桥梁主跨由 487.7 米改成了 548.6 米，最后导致大桥垮塌、85 人死亡的惨痛事故。全世界工程师都应该以此为戒。后人用魁北克大桥的残骸做成“工程师之戒”以警示教育工程专业的毕业生。

通过工程事故实例教育学生：作为未来的工程师，要秉承实事求是、严谨认真的理性态度，承担起必要的社会责任。培养学生具备高尚的职业道德和良好的工程伦理意识。

课后阅读材料“工程师之戒”，并要求撰写读后感。

(5) 课后作业：① 做压杆稳定的虚拟仿真实验；② 拓展阅读“工程师之戒”并写读后感，提交到“雨课堂”。

(五) 教学反思

(1) 通过实例引入课程，使学生对短杆和长细杆的不同破坏形式有更直观的理解；并利用视频直观感受实验结果，使学生更直观地理解压杆稳定性这一概念，效果较好。

(2) 历史上，由于压杆失稳所造成的工程事故不胜枚举，应该引起学生的重视。通过介绍“魁北克大桥设计师由于自己的一己私欲导致惨痛的工程事故”这一工程案例，教育学生要有社会责任感。作为工程师，责任重大，每一个设计都要深思熟虑，经得起世人的嘱托，经得起时间的考验。

由于课堂时间有限，布置学生课后进行“工程师之戒”的拓展阅读并撰写读后感，是将课程思政的工作拓展到课外，落实到实处的举措，能在教学材料中以作业的形式得到体现；是课程思政如何进行量化评估和考核的一种探索。

(3) 将“两个维护”的重要思想融入教学中，同时使学生认识中国正面临的巨大挑战，认识到当代大学生的历史使命。

总之，在整个压杆稳定力学知识的教学中，有机地将职业道德教育、学生成长成才教育和党的“两个维护”的精神等思政元素融入其中，取得了较好的教书育人的效果。

四、课件

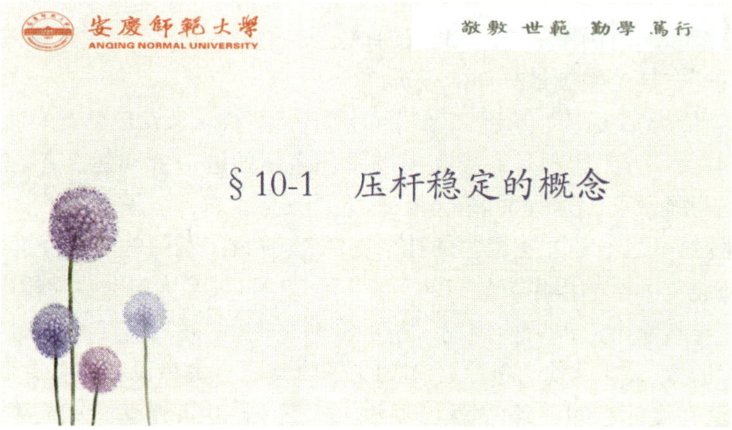

安慶師範大學
ANQING NORMAL UNIVERSITY
敬敷 世範 勤學 篤行
§ 10-1 压杆稳定的概念

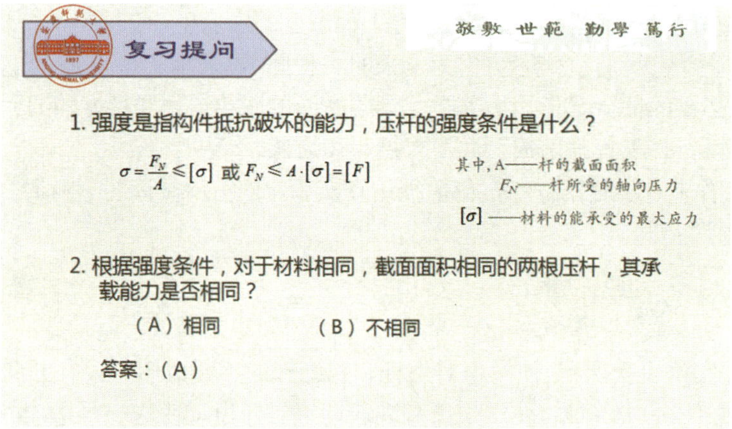

复习提问
敬敷 世範 勤學 篤行
1. 强度是指构件抵抗破坏的能力，压杆的强度条件是什么？
$\sigma=\frac{F_N}{A}\leqslant[\sigma]$ 或 $F_N\leqslant A\cdot[\sigma]=[F]$
其中，A——杆的截面面积
F_N——杆所受的轴向压力
$[\sigma]$——材料的能承受的最大应力
2. 根据强度条件，对于材料相同，截面面积相同的两根压杆，其承载能力是否相同？
（A）相同 （B）不相同
答案：（A）

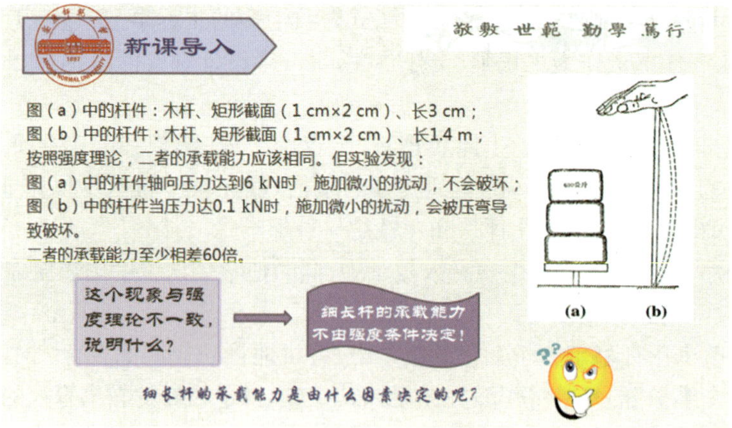

新课导入
敬敷 世範 勤學 篤行
图（a）中的杆件：木杆、矩形截面（1 cm×2 cm）、长3 cm；
图（b）中的杆件：木杆、矩形截面（1 cm×2 cm）、长1.4 m；
按照强度理论，二者的承载能力应该相同。但实验发现：
图（a）中的杆件轴向压力达到6 kN时，施加微小的扰动，不会破坏；
图（b）中的杆件当压力达0.1 kN时，施加微小的扰动，会被压弯导致破坏。
二者的承载能力至少相差60倍。
(a)
(b)
这个现象与强度理论不一致，说明什么？
细长杆的承载能力不由强度条件决定！
细长杆的承载能力是由什么因素决定的呢？

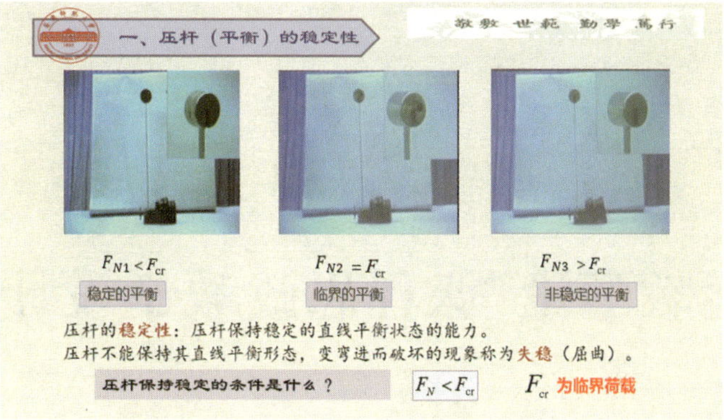
一、压杆（平衡）的稳定性
敬敷 世範 勤學 篤行
$F_{N1} < F_{cr}$
稳定的平衡
$F_{N2} = F_{cr}$
临界的平衡
$F_{N3} > F_{cr}$
非稳定的平衡
压杆的稳定性：压杆保持稳定的直线平衡状态的能力。
压杆不能保持其直线平衡形态，变弯进而破坏的现象称为失稳（屈曲）。
压杆保持稳定的条件是什么？
$F_N < F_{cr}$
F_{cr} 为临界荷载

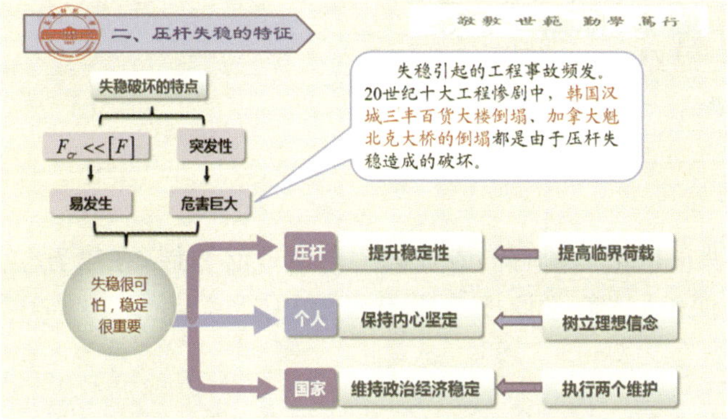
二、压杆失稳的特征
敬敷 世範 勤學 篤行
失稳破坏的特点
$F_{cr} << [F]$
突发性
易发生
危害巨大
失稳引起的工程事故频发。20世纪十大工程惨剧中，韩国汉城三丰百货大楼倒塌、加拿大魁北克大桥的倒塌都是由于压杆失稳造成的破坏。
失稳很可怕，稳定很重要
压杆
提升稳定性
提高临界荷载
个人
保持内心坚定
树立理想信念
国家
维持政治经济稳定
执行两个维护

三、压杆失稳造成的工程惨案
敬敷 世範 勤學 篤行
1907年8月29日，加拿大魁北克大桥南端下弦杆发生稳定性破坏导致整个上部结构倾塌，仅仅15秒的时间，正在施工中的魁比克桥坍塌，桥上正在施工的85位工人全部死亡。
施工中的魁比克大桥
坍塌后的魁比克大桥
库珀（魁比克大桥设计师）：为了将魁北克大桥设计成具有划时代意义的桥梁，提升自己在设计界的声望，固执己见地将桥梁主跨由487.7米改成了548.6米，最后导致惨痛事故的发生。全世界工程师都应该以此为戒。后人用魁北克大桥的残骸做成“工程师之戒”以警示教育工程专业的毕业生。

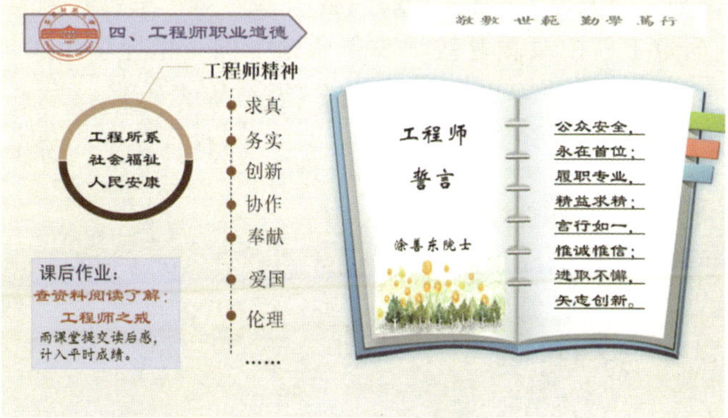
四、工程师职业道德
敬敷 世範 勤學 篤行
工程所系
社会福祉
人民安康
工程师精神
求真
务实
创新
协作
奉献
爱国
伦理
……
课后作业：
查资料阅读了解：
工程师之戒
雨课堂提交读后感，计入平时成绩。
工程师
誓言
涂善东院士
公众安全，
永在首位；
履职专业，
精益求精；
言行如一，
惟诚惟信；
进取不懈，
矢志创新。

“化学教学论”课程思政教学设计案例

一、课程简介

1. 课程性质

化学教学论课程是化学(师范)专业的一门专业必修课,在第五学期开设,共34学时,2学分。先修课程为教育学原理、无机化学等。

2. 课程内容

《化学教学论》(第5版)是由刘知新先生编写的。该教材内容系统、教学思路清晰、实践案例前沿,作为教师教育系列课程教材,是国内师范院校使用比较广泛的教材之一。主要内容包括以下7个部分:化学课程的编制和变革、化学教材设计及内容建构、化学教学设计与教学方法、化学教学技能、化学实验教学研究、化学学习策略、信息化教学技术和化学教师专业发展。

该课程将立德树人的理念融入师范专业成长过程中,同时革新师范教学理念、强化教学实践能力、提高专业素养水平,以期在师范生的职前培养阶段打造出有志、有识、有为、有德的时代新青年。

3. 授课教师

崔凯,硕士,讲师。研究方向为化学教育、教师教育等。主持安徽省社会科学创新发展研究课题1项、质量工程校级教育教学改革课题1项。指导学生参加长三角、全国师范生教育技能竞赛等国家A类赛事,获二等奖2项、三等奖3项。

二、课程思政资源分析

(一) 课程思政建设目标

教育是国之大计、党之大计,教师是立教之本、兴教之源。高等师范教育作为基础教育改革发展的前沿阵地，发挥着举足轻重的作用。在教学实践中融入思政元素，确立"一个基点，三个维度"的思政目标框架。"一个基点"即课程建设和实践教学要围绕塑造学生核心价值观念而展开。"三个维度"包括：坚信中国道路，涵养民族精神；弘扬师范教育精神，根植教师职业情怀；培育科学创新思维，紧跟时代前沿发展。

以立德树人为主线，用红色资源育人。通过挖掘化学教学中的红色案例，加强铸牢中华民族共同体意识教育、爱国主义教育、公民道德等教育，指导化学师范生在提升职业素养和价值认知的同时，厘清化学学科的知识逻辑、政策设计和实践改革，将学生的成长与国家需求紧密结合，用高师育人赋能行业社会发展。

思政目标 1：坚信中国道路，涵养民族精神。关注中国基础教育在理论和实践层面所取得的巨大成就，认同国家治理现代化的进程与成果，引导学生关注教育科研前沿的同时提升民族自豪感。以马克思主义理论为指导，引领学生对基础教育思想政治的认知，传承中华优秀传统文化，增强学生对社会主义道路发展的高度理解和为祖国奋斗终身的价值认知。

思政目标 2：弘扬师范教育精神，根植教师职业情怀。构建具有包容性的教学课堂，关注教师职业思想形成，激发教师教育热情，培养师范教育精神，进而根植从教信念、执教情怀。在科学系统、循序渐进、长期实践的教学实践中，为未来培养一支高素质的基础教育师范教师队伍。

思政目标 3：培育科学创新思维，紧跟时代前沿发展。科学创新思维是学科教学的终端目标。首先，课程实践中，深入分析基础教育阶段化学学科的基本规律和现实意义，提高学生对学科认知发展的科学理解；其次，让化学学科的理论知识与实践建立在科学前沿理论的基础之上，拓宽专业领域内的学习视野，做到思想、行动和前沿科学、时代发展同行同进。

（二）课程思政融入方式

以新时代中国特色教育理论为指导，深入贯彻习近平总书记关于教育的重要论述。在化学教学论课程实践中，坚持将立德树人的根本任务落实到教学基本环节中，通过教学实现对学生进行理想信念、爱岗敬业和科学精神的素养培育，主要用到的思政元素融入方式有教学渗透、案例分析、课堂讨论、课后拓展等。

（1）教学渗透。本课程注重知识的讲授与问题解决紧密结合，摒弃知识的灌输性，而采用知识的生成性，鼓励学生课堂参与。例如"氮及其化合物"的章节教学设计中，在问题驱动下引导学生自行设计问题解决方案，进而讨论归纳该项目方案所涉及的化学理论知识，最后在教师总结中完成对学生绿色化学理念和学科专业知识的构建，进而实现化学课程与思政内容的协同发展。

（2）案例示范。化学教学论课程非常注重理论和实践的有机结合，而师范生的教学实践会受到时间、地域、教学资源等多方面条件限制。教学案例示范，是学生通过具体教学情境获得理论、实践经验的主要路径。通过案例选择、案例挖掘、案例升华等过程强化学生的专业能力和综合素质，加强案例教学对学生科学精神和价值观念的培养，为肩负起时代赋予教师的使命奠定能力基础。

（3）课堂讨论。培养学生在生活情境中解决实际问题的关键能力，是基础教育阶段化学学科的核心育人目标。在教学实践中设置课堂讨论环节，可以充分尊重学生的主体性，引导学生辩证性地去思考问题。同时，将思政理念融入其中，引导学生关注教学主题背后的价值取向，引导学生继承发扬中华民族传统美德。

三、教学案例展示

（一）教学目标

1. 情感态度与价值观目标

（1）通过优秀事例和卓越人物的介绍，培养学生民族自豪感和家国情怀。

（2）通过介绍情景教学法的实际运用，让学生了解师范生在基础教育阶段中担任的艰巨任务和神圣职责。

2. 知识与技能目标

（1）通过教学情境的概念学习，让学生理解化学教学情境的含义和作用；

（2）通过创设教学情境的方法介绍，让学生了解新课程背景下化学教学情境设计的意义。

3. 过程与方法目标

（1）通过创设问题情境，提升学生解决实际、复杂问题的能力，在最近发展区对新知识进行同化、顺应。

（2）通过分组讨论和课后探究，建立学生的主体学习地位，培育热爱探索、勇于实践的创新精神。

（二）教学重难点

教学重点：情知互促教学模式的概念，情知互促教学模式的理论基础。

教学难点：化学情境教学的方法和作用，化学情境教学的评价体系。

（三）教学方法、教学资源

教法：混合式教学法、案例分析法、问题引导法。

学法：小组讨论法、探究学习法。

教学资源：

（1）江家发. 化学教学设计论[M]. 济南：山东教育出版社，2004.

（2）加涅. 学习的条件和教学论[M]. 皮连生，等译. 上海：华东师范大学出版社，1999.

（3）加涅，布里克斯，韦杰. 教学设计原理[M]. 皮连生，等译. 上海：华东师范大学出版社,1999.
(4) 姜建文,等.化学教学设计与案例研讨[M].北京:化学工业出版社,2012.
(5) 裴新宁.化学课程与教学论[M].杭州:浙江教育出版社,2003.
(6) 中国大学 MOOC. https://www.icourse163.org/course/HENANNU-1001796020.

(四) 教学过程

教学环节一:新课导入

神奇浩渺的化学世界,万千变化的社会生活,无论是原子、细胞还是生物个体,每个人都不是孤立存在的,它或他都在与周围的物质进行着物质、信息以及情感的传递。著名传播学家维拉米安的情感传递公式,将社交中个体之间信息传递规律进行了阐解。在媒介高速发展的今天,学生们越来越热衷于情感的传递,如何将情感的交流融入化学课程教学中,是我们每一个化学师范生都要深度思考和努力践行的。

思政元素融入设计:通过社会现象引入课程核心内容,让学生知道个体之于社会的作用和责任,社会的发展依靠个体的协同合作。激发学生之间的合作探究、互帮互助的团队精神,同时强化学生社会责任等关键素养。

教学环节二:新课讲解

(1) 认知激发情感。袁隆平老师热爱祖国、一心为民、造福人类的崇高品德,与中国共产党肝胆相照、同心同德的思想风范,与时俱进、勇攀高峰的创新精神,不畏艰险、执着追求的坚强意志,严于律己、淡泊名利的高尚情操,是当代中国人学习的楷模,更是新世纪呼唤的时代精神。他虽然离我们而去了,但永远活在中国人民心中,永远活在人们记忆里。

思政元素融入设计:英雄事迹的案例可以很好起到德育模范的作用。袁隆平的案例对培养学生科学态度和社会责任的核心素养有着突出的帮助。习近平总书记 2021 年在考察清华大学时对青年人的要求,“要锤炼品德,自觉树立和践行社会主义核心价值观”。袁隆平的典型案例,可以帮助学生深刻理解教师信念的时代意义,进而脚踏实地,自觉践行社会主义核心价值观。

(2) 认知促进情感。情感是我们对外界事物的反应,但同时,认知也可以促进情感的发生。通过雨课堂进行师生互动,调查学生们最喜爱的学科,并分析原因。在中学阶段有着这样一些教学经验,很多成绩优秀的学生由于对学科知识的深度理解和浓厚兴趣,会自始至终保持着较好的学习状态。同时,当教师采用多样化的教学手段让学生用多种表征手段了解学科的知识和规律的时候,学生们会表现出更加浓厚的兴趣。深究缘由,在教育心理学层面中,这就是认知对化学学习情感的促进作用。

思政元素融入设计:体现事物发展的规律,教学过程不是一成不变,而是不断动态变化的,学生对学科的情感态度会伴随着对学科的理解而发生变化。同时,对教师而言,运用多样化的信息技术、数字化技术,将学科内容的不同面全面地展现在学生面前,可以一定程度激发学生的学习兴趣,并形成动态变化的良性循环。

(3) 情境教学法的案例设计。基于“我是化学家”的项目,让学生主动分析化工厂废气废水排放的检测单，分析有毒有害物质，并通过雨课堂提出项目解决方案。不同小组分别给出了重金属离子超标、硫化物排放超标和氮氧化物排放超标的问题，并分别给出了解决方案。通过评价项目方案，引入课程理论内容的学习和核心素养的落地。

思政元素融入设计：从传统的“学生”到“化学家”的角色转变，项目式探究教育不仅可以聚焦问题，还能引导学生批判性思维的养成。同时，培养学生绿色化学观念和环境安全意识，为化学师范生未来的职业规划点亮了一盏路灯。

教学环节三：情感升华

习近平总书记在党的十九大报告中指出：坚持人与自然和谐共生，必须树立和践行绿水青山就是金山银山的理念，坚持节约资源和保护环境的基本国策。百年来我国取得的伟大成就远远不止抗疫、环保这些大事，脱贫攻坚也取得了全面胜利，在未来，每一位同学，我们都要为实现第二个百年奋斗目标而奋斗终身。

思政元素融入设计：增强理想信念，坚信中国道路，关注中国道路在理论和实践层面所取得的巨大成就，提升民族自豪感，培养出走出中国、走向世界，讲出中国故事、发出中国声音的新时代青年。

教学环节四：课程小结

当前教育改革的时代背景下，良好的情景创设对教育教学效果有着很大的促进作用，但同时也面临着一些实际问题，比如教学评价工作不易展开，对教师综合能力要求提升。化学师范生是基础教育的先行者，我们要学好扎实理论，丰富实践经验，不断解决教学设计过程中的各种问题，持续完善基础教育教学设计系统，培养出优秀卓越的新时代化学师范生。

思政元素融入设计：提升化学师范生的问题意识，加深对化学基础教育的社会价值认知，增强师范生对教育事业的职业认同和教学使命感，激发学生投身教育事业的高昂热情。

（五）教学反思

习近平总书记在2018年北京大学师生座谈会上的讲话指出，教育学生要学会运用马克思主义立场观点观察世界、分析世界，真正搞懂面临的时代课题，深刻把握世界发展走向，认清中国和世界发展大势，为学生成长打下科学思想基础。

本课程在未来建设中，将进一步培养学生实事求是的科学精神，提升学生看待问题的洞察力和辩证思维能力，增强学生的文化自信。同时，课程教学的学习理念和教学手段都要不断革新、与时俱进。将枯燥的理论知识通过信息化技术以多媒介的形式展现出来，提高课堂教学效果。同时，思政元素和内容需要持续发掘、与时俱进，思政教学效果的提升需要理论知识的积淀和教学技能的持久磨砺。

教育工作从来都不是一朝一夕就可以完成的，它是需要长久的坚持和努力才能看见成效的，树立正确的育人目标，强调立德树人，将德育置于教育的首要位置。在各个学科课堂中渗透思政教育，开展课程思政，充分发掘不同学科的育人价值，实现各学科协同育人，是实现教育目标的必要途径。尽管现在对于课程思政的研究和实践还处于起步阶段，但在教育管理者、研究者和一线教师的不懈努力下，课程思政理念一定会逐渐成熟和完善，在课程育人方面发挥重要作用。

四、课件

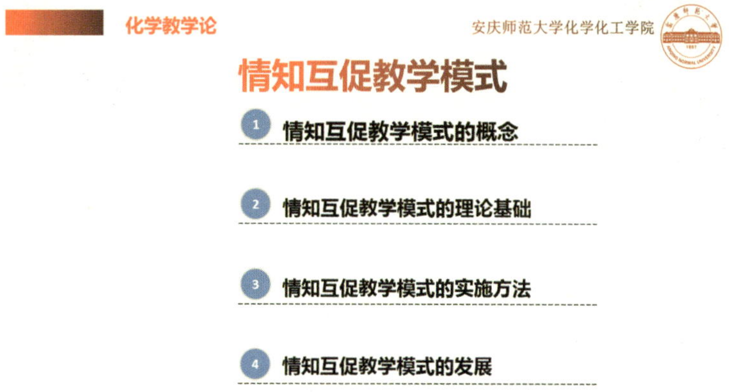

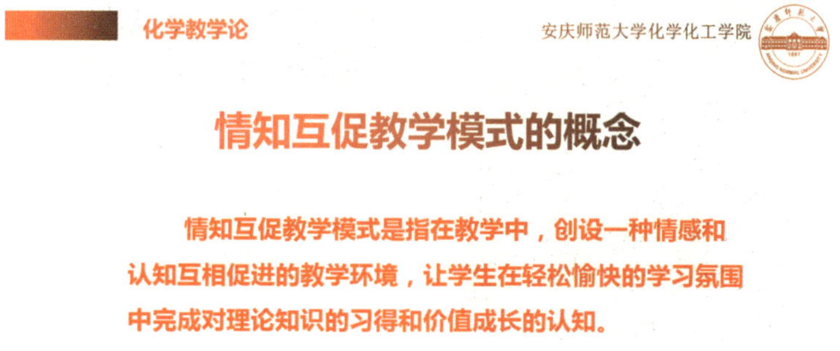

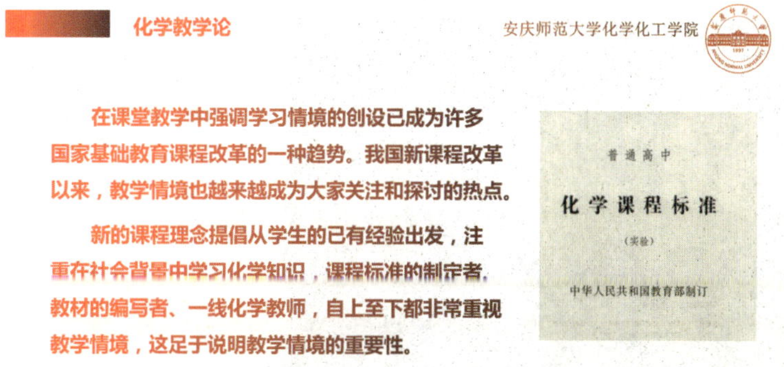

化学教学论　　安庆师范大学化学化工学院

情知互促的理论逻辑

认知 → 情感

激发情感

促进情感

化学教学论　　安庆师范大学化学化工学院

六七月是安江地区一年中最热的季节，袁隆平迎着酷暑，用最原始的方法在稻田里一株一株寻找，终于在1964年7月5日看到第6400个稻穗时，发现了一株天然雄性不育水稻。

化学教学论　　安庆师范大学化学化工学院

传承，是最好的纪念；奋进，是最高的致敬。同学们，让我们传承弘扬袁隆平的高贵品质，做新时代的祖国的建设者和追梦人。

化学教学论　　安庆师范大学化学化工学院

以讲授法为主的实验，
传统的符号、现象表征

基于手持技术的数字化
实验，多重表征

化学教学论　　安庆师范大学化学化工学院

情知互促模式代表：情境教学法

李吉林老师

在教学过程中，教师通过创设优化的教学情境，促进学生主动、整体、和谐的发展。

化学教学论　　安庆师范大学化学化工学院

“氮及其化合物的化学性质”项目式教学设计

创设情境	体验情境	总结转化
发放工厂整改通知书，让各位小“工程师”们了解氮氧化物超标排放的现实问题	分组分享设计方案，共同参与讨论，营造问题探究的教学氛围	总结学科理论知识，感悟情感

在情境教学为基础，项目式教学为主线的教学实践中，充分培养学生**科学态度和社会责任**、**科学探究和创新意识**的核心素养。

两不愁　三保障

脱贫攻坚的阳光照耀到祖国大地点的每一个角落里

化学教学论

安庆师范大学化学化工学院

从学科和生活入手

利用认知矛盾创设情境

从学科和社会的结合点入手

利用史料创设情境

提出问题探究创设情境

化学教学论

安庆师范大学化学化工学院

C（焦炭）+ O_2 = CO_2

CO_2 + C = 2CO

Fe_2O_3 + 3CO = 2Fe + $3CO_2$

（反应条件全部为高温）

15世纪时，欧洲列强由于快速扩张，炼铁技术得到较快发展，然而一个问题不断困扰大家，如何降低CO的含量？

①威廉米发现，在时间间隔dt内，转化了的蔗糖量dM跟当时尚存的蔗糖量M成正比，即$-\mathrm{d}M/\mathrm{d}t=kM$（$k$为速率常数，与$M$无关）。

②贝特罗等人研究发现，酯类形成量和反应物质量成正比，与溶液质量成反比，并且皂化反应和酯化反应不能进行完全。

③直到1879年，古德贝格提出碰撞理论，人们才基本明白化学平衡是什么。

化学教学论　　安庆师范大学化学化工学院

情知互促教学模式的影响

教学评价工作不易开展：

1. 评价标准难量化。
2. 评价方法主观性强。

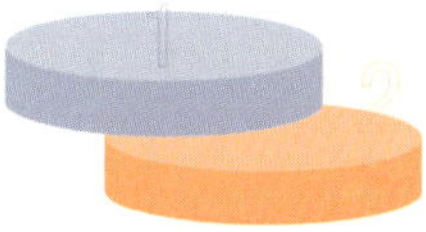

对教师的综合要求能力提升：

1. 开放性强。
2. 教学手段环节多样。

"旅游规划与开发"课程思政教学设计案例

一、课程简介

1. 课程性质

旅游规划与开发是普通高等学校旅游管理本科专业的一门必修课程、专业核心课程，安排在第四学期开设，共51学时，3学分。旅游规划与开发具有基础理论和基本技能相结合的学科特点，是旅游管理专业重要的学习方向之一。

2. 课程内容

课程内容包括三个方面：一是有关旅游规划与开发的概况，包括概念体系、理论基础与技术方法、回顾与展望；二是关于旅游规划与开发的具体技术知识，包括旅游资源的分类与评价、市场分析与营销、主题定位与功能分区、项目创意设计、服务体系规划、保障体系规划；三是图件制作、可行性分析。

3. 授课教师

沈惊宏，教授，博士，硕士生导师，主要研究方向为经济地理、城乡规划。主讲旅游规划与开发、旅游地理、旅游经济学等课程，主持省级社会实践课程项目"乡村'三生'空间设计与运营"、校级质量工程项目"应用型本科院校旅游管理专业现代学徒制与导师制耦合人才培养教学体系研究"。曾获本科教学工作审核评估"先进个人"称号、校思政课程教案二等奖等荣誉。

二、课程思政资源分析

(一) 课程思政建设目标

本课程通过理论讲解和具体设计实践过程，在做好规划与设计的同时，让学生了解中国悠久的历史、博大精深的文化，以及在国家推进乡村建设过程中良好的生态和乡村振兴对建设美丽中国的重要性。旅游规划与开发的产品要遵循市场经济，国民经济的建设对人民生活水平的提高至关重要；红色文化产品的设计能激励游客不忘初心，始终不渝，不忘革命先辈们的艰苦奋斗与牺牲精神等。

思政目标1:坚定文化自信。掌握文化挖掘的基本方法，建立文化自信。旅游规划与开发首先要求对旅游资源进行细致的调研，通过调研人文旅游资源，了解我国五千年悠久的历史文化以及建筑美学、民俗活动等，树立文化自信。

思政目标2:坚持道路自信。坚持市场导向策划旅游项目，是必须遵循的原则。通过市场分析，剖析市场空间方向和市场等级，使大家深刻体会到只有改革开放，才能富裕起来，从而构建起庞大的旅游市场群体。改革越是深入的地方，游客市场就越大，从而有助于树立社会主义道路自信。

思政目标3:坚持共同富裕。旅游规划中很多涉及乡村振兴的内容，发展旅游是乡村振兴的重要途径，是解决农民生产致富的有效手段。乡村旅游兴起使广大乡村改变了发展理念，农民成了新农民，乡村成了新乡村，乡村振兴是实现共同富裕的重要路径，理解人民富裕与对美好生活的追求，不忘初心。同时建立城乡融合理念，实现城乡协调发展与共同富裕。

思政目标4:坚持依法治国。旅游规划与设计必须遵循国土空间规范，国土空间规划明确了生态红线以及基本农田保有量的底线，任何规划都不可与此相抵触。只有坚守了国土空间的基本底线，才能保证我国粮食安全不受外国制约，才能保证有良好的生态，才能宜居。因而，依法治国是国家强盛的基本路径。

思政目标5:坚持爱国爱党。无数爱国人士和中国共产党历经百年奋斗，建立起了现在的美好家园。在我国广大土地上，有大量红色文化遗存，通过旅游发展，设计红色旅游主题产品，可以激起人们的苦难记忆，增强爱国爱党的情怀。旅游规划设计过程中需要运用一些当今的网络技术以及智慧旅游服务设计理念等，使学生能够体会中国科技日新月异的发展，从而为国家的发展心生自豪感。

(二) 课程思政融入方式

在旅游规划与开发课程教学中，通过理论与实践相结合，首先分析具体规划对象，然后运用规划理论知识和先进技术，通过实践案例最终把思政育人元素融入教学过程中。主要融入方式有知识背景渗透、实地感知、案例实践、课堂讨论等。

(1) 知识背景渗透。通过讲述红色革命简史，了解新民主主义革命的简要历程，主要是让同学们熟知几个重要历史事件时间点，了解红色文化资源在整个历史脉络中的时间节点以及其历史事件的来龙去脉，体会革命斗争的艰苦。

(2) 实地感知。利用周末时间，带领部分同学深入案例地，通过观察感知其环境以及发展现状，产生具象感知，使学生感受到革命精神必须得到传承，不忘初心，始终不渝，从而产生强烈的红色文化旅游产品设计欲望。

(3) 案例实践。通过案例设计，锻炼学生策划技能，一方面要琢磨文化资源怎样融入产品中；另外要思考产品的震撼力，使游客对这些旅游产品的体验产生共鸣，这些都需要设计者有深刻的文化感悟以及重视生态环境，无形中起到教育学生爱党、爱国，树立绿色生态理念。

(4) 课堂讨论。每种旅游产品和项目的设计都有多种方向，哪种更好？更能遵循市场规律，更能带来经济效益和社会效益，这些都需要群策群力。在这一讨论中，进一步加强学生对产品的文化和生态以及设计目标的理解。

三、教学案例展示

项目创意设计内容

项目创意设计是整个旅游规划设计中最重要的一环。首先要求师生对案例地资源熟悉，然后依据规划目标建立整套项目体系，并设想好怎样实施。同时又要考虑好案例地规划背景以及生态、生活与生产空间的协调。本次案例主要针对乡村振兴中的产业项目体系以及旅游项目设计，授课学时 2 学时。

(一) 教学目标

1. 情感态度与价值观目标

(1) 通过了解乡村振兴及国家发展大势，让学生感受到乡村发展、生态环境保护、依法治国、走共同富裕道路及城乡一体化的优越感，感受到中国特色社会主义优越性。

(2) 通过资源的梳理，让学生感受乡村文化的丰富多彩，从而树立文化自信。

(3) 通过了解案例地历史文化，重视红色文化旅游产品在现代社会的教育意义，使学生产生爱党爱国的热情。

2. 知识与技能目标

(1) 全面掌握项目规划设计的系统性。

(2) 掌握项目设计的重要与核心问题。

(3) 掌握文本设计的布局技巧及其美学构思。

3. 过程与方法目标

(1) 通过项目体系设计教学及学生复述，让学生熟悉规划的步骤。

(2) 通过学生设计实践，使其掌握规划设计的各种技巧，包括文本框架式设计技能。

(3) 通过批判性讨论项目设计成果，让学生进一步提升设计的语言技巧。

(二) 教学重难点

教学重点：项目设计系统性与逻辑性；文本空间设计美学。

教学难点：项目语言使用。

(三) 教学方法、教学资源

教法：混合式教学法、参与式教学法、讨论式教学法。

学法：自主学习法、协作学习法、讨论式学习法。

教学资源：

(1) 马勇.旅游规划与开发[M].4 版.北京：科学出版社，2018.

(2) 李辉.旅游规划与开发[M].2 版.北京：中国财富出版社，2015.

(3) 李益彬.旅游规划与开发[M].2 版.北京：西南财经大学出版社，2017.

(4) 陶慧.旅游规划与开发[M].2 版.北京：中国经济出版社，2020.

(5) 李晓琴.《旅游规划与开发》[M].2 版.北京：高等教育出版社，2021.

(6) 乡村规划建设网.http://www.rpds.cn/article.asp? m_id=92.

(7) 一诺农旅规划.http://www.1ngh.com/tank/show/3325.html.

(四) 教学过程

教学环节一：新课导入

通过线上平台资源，让学生了解规划设计的规划方向，如乡村旅游、休闲农业、田园综合体、特色小镇、农业园区、康养旅居、亲子研学、乡村振兴、景观建筑与文旅游乐等大致的设计思路，重点关注乡村振兴相关案例的设计思路及其文本书写的逻辑。

(1) 通过学生 PPT 展示的方式，讲述规划设计的基本要点，在新课引入前初步了解设计的相关知识。

(2) 简述并展示两个规划设计成功文本，让学生形成初步印象。

思政元素融入设计：锻炼学生的课前自学以及独立思考能力，培养团队协作精神。通过了解规划案例，让学生了解乡村规划设计市场的需求量，感受乡村建设蒸蒸日上的气象，感受党领导下美丽乡村建设的无比热情以及新农民的精神面貌。

教学环节二：新课讲解——项目设计知识梳理

知识点一：项目设计程序有哪些。

讨论：通过问题引导，让学生分组讨论，然后选取两组学生代表来讲述他们的理解。

解答：给予学生肯定，同时讲解其中应有的程序，即：

(1) 分析旅游地的环境。主要是通过各种方式收集资料，包括内部环境和外部环境的调查和研究。内部环境设计旅游地所占有的资源。外部环境分析则主要针对各类旅游项目的市场竞争环境和发展趋势。

(2) 分析旅游地资源特色。总结出不同旅游功能区的资源特色，以此作为各功能分区旅游项目或产业项目设计的基调。

(3) 项目的初步设想。项目构思是指人们将某种潜在的需要和欲望用功能性的语句来加以刻画和描述。这种初步构思可以自创，也可以借用其他旅游地的项目作为原型。但是，此时的构思只是策划的方向和概念，并未定型，也不一定具有可行性。

(4) 旅游项目构思的评价。借助目标市场需求调查及开发成本、收益的估算等方法对项目构思进行甄别，淘汰成功概率较小的项目构思。

(5) 旅游项目的设计。对认定为可行的项目构思进行更加深入和全面的设计。

(6) 项目策划书的撰写。这里主要涉及目录和内容，以及页面空间架构式布局。

思政元素融入设计：通过讨论、认可及解答，树立学生对问题自我见解的自信心。重视生态环境保护，树立依法治国理念、依法规划思想；重视原有文化生态，了解乡村文化以及红色文化，增强文化自信，不忘初心，努力建设社会主义现代化强国。

知识点二：项目体系如何构建。

讨论：分组讨论，以乡村振兴产业发展和一般旅游项目设计为例，通过大家平时对乡村休闲旅游的感性认知，思考项目体系如何构建。

解答：认可学生的讨论成果，解答一般旅游项目设计，应注重以下几个组成部分：核心项目、支撑项目和新业态、基础项目、服务支持项目；产业振兴规划方面要注重产业融合、"三生"空间的设计、产业主体、产业体系打造、产业重塑以及功能分区等。

思政元素融入设计：系统性是事物的普遍属性，无论是项目设计还是产业打造，都需要遵守其统一性。只有具备良好的组织性，做好分工，才能成功。需要在党和国家的系统组织领导下，所设计项目的各项功能才能完整实施。

知识点三：策划书编写注意哪些问题。

讨论：通过平台资源提供的策划文本解读，让学生讨论策划书撰写的主要事项。

解答：文字简明扼要，每个项目要分小项，如项目概述、项目设计、项目功能；另外需逻辑性强，时序合理，主题鲜明；尽量运用图表、照片、模型等工具全面展示项目设计的理念和内容，以及合理的逻辑性。

思政元素融入设计：项目撰写需要较高的文字组织能力以及系统的软件运用知识，完美的文本能够训练学生的逻辑思维能力，化繁为简，同时让人产生无限美感。

教学环节三：应用拓展

实践训练一：学生以自己熟悉的乡村为例，撰写一个简短的项目体系，并设计一个具体项目。

实践训练二：学生以自己熟悉的乡村为例，开展一个乡村振兴的产业规划概念性设计。整体设计思路不限，能够达到产业振兴的目的即可。

案例讲解：步骤一，就两个训练案例，选取四个学生，每个案例各请两个学生讲解自己的设计方案。老师逐一对此进行评论，在充分肯定的同时要指出其不足。

步骤二，以笔者设计的岳西县毛畈村的乡村旅游项目以及莲塘村的产业发展项目为本次讲解案例，进行详细讲解。

思政元素融入设计：结合自己对项目设计的初步设想，通过与老师案例比较，学生能总结经验和不足，并深深感受到设计的技巧以及知识的无限性，促使大家主动产生走进乡村、支持乡村建设的情怀。

教学环节四：课程小结

简要梳理本次授课知识内容，使学生熟悉规划设计的主要步骤，同时认识到规划设计是个长久的磨炼过程，需要在实践中增长知识，只有通过实践设计，才能熟悉设计技巧。只有通过长期的实践生活，才能了解广大的规划对象具有很多复杂的生产事项。各项目有不同的设计体系，需要在今后的实践中去熟悉。项目设计需要设计者有良好的文字功底，有审美意识，有产业发展知识，还需要及时跟进行业的发展趋势。

线下作业：通过理论讲解和案例分析，结合老师评析，完善本次课的两个案例设计，只需做一个项目设计，但项目体系要列举清楚。

思政元素融入设计：学而时习之，温故而知新。培养学生的学习总结能力，并反复练习，使学生更加深入地了解每一个知识点。

（五）教学反思

立德树人是高校课程教育重要的目标。把课程思政教育融入教学的每个环节，才能做到既教授学生知识和技能，又使学生沉浸在伟大的社会主义现代化建设中，担负起责任，在学习过程中时时充满着正能量。旅游规划设计是一门广泛接触社会的重要实践课程，需要对社会、文化、经济发展有着充分的了解。在这一过程中，让学生认识到我国社会发展取得伟大进步的根源正是来自于优越的社会制度以及五千年自强不息的文化底蕴，树立文化自信，将爱国、爱党、爱社会、爱人民永远铭记在心。

四、课件

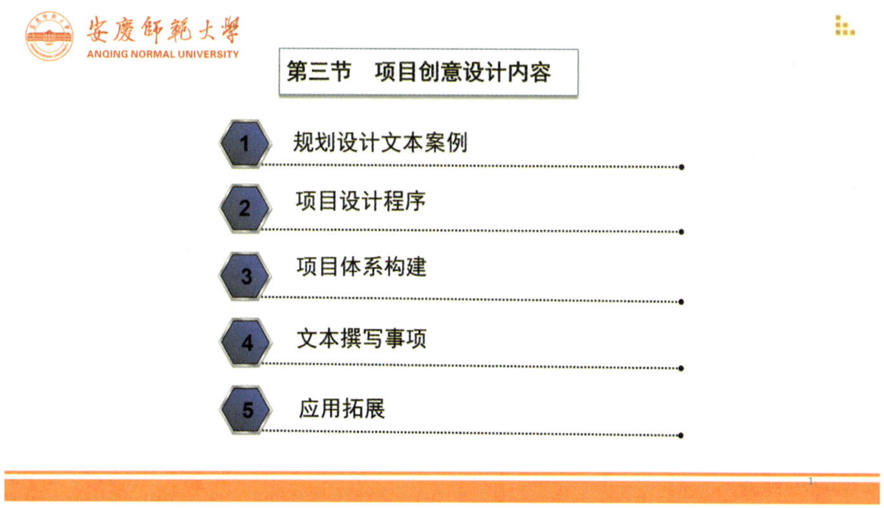

安慶師範大學
ANQING NORMAL UNIVERSITY
规划文本案例
菖蒲镇毛畈村旅游总体规划
（2017—2025）
安庆市旅游局
岳西县旅游局
菖蒲镇人民政府
毛畈村村民委员会
2017年12月

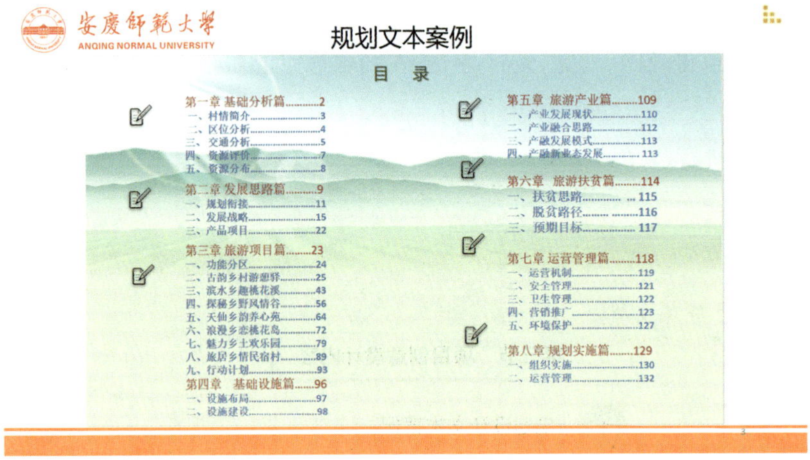
安慶師範大學
ANQING NORMAL UNIVERSITY
规划文本案例
目 录
第一章 基础分析篇……2
一、村情简介……3
二、区位分析……4
三、交通分析……5
四、资源评价……7
五、资源分布……8
第二章 发展思路篇……9
一、规划衔接……11
二、发展战略……15
三、产品项目……22
第三章 旅游项目篇……23
一、功能分区……24
二、古韵乡村游憩驿……25
三、滨水乡趣桃花溪……43
四、探秘乡野风情谷……56
五、天仙乡韵养心苑……64
六、浪漫乡恋桃花岛……72
七、魅力乡土欢乐园……79
八、旅居乡情民宿村……89
九、行动计划……93
第四章 基础设施篇……96
一、设施布局……97
二、设施建设……98
第五章 旅游产业篇……109
一、产业发展现状……110
二、产业融合思路……112
三、产融发展模式……113
四、产融新业态发展……113
第六章 旅游扶贫篇……114
一、扶贫思路……115
二、脱贫路径……116
三、预期目标……117
第七章 运营管理篇……118
一、运营机制……119
二、安全管理……121
三、卫生管理……122
四、营销推广……123
五、环境保护……127
第八章 规划实施篇……129
一、组织实施……130
二、运营管理……132

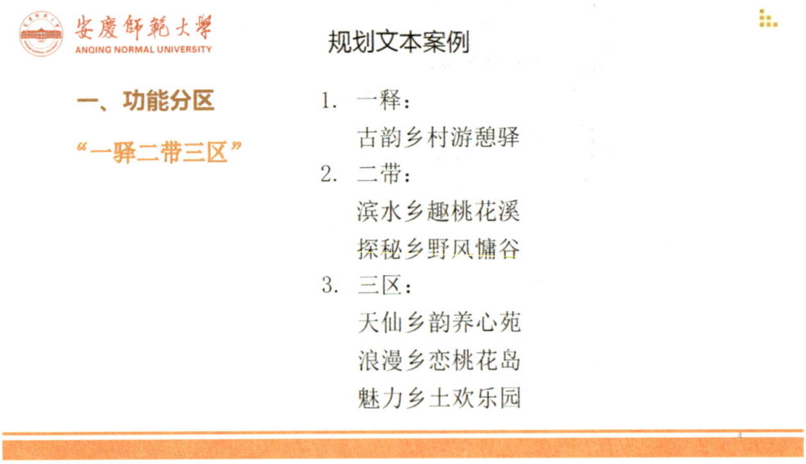
安慶師範大學
ANQING NORMAL UNIVERSITY
规划文本案例
一、功能分区
“一驿二带三区”
1. 一驿：
古韵乡村游憩驿
2. 二带：
滨水乡趣桃花溪
探秘乡野风慵谷
3. 三区：
天仙乡韵养心苑
浪漫乡恋桃花岛
魅力乡土欢乐园

安庆师范大学
ANQING NORMAL UNIVERSITY

项目设计程序

分析旅游地的环境，主要是通过各种方式收集资料

分析旅游地资源特色，总结出不同旅游功能区的资源特色，以此作为各功能分区旅游项目或产业项目设计的基调。

项目的初步设想

旅游项目构思的评价

旅游项目的设计

思政元素

通过讨论、认可及解答，树立学生对问题的自我见解自信。重视生态环境，树立依法治国理念，依法规划思想；重视原有文化生态，了解乡村文化以及红色文化，增强文化自信，不忘初心，努力建设社会主义强国。

安庆师范大学
ANQING NORMAL UNIVERSITY

项目体系构建

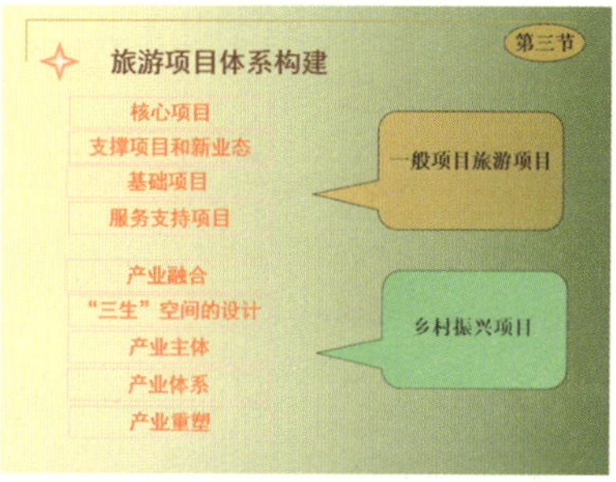

思政元素

系统性是事物普遍属性，不论是项目设计还是产业打造上都需要遵守其统一性。只有具备良好的组织性，做好分工，才能成功。需要在党和国家的系统组织领导下，设计的各项目的各项功能才能完整实施。

安庆师范大学
ANQING NORMAL UNIVERSITY

文本撰写事项

文字简明扼要，撰写每个项目要分小项，如项目概述、项目设计、项目功能。

需逻辑性强，时序合理，主题鲜明。

尽量运用图表、照片、模型等工具，全面展示项目设计的理念和内容以及强烈的逻辑性

思政元素

项目撰写需要较高的文字组织能力以及系统的软件运用知识，完美的文本能够训练学生的逻辑思维能力，并化繁为简同时让人产生无限美感。

安慶師範大學
ANQING NORMAL UNIVERSITY

拓展训练

实践训练一：学生以自己熟悉的乡村为例，写一个简短的项目体系，并设计一个具体项目。

实践训练二：学生以自己熟悉的乡村为例，写一个乡村振兴的产业规划概念性设计。整体设计思路不限，能够达到产业振兴的目的即可。

案例讲解：

步骤一，就两个训练案例，选取四个学生，每个案例请两个学生讲解自己的设计方案。老师逐一对此进行评论，在充分肯定的同时要指正其不足。

步骤二，以自己设计的岳西县毛畈村的乡村旅游项目以及莲塘村的产业发展项目为本次讲解案例，进行详细讲解。

思政元素

结合自己对项目设计的初步设想，通过比较老师的案例，学生能总结经验和不足，让学生深深感受到设计的技巧以及知识无限性，促使他们产生主动走进乡村支持乡村建设的情怀。

拓展训练

04

行动

一、体系建构

二、行动路径

三、产业切入

四、产业重塑

五、功能分区

一、体系建构

依照莲塘发展基础，围绕三大发展定位

六大振兴体系

运营管理
决定成败的关键，好的运营团队，给产业发展带来强大活力。

美丽乡居
是乡村发展的灵魂，不仅是村貌房舍秀美，这里也包含文明乡风。

产业发展
产业发展是整个乡村振兴的支撑大梁，是乡村振兴的核心。

服务提升
牵涉产业服务、社区服务理念，以及建立数字化平台，另外包含人文态度。

生态修复
莲塘的生态修复亟待实施，是实施美丽乡居、打造文旅经济的关键手段。

基础设施
包括资源路、产业路、旅游路等重要基础设施，是乡村振兴的一切基础。

二、行动路径

“十大计划，五步推进”+“五位一体”构建莲塘村发展路径

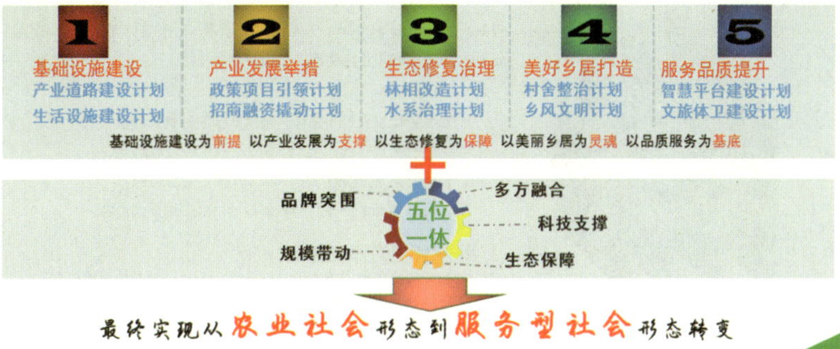

三、产业切入

乡村振兴是系统工程，纷繁复杂，千头万绪

莲塘振兴路径从产业切入的解说

理由1：经济是一切发展的基础，经济发展是莲塘村的出发点

理由2：产业发展是经济建设的载体

从产业建设作为切入点，核心是产业的规模化。
因为规模集聚能形成价值链、产业链和衍生链，易铸成品牌。

围绕产业因势利导，首先基础设施要升级，以农业产业为先导，同时带动现代新业态，促进农产品加工业发展。

四、产业重塑

多年来，我们兴奋过、低沉过、彷徨过、就这样走过了一程又一程

那么

理清产业发展的四个问题

问题1：我们的发展是否空间混沌，盲目无序？

问题2：到底哪一类人在发展产业？

问题3：我们有什么前景产业？新时代还能发展哪些产业？

问题4：怎样把产业做大做强？

四、产业重塑

在于四重产业角色重塑

总解

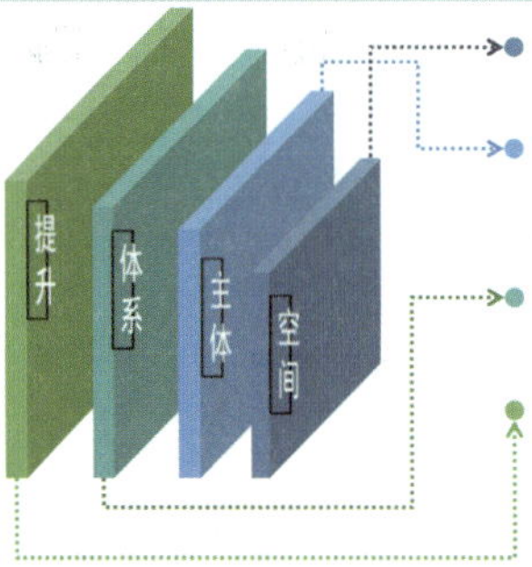

乡村空间重塑

生产空间、生活空间、生态空间

产业主体重塑

壮大新型农业经济主体、发展新型农村集体经济、扶助小农业生产主

产业体系重塑

壮大特色优势产业、发掘新价值产业、培育新业态

产业提升要素重塑

强化科技支撑、培育农产品品牌、加强生态保护与修复、推进多方融合、坚持规模带动

四、产业重塑 乡村空间重塑

打造三种空间

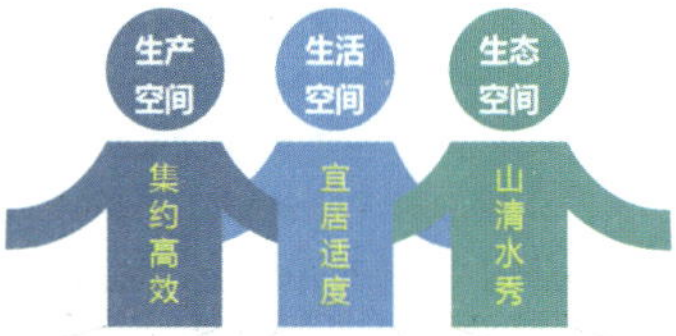

土地利用图

生态红线区

耕地、林地、园地、庭院

划定山下和山上谷地带为生产保护区和特色农产品优势区，山下和党群服务中心以北地区规模种植高附加值经济产业，在绣球和夏湾规模扩建珍禽养殖基地，在生态红线区外规模扩大茶园面积，合理规划农业产业园、科技园、农产品加工园、仓储物流基地。

生活圈、服务圈、商业圈

自然组房舍庭院整修美化，增加主干道照明，道路扩宽绿化，供水、燃气、5G通信入户普及，建设污水处理设施、垃圾分类桶全覆盖，增强图书室、活动室、广场、卫生室、托儿所、智慧社区功能。

山水林田

对被破坏的山体进行修复与保护，对生态红线区和生态修复区实施部分进行林相改造，在适宜林发展林下经济，根据土质情况种植菌类、药材（桔梗、百合、板蓝根），修整黄岭水库，美化周围环境；对双桥上下游河道治理美化。

四、产业重塑 产业主体重塑

组建三类产业经营主体

引进新型农业主体

多种形式引进农林产业化龙头企业，灵活性多方式地村集体和农户入股。协同社会资本产业发展项目，规模化经营，建立现代企业制度，形成互惠共赢的产业共同体。

组建新型农村经济集体

推进农村集体产权制度改革，推动资源变资产、资金变股金、农民变股东，发展多种形式的股份合作。完善农民对集体资产股份的占有、收益、有偿退出及抵押、担保、继承等权能和管理办法。规模种养特色优势产业，生姜、茶叶以及适宜的林下经济作物，发展优质品种业。

家庭小农户

鼓励小农户利用自留地种养经济作物，如桑、茶、生姜、珍禽等，美化庭院，发展庭院经济、休闲农业、民宿。改善小农户生产设施条件，提高个体农户抵御自然风险能力。发展多样化的联合与合作，提升小农户组织化程度。鼓励新型经营主体与小农户建立契约型、股权型利益联结机制，带动小农户专业化生产，提高小农户自我发展能力。

四、产业重塑 产业体系重塑

衍生新功能产业-休闲旅游

通过改造林相，改善生态视觉，提升莲塘生态景观。发掘农业农村的生态涵养、休闲观光、文化体验、农业科普、健康养老、健康运动等多种功能和多重价值。鼓励农民开展民宿、餐饮、蔬果采摘、农事体验。整修道观，扩充吴氏祠堂国学功能，选择合适地址，建设烈士纪念园，开展红色旅游、文化研学。建设健康步道，开展登高赛事活动，建设农产品展销中心，开展特色农产品展销会。利用有利地形，建设网红吊桥等。

壮大特色优势产业-农产业

根据土壤元素含量，加大科技支撑，甄别生姜、香榧、茶叶、蚕桑等产业，规模化经营2-3种优势产业，可以灵活利用适宜林下经济加以匹配。

培育新业态-农村电商

以农产品加工园建设为基础，鼓励农民共返乡和大学生返乡，利用闲置房屋，大力发展有机农产品电商产业。发展农超、农社、农企、农校等产销对接的新型流通业态。

一三产促二产-农产品加工业

推动初加工、精深加工、综合利用加工和主食加工协调发展，实现农产品多层次、多环节转化增值。在山下利用建设用地，利用农业产业园等以及打造农产品供应链，建设农产品加工园，辅以家庭作坊多种形式。

发展四大产业体系

四、产业重塑 产业提升要素重塑

推进多方融合

包括城乡融合、三次产业融合、人才、技术、资本、科技等要素的融合。

强化科技支撑

与林业、农业、食品等行业研究所、高校合作，实施农技推广服务聘任措施，加强优良品种培育技术和种植养殖技术、污水处理、化肥农业减量增效，减少生物、天气灾害，增大产量和提高品质。

培育农产品品牌

打造优势绿色有机农产品、电商品牌，做好品牌宣传推介，借助农产品博览会、展销会等渠道，充分利用电商、“互联网+”等新兴手段，加强品牌市场营销。

加强生态保护与修复

山体林草绿色生态、水域生态是莲塘发展的保障，是四大产业发展的后盾。

坚持规模带动

莲塘产业四大产业都始终坚持扩大规模，减少成本，带动效益增长，也是形成品牌的前提。

艺 体 篇

“中国民族音乐”课程思政教学设计案例

一、课程简介

1. 课程性质

中国民族音乐是黄梅剧艺术学院(黄梅表演)专业的一门选修课,对全面提高学生的知识素养与能力素养具有重要作用。该课程于大学本科第五学期开设,共 34 学时,2 学分。

2. 课程内容

中国民族音乐是一门介绍中国各个民族音乐的课程,旨在让学生了解和欣赏中国各个民族的音乐艺术,包括音乐形式、音乐风格、民族乐器、演奏技巧、音乐传统等。通常包括以下内容:民族音乐概述、乐器和演奏技巧、音乐形式和风格、音乐传统和仪式、音乐与文化、民族音乐的保护与传承等。

3. 授课教师

汪学玉,硕士,助教,主要研究方向为作曲技术理论。主讲中国民族音乐、配器法、和声、曲式、乐理与视唱练耳等课程。2023 年获安庆师范大学智慧教学大赛二等奖、安徽省本科师范院校教师智慧教学大赛三等奖,2022 年获衡阳师范学院课程思政教学大赛二等奖。

二、课程思政资源分析

(一) 课程思政建设目标

本课程旨在引导学生掌握中国民族音乐的内容和思想,发现中国民族音乐内容和思想的形成与某地理区域于某一时间段内的民族精神、方言语种、经济生产、人文历史、风俗习惯等有关。在课程思政的背景下,本课程对教学内容予以甄别筛选,通盘考虑其背后的各种现象，对不同类型民族音乐的产生和发展进行溯源归纳，由此向学生传达中华民族的优秀传统文化和深厚的艺术内涵，增强学生对民族文化认同感和民族文化自信。

思政目标1：培养学生的爱国热情。把爱国、爱民族、爱传统文化的观念默默融进于教学课堂。学习中国民族音乐课程，引导学生自觉学习、传承、发扬我国的优秀传统音乐文化，增强文化自信，以艺术魅力引导民族精神的前进方向。

思政目标2：引导学生形成正确的审美价值。中国民族音乐教育能提升个体审美价值，通过聆听、学唱具有代表性、正能量、有意义的民族歌曲，培养学生良好的审美能力和审美趣味，培养和引导学生形成正确的审美观和价值观。本课程追求"天人合一""中正平和"，通过展现美的意境、韵味和内涵熏陶个体，提高学生的审美创造力和鉴别力，引导其追求真善美。

思政目标3：鼓励学生大胆创作，再度创新。在学会、学熟本课程的基础上，鼓励学生充分发挥主观能动性，将课堂中学习到的民族乐曲，通过融合其他相关元素进行二次创作。旨在通过此种方式，引导学生思考，作为新一代的年轻人，如何才能更好将优秀的民族音乐文化进行传承发扬下去，如何才能让更多不同群体、不同阶层、不同国家的人们能够接触到中华民族的优秀音乐。

（二）课程思政融入方式

本课程思政融入方式主要有教学渗透、案例分析、故事分享、课堂讨论、拓展阅读和课堂展示等方式。

（1）教学渗透。通过学习中国特色民族歌曲和各种类型的器乐、舞蹈、戏曲音乐等，了解、传承和弘扬中华优秀的民族音乐文化，体会中国民族音乐的多样性与独特魅力，使学生更加热爱中国民族音乐。

（2）案例分析。通过分析具体案例，引导学生对具体歌曲进行旋律演唱、方言代入、结构分析等内容，将民族音乐文化努力根植于学生内心，体会中国民族音乐作品的独特韵律。

（3）课堂展示。考虑到黄梅戏专业学生的专业特性，在课堂上对原民族音乐进行创新发扬方面，引导鼓励学生大胆融入一定的地方戏曲元素（包括旋律、伴奏、方言等），进行二度创作，逐渐完善并以特定音乐表演会的形式展现。

三、教学案例展示

放牧山歌

本节课在了解放牧山歌的特征基础上，进行深入讲解，对放牧山歌的经典曲目《对鸟》，介绍其产生地区、演唱风格及语言特点，教唱主要音乐片段并进行改编。

本次案例主要针对放牧山歌中的《对鸟》曲目开展设计。

（一）教学目标

1. 知识与技能目标

（1）通过经典曲目的地区风格及演唱环境讲解，让学生能区分不同环境中放牧山歌的特点。

（2）通过教唱经典曲目，达到学生会演唱放牧山歌，并能吸收内涵进行自主创编。

2. 过程与方法目标

（1）通过对比不同的图片、音频，引导学生自主思考其中的异同。

（2）通过现场讨论和课堂互动，掌握《对鸟》山歌的基本演唱方式和演唱效果，代入具体方言与具体情境，达到最优化感受。

3. 情感态度与价值观目标

（1）通过讲解放牧山歌，让学生认识中国民族音乐文化的独特价值。

（2）通过教唱歌曲、创编音乐片段等环节，让学生增强文化自信、学习和弘扬中国优秀民族音乐文化。

（二）教学重难点

教学重点：放牧山歌的基本特征与地域风格。

教学难点：《对鸟》民歌的方言代入式演唱及新内容创编。

（三）教学方法、教学资源

教法：混合式教学法、参与式教学法、探究式教学法。

学法：自主学习法、协作学习法、探究学习法。

教学资源：

（1）伍国栋．中国民族音乐[M]．2 版．南京：南京师范大学出版社，2018.

（2）周青青．中国民歌[M]．2 版．北京：人民音乐出版社，2012.

（3）蒋青著．中国戏曲音乐[M]．2 版．福州：福建教育出版社，2010.

（4）学习通平台课程门户．https://mooc1-1.chaoxing.com/course-ans/courseportal/237827850.html? t=1697016980697.

（5）安庆师范大学网络教学平台“中国民族音乐”．https://mooc1.chaoxing.com/course/228200776.html? edit=false&artic leId=323279893.

（四）教学过程

教学环节一：新课导入

（1）观看黄梅戏经典唱段《对花》。

思考：《对花》的演唱方式、歌曲风格、歌词意义等。（以现场提问方式实现）

引入:《对花》的二人对唱模式与问答式歌词特点,与本节课重点学习的放牧山歌《对鸟》有异曲同工之妙。

思政元素融入设计:通过观看经典黄梅戏曲目《对花》,一方面引出黄梅戏专业学生上课的兴趣,另一方面将黄梅戏进行传唱,体现出中国优秀民族戏曲文化的特色。

教学环节二:新课讲解

(1) 放牧山歌的基本特征。展示放马、放牛羊的图片,引导学生区分不同环境,得出放牧山歌的产生环境存在南方、北方之差异。(以现场提问方式实现)

(2) 聆听相关音频(图1),引导学生判断歌曲是什么类型的放牧山歌、具有什么样的特征、依据是什么。(以学习通讨论环节实现)总结学生回答,梳理讲解放牧山歌之特点。

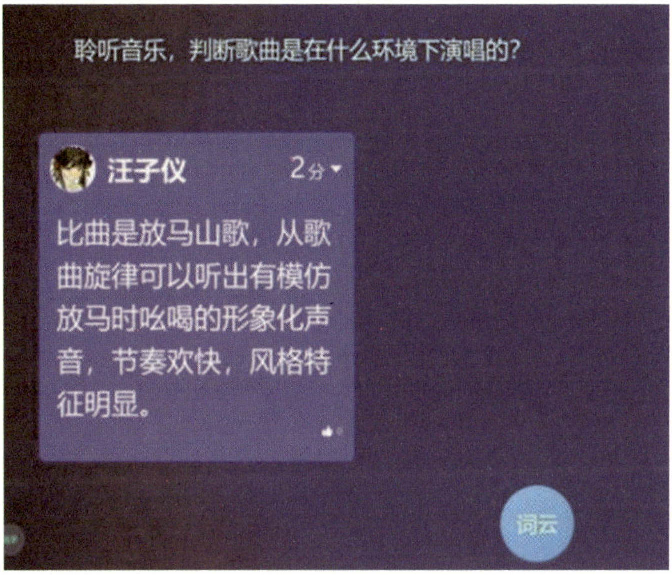

图1　课堂讨论

(3) 放牧山歌《对鸟》的讲解与教唱。

分别从《对鸟》的产生地区、演唱环境、歌曲结构以及方言代入四个环节进行讲解,采用讲授式与提问式相结合,并带领学生学习演唱该歌曲(图2)。

① 产生地区:通过展示图片,并结合前面讲解的南北方地域差异,引导学生辨别《对鸟》山歌产生地区是哪里、有何特点。

② 演唱环境:通过对PPT展示的环境描述,代入具体情景学习(山林、放牛、二人对唱等)。

③ 歌曲结构:通过对歌词的解读,让同学掌握歌曲的整体结构,以图片展示为例,为问4句、答4句的结构。

④ 方言代入:重点教唱环节,采取逐句教唱,并用拼音标注出独特的方言词语或短句,力求与当地民歌风味保持一致。

思政元素融入设计:在讲解放牧山歌的基础特征和教唱的过程中,始终贯彻以学生为主体,采用问题导向性教学方式,培养学生主动思考、主动辨别的学习能力。将民族音乐文化努力根植于学生内心，以体会中国民族音乐作品的独特韵律。

《对鸟》

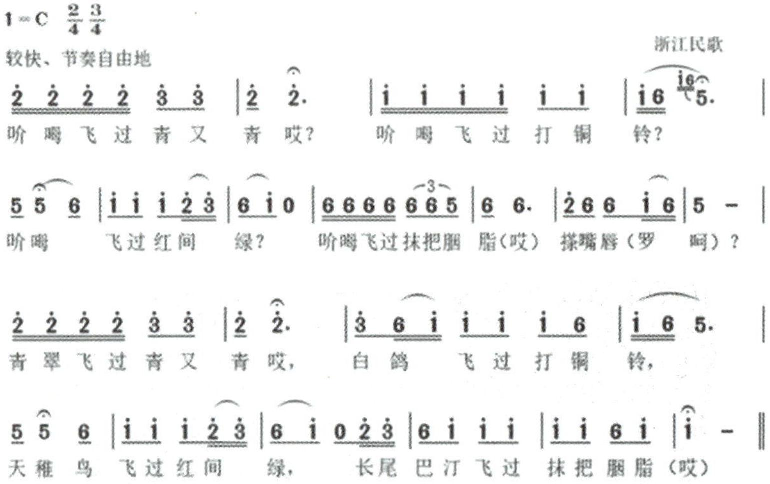

图 2 《对鸟》简谱

教学环节三：应用拓展

歌曲创编环节，要求学生现场尝试用安庆方言改编并演唱此曲，可融入一定的戏曲元素。

首先展示教师改编示例（图 3），对比演唱（给出具体歌词）；其次分两组完成改编任务（以智慧教室侧屏互动方式实现）；最后由两组同学根据自己改编的歌词进行问答式对唱（学习通发起互评分数活动，两组学生进行互评）。

图 3 课堂展示

在学生完成的基础上，由老师融入简单的戏曲锣鼓进行伴奏，带领学生演唱。

思政元素融入设计：通过自行创编，增强学生的互动性与参与感，同时也引导学生积极思考如何传承民歌、如何融入戏曲元素、如何将优秀民族音乐文化进行更好的发扬，让受众面更广。

教学环节四：小结与作业

（1）小结：通过对放牧山歌的基本特征、代表性曲目《对鸟》的了解、演唱、改编的学习，学生不仅接触到了新知识，同时本节课堂的设计还是一个学习、继承、发扬的过程。只有在学会的基础上，才能融进新元素，进行别样的创新，希望同学们课下多多学习、思考、尝试，相信中国优秀的民族音乐文化会发展得越来越好。对于年轻一代的我们来说，更需要重视对民族优秀音乐文化的学习、传承及发扬，这对促进我国各民族间的和谐共处有着重要的意义。

（2）作业：背唱歌曲《对鸟》；复习及预习线上微课视频。

（五）教学反思

本课程在授课过程中，以培养、增强学生热爱我国民间音乐的情感及审美能力为主要目的；学习并掌握民间歌曲类型的基础知识及音乐特征，熟唱、背唱民间歌曲中的代表性作品；能分析、鉴赏不同类型的风格及体裁。弘扬优秀传统 音乐，使学生成为中国传统音乐的传承者。

四、课件

到你家走哪条路

01 “放牧山歌”的概念解析
演唱地点
演唱环境
演唱方式

南方（田园山林）等。

聆听歌曲 判断是在什么环境下演唱
（在学习通讨论版块完成）

聆听歌曲：判断是在什么环境下演唱的
（在学习通讨论版块完成）

02 “放牧山歌”的经典曲目
《对鸟》

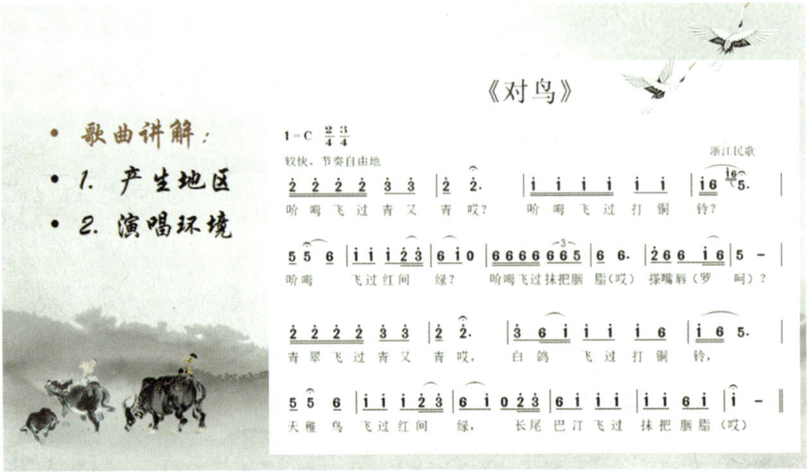

《对鸟》
• 歌曲讲解：
• 1. 产生地区
• 2. 演唱环境
1=C 2/4 3/4
较快、节奏自由地
浙江民歌
青翠飞过青又青哎，白鸽飞过打铜铃，
天稚鸟飞过红间绿，长尾巴汀飞过抹把胭脂（哎）

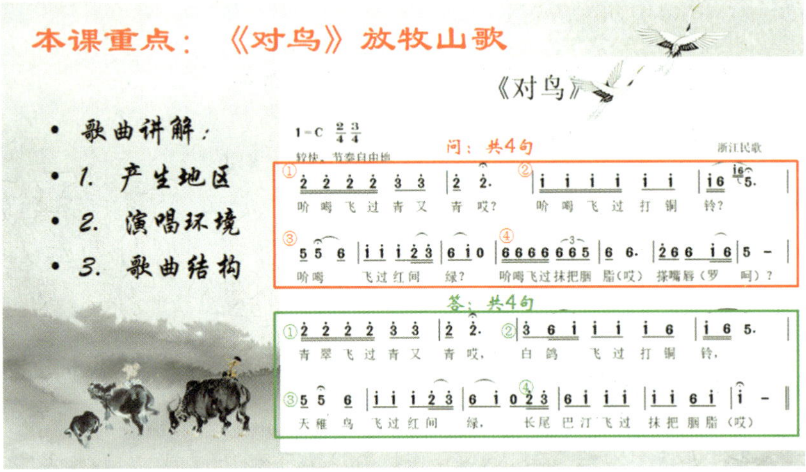

本课重点：《对鸟》放牧山歌
《对鸟》
• 歌曲讲解：
• 1. 产生地区
• 2. 演唱环境
• 3. 歌曲结构
1=C 2/4 3/4
较快、节奏自由地
浙江民歌
问：共4句
答：共4句
青翠飞过青又青哎，白鸽飞过打铜铃，
天稚鸟飞过红间绿，长尾巴汀飞过抹把胭脂（哎）

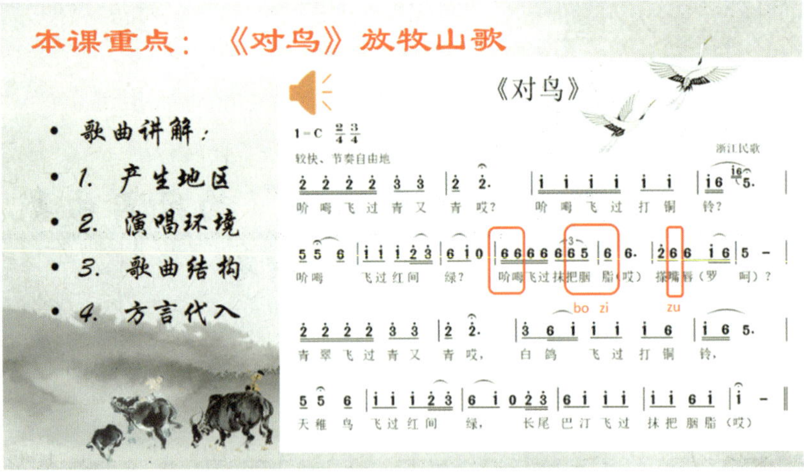

本课重点：《对鸟》放牧山歌
《对鸟》
• 歌曲讲解：
• 1. 产生地区
• 2. 演唱环境
• 3. 歌曲结构
• 4. 方言代入
1=C 2/4 3/4
较快、节奏自由地
浙江民歌
bo zi
zu
青翠飞过青又青哎，白鸽飞过打铜铃，
天稚鸟飞过红间绿，长尾巴汀飞过抹把胭脂（哎）

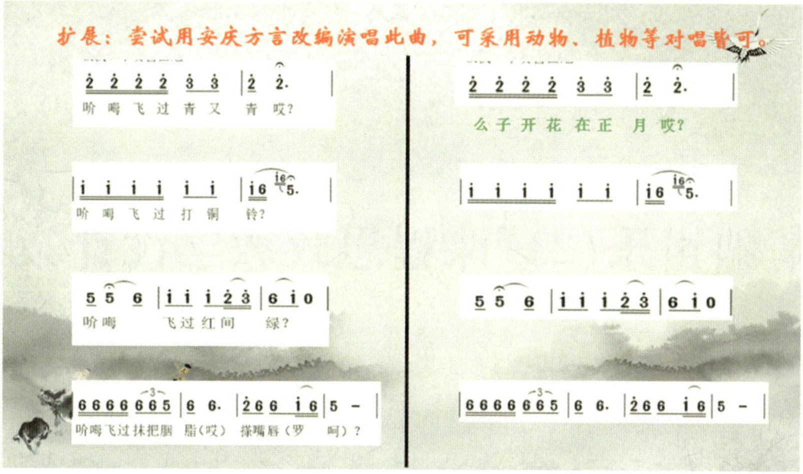
扩展：尝试用安庆方言改编演唱此曲，可采用动物、植物等对唱皆可。
吓嗨飞过青又青哎？
么子开花在正月哎？
吓嗨飞过打铜铃？
吓嗨飞过红间绿？
吓嗨飞过抹把胭脂（哎）搽嘴唇（罗呵）？

课堂小结：
学习
传承
发扬

课后作业：
1. 背唱歌曲《对鸟》。
2. 复习及预习线上微课视频。

“基础声乐(2)”课程思政教学设计案例

一、课程简介

1. 课程性质

基础声乐(2)是音乐学(教师教育)专业的专业选修课程,本课程是基础声乐课程的第三学期(共四学期),大二上学期开设,共17学时,1个学分。

2. 课程内容

基础声乐课程旨在培养学生的声乐技巧、音乐理论知识和舞台表演能力,同时提升他们的音乐表达能力和艺术修养。通过系统的学习和实践,学生将发展自己的音乐才华,并为未来的声乐发展打下坚实的基础。

3. 授课教师

李婷婷,博士,本硕连读于俄罗斯国立柴可夫斯基音乐学院音乐戏剧艺术专业,安徽省音乐家协会会员。曾荣获莫斯科第三届国际青年歌剧演员歌唱大赛第二名的优异成绩;成功在柴可夫斯基音乐学院小厅、马雅可夫斯基音乐厅、莫斯科各大博物馆举办个人专场音乐会。获第三届安庆师范大学课程思政教学设计大赛教学赛人文社科组三等奖。

二、课程思政资源分析

(一) 课程思政建设目标

基础声乐课程思政的开展目标是培养学生的艺术素养和道德情操,通过音乐艺术的教育,引导学生树立正确的人生观、价值观和社会责任感。教师在课程设计和教学实施中应注重音乐与思政教育的有机结合,让学生在音乐学习中获得更多的思想启迪和人生感悟。

思政目标 1:培养学生的审美情感和文化素养。通过学习声乐技能和接触不同风格的音乐作品,培养学生对音乐的欣赏能力和审美情感。同时,引导学生了解音乐背后的文化内涵,提升他们的文化素养。

思政目标 2:培养学生的艺术修养和自我表达能力。通过声乐训练,培养学生的音乐技巧和艺术修养。鼓励学生在演唱过程中展示个人特色和情感表达,培养他们的自信心和自我表达能力。

思政目标 3:培养学生的团队合作和协作能力。声乐课程中通常包括合唱和合奏等集体演唱形式,通过合作演唱的实践,培养学生的团队合作和协作能力,让他们学会与他人共同创作音乐,体验团队的力量。

思政目标 4:弘扬艺术的社会责任和人文关怀。声乐艺术在传递情感的同时,也能够关注社会问题和人文关怀。通过学习有社会意义的歌曲和参与公益演出等活动,培养学生的社会责任感和人文关怀,让他们认识到艺术的力量和社会的需要。

思政目标 5:培养学生的自我管理和终身学习能力。声乐课程需要学生进行个人练习和反思,培养他们的自我管理和终身学习能力。通过设立合理的学习目标、制定学习计划和进行反馈评估,帮助学生建立良好的学习习惯和自我发展的意识。

(二) 课程思政融入方式

(1) 教学渗透——选取具有思想内涵的歌曲。精心挑选歌曲时,可以选择那些具有思想内涵、能够引发学生深思的作品。这些歌曲可以涵盖社会、人生、情感等方面的主题,引导学生通过演唱和欣赏体验来思考和探讨相关的思想问题。

(2) 故事分享——讲解歌曲背景和歌词意义。在学习歌曲时,教师可以结合歌曲的背景和歌词意义进行讲解。介绍歌曲的创作背景、历史背景和文化内涵,引导学生深入理解歌曲所传递的思想和情感,并与学生共同探讨和分析。

(3) 课堂展示——引导学生进行情感表达和个人体验。声乐课程是培养学生情感表达能力的重要途径。通过教师的引导,学生可以深入体验歌曲所表达的情感,将个人情感与歌曲内容相结合,通过演唱实践表达自己的情感和思想。

(4) 课堂讨论——进行主题讨论和辩论。在学习歌曲的过程中,教师可以组织学生进行主题讨论和辩论。学生可以就歌曲所涉及的思想问题展开讨论,交流不同的观点和看法,培养他们的思辨能力和团队合作精神。

三、教学案例展示

控制气息的连贯——歌曲《长城谣》

歌曲《长城谣》选自高等学校音乐学专业教材《声乐:中国作品一》的教学内容。本课例主要讲授如何运用合适的呼吸和气息控制方式,适应歌曲的情感表达和音乐要求。授课学时 1 学时。

(一) 教学目标

1. 情感态度与价值观目标

（1）激发学生对祖国、历史和文化的热爱之情。

（2）培养学生对革命精神、爱国主义和奋斗精神的感受和认同。

（3）引导学生深刻领会爱国主义的内涵，培养学生对祖国的热爱和忠诚。

（4）激发学生奋发向上、顽强拼搏的精神，培养学生积极向上的人生态度。

2. 知识与技能目标

（1）理解气息在声乐表演中的重要性以及对歌曲演绎的影响。

（2）了解歌曲《长城谣》的背景、情感表达和音乐特点。

（3）知晓控制气息的基本原理和技巧，掌握正确的呼吸技巧，包括深度呼吸和腹式呼吸。

（4）应用控制气息的技巧，使声音稳定、柔和且富有表现力。

（5）运用合适的呼吸和气息控制方式，适应歌曲《长城谣》的情感表达和音乐要求。

3. 过程与方法目标

（1）通过理论学习和实践训练，学生能够正确掌握控制气息的连贯方法。

（2）培养学生良好的呼吸习惯，提高他们的声乐表演水平。

（3）增强学生的音乐感知能力，使他们能够准确把握歌曲的节奏和情感表达。

(二) 教学重难点

教学重点：

（1）呼吸技巧的掌握：学生需要学会正确的呼吸方式，包括深度呼吸和腹式呼吸，并能够将其应用于歌曲演唱中。

（2）气息的连贯控制：学生需要掌握如何保持气息的连贯性，避免断断续续或过度喘气的情况，使声音稳定、柔和且富有表现力。

教学难点：

（1）呼吸与声音的协调：学生需要克服将呼吸与声音相互配合的难点，确保呼吸的稳定性同时保持声音的流畅性。

（2）情感表达的细腻性：学生需要通过细腻的声音表达和情感传递，准确把握歌曲的情感要求，让观众能够感受到歌曲所传递的情感。

(三) 教学方法、教学资源

教法：情境教学法、讲授法、演示法。

学法：自主学习法、课堂讨论法、合作学习法。

教学资源：音乐作品和音乐素材、多媒体设备和音响设备、乐谱、录音设备。

(四) 教学过程

教学环节一:导入新课

介绍歌曲《长城谣》的背景和意义,激发学生的兴趣和好奇心。欣赏原版演唱或演唱者的优秀版本,让学生对歌曲的旋律和情感有初步感受。

思政元素融入设计:学生通过学习和演唱这首歌曲,能够更加了解和珍视中国的历史文化,加深对传统文化的认同感。歌曲描绘了修建长城的艰苦劳动,强调了劳动精神的重要性。学生可以深入体会到勤劳、坚韧和努力奋斗的精神,培养自己的劳动观念和奋斗意识。

教学环节二:技巧训练

(1) 呼吸技巧训练。讲解深度呼吸和腹式呼吸的基本原理和方法。进行呼吸练习,例如深呼吸练习、腹式呼吸练习等,帮助学生正确掌握呼吸技巧。

(2) 气息控制训练。引导学生感受气息的流动和连贯性,注重呼气的控制和延长。进行一些气息转换的练习,如音阶练习、短句练习等,帮助学生实现声音的连贯和稳定。

思政元素融入设计:声乐技巧训练不仅仅是培养学生音乐技巧,还涉及学生自信和自我表达能力的培养。在声乐训练过程中,教师可以鼓励学生充分展示自己的音乐才能,培养学生的自信心和自我表达能力。同时,通过反馈和指导,帮助学生认识到自己的优势和改进的方向。

教学环节三:演唱实践

指导学生注意气息的连贯性,特别是在过渡部分和长句段落的处理上。

提供反馈和指导,帮助学生改进他们的演唱技巧和气息控制能力。引导学生讨论歌曲中所表达的爱国主义、奋斗精神等价值观。

思政元素融入设计:历史回顾与警示:通过歌词中的描绘,回顾了当时社会的动荡和人民的斗争。提醒学生珍惜和平稳定的社会环境,警示我们不能忘记历史的教训和牺牲,以及维护社会和谐的重要性。

教学环节四:情感表达训练

引导学生通过音乐鉴赏和情感引导,深入理解歌曲的情感表达,激发他们的情感投入。进行角色扮演或情感表达练习,让学生通过声音表达情感,展现歌曲的情感内涵。

思政元素融入设计:

(1) 鼓舞斗志和坚定信念:歌词中表达了对自由、平等和正义的追求,以及为了实现这些价值而进行的斗争。通过激励学生坚定信念和斗志,鼓舞他们勇敢面对困难和压力,追求正义和平等。

弘扬爱国主义和社会正气:歌曲中融入了对祖国和人民的热爱与呼唤,激发学生的爱国情怀,引导学生积极参与社会进步和改革事业,为实现社会的公平、公正和繁荣贡献力量。

教学环节五:总结和反馈

总结学习的成果和收获,让学生对自己的进步有更清晰的认识。收集学生的反馈意见和建议,以进一步改进教学方法和内容。

思政元素融入设计:(1) 要求学生对学习过程进行思考和评价,培养他们的批判思维和分析能力,使他们能够更好地评估自己的学习表现。

(2) 要求学生主动思考和总结学习的成果和经验,这可以培养他们的自主学习能力,让他们逐渐成为自我导向的学习者。

(五) 教学反思

基础声乐课程虽然以音乐技巧和表演为主,但教师可以更加注重将社会问题融入教学中,引导学生思考和探讨与音乐相关的社会议题。例如,通过选取一些具有社会意义的歌曲,让学生深入了解歌曲背后的含义和社会背景,培养他们的社会责任感和思考能力。基础声乐课程可以与其他学科进行跨学科融合,增强课程的思政意义。例如,与历史学科结合,学习与音乐相关的历史事件和人物;与文学学科结合,通过学习音乐作品的歌词和诗歌,培养学生的文学素养和人文情怀。

四、课件

安慶師範大學
ANQING NORMAL UNIVERSITY

潘子农、刘雪庵

《长城谣》创作于1937年，由**潘子农**作词、**刘雪庵**作曲，原是为抗战电影《关山万里》写下的插曲之一，后因侵华日军大举进攻上海，“八·一三”淞沪会战爆发，影片未能完成拍摄，应邀为该片配曲的刘雪庵遂将已完成曲子的影片插曲**《长城谣》**刊载在自办刊物《战歌周刊》上。

这首歌后在海外被广为传唱，感动无数侨胞，大家踊跃捐款捐物，支援国内抗战，有的华侨还毅然回到祖国参加抗战。

安慶師範大學
ANQING NORMAL UNIVERSITY

感受歌词含义

万里长城万里长，
长城外面是故乡。
高粱肥，大豆香，
遍地黄金少灾殃。
自从大难平地起，
奸淫掳掠苦难当。
苦难当，奔他方，
骨肉流散父母丧。

（控诉日本暴行）

没齿难忘仇和恨，
日夜只想回故乡。
大家拼命打回去，
哪怕倭奴逞豪强。
万里长城万里长，
长城外面是故乡。
四万万同胞心一样，
新的长城万里长。

（表明中国人民决心）

安慶師範大學
ANQING NORMAL UNIVERSITY

第二部分　技巧训练

气息连贯：是指在演唱时将呼吸和声音紧密结合，确保声音的稳定和持久性。一个连贯的气息流动可以帮助我们避免声音断断续续或无法维持的情况，同时也能增加我们的音准和表现力。

长音阶练声曲

第四部分 总结

控制气息连贯对于声乐演唱是至关重要的，它不仅影响声音的质量和稳定性，还直接关系到声带的健康和演唱的艺术性。

生在新中国，我们充分感受着中华民族的日益强大，享受着和平、美好、幸福的生活。越是如此，我们越不能忘记那段历史，不能忘记无数革命先驱，不能忘记伟大的抗战精神。更懂得和平生活来之不易，使我们都能担起维护社会和谐的责任。

一个时代有一个时代的精神底色，一个时代有一个时代的经典歌声。让我们用歌声弘扬主旋律，用歌声唱响奋进曲，用歌声吹响时代进步的号角，为“大思政”育人格局的构建贡献力量。

“漫画插画技法”课程思政教学设计案例

一、课程简介

1. 课程性质

漫画插画技法是普通高等学校动画专业的一门必修课和专业核心课程，修读对象为美术学院动画专业本科三年级学生，共 56 学时，3 学分。本课程是学生由基础理论学习向专业设计过渡的关键性课程，目的是帮助学生掌握科学的设计方法和创新思维，训练学生具备插画设计师商业意识和设计流程意识。

2. 课程内容

漫画插画技法是动画专业检验学生专业基础能力的必修课程。该课程注重结合社会需求和市场要求，具有很强的实践性特点和很高的实用性价值，关注学生的综合能力培养。通过学习这门课程，学生将加强漫画插画技能，培养设计创意的思维和技巧，以使其具备完整的漫画插画技法和创作能力。课程本着“价值塑造、知识传授、能力培养”的原则进行推进，把价值观培养和塑造贯穿学习全过程。

3. 授课教师

姚砚，讲师，主要研究方向为动画、插画，承担漫画插画技法、动画原画等课程的教学。获安徽省教学成果二等奖；主持安徽省教学研究项目 1 项，校级教学项目 2 项；指导学生获省部级以上奖项近 20 项，多次获安徽省大学生原创动漫大赛优秀指导教师奖。

二、课程思政资源分析

(一) 课程思政建设目标

中国传统文化是中华民族独特的性格气节所在，是中华民族的精神魂魄所系。本课程将中国传统文化元素作为出发点，结合现代设计的多元化表现方式和技法，以“传统—

现代的无缝连接”为导向，进行了“致敬传统，阔步未来”的课题建设，把尊重传统、播撒匠心有机融入整个课程体系，加强教学内容的可操作性和实践性，提升学生们对传统艺术新的理解和尊敬，对职业生涯未来的信心和向往。

思政目标 1:以美立德。培养中华美德，关注时代、关注社会、关注人民，让美成为每个人的生命底色。将传统文化融入课程实践环节，不仅是对设计元素的实践应用练习，更是对传统文化的传承与发展，使学生树立良好的文化传承观念。

思政目标 2:以美启智。美，不仅可以激发人们的创造力，还可以启发人们的智慧。通过感受美、理解美、创造美，学生可以在审美过程中提升自己的思维能力，培养独立思考和批判性思维。

思政目标 3:以美导行。以中国精神为创作灵魂，以中华美学精神为审美理想，融入爱国主义情怀，对生活充满热情，对创作充满激情，展现中国艺术独特风格和独到价值。

(二) 课程思政融入方式

本课程的思政元素通过教师的启发和引导，通过对漫画插画知识的讲解，通过对创作作品的思考，帮助学生深入挖掘课程中思政元素，实现价值引领—知识传授—能力培养的教学目的，发挥专业课程立德树人的育人作用。

(1) 思政元素融入教学案例。以漫画插画专业知识为载体，以课程思政目标为旨归，在教学过程中通过观摩和分析大量中外漫画插画作品，使学生在开阔视野的基础上树立中国美学观念。引导学生辩证看待西方文化价值观，学会取其所长，为我所用，系统掌握漫画插画的创作技法，设计创作出有主题、有内涵的作品，在潜移默化中提高学生的政治素养与专业素养。

(2) 思政元素融入实践教学。在实践教学环节，引导学生以社会主义核心价值观为主题，和当地博物馆进行合作教学，并积极组织学生参加专业性文化艺术活动，既借思想政治教育提升漫画动画创作课程教学的思想性与人文性，深化教学内涵，切实带动教学效果，又在体验式实践教学中碰撞出价值共鸣的火花，升华漫画插画创作课程的教学质量。

(3) 思政元素融入学科竞赛。组织学生参加专业性比赛，如全国博物馆文物主题插画大赛、全国大学生广告艺术大赛等。使思想政治教育与专业教育、创新创业教育深度融合，在向学生传授专业知识、培养学生专业能力的过程中，有效地提高学生的政治素养与专业素养。引导学生结合习近平新时代中国特色社会主义思想，展开专业学习和学科竞赛活动，渗透社会责任意识的同时，为学生勾勒职业伦理与道德的清晰轮廓，从而引导学生对未来的职业生涯形成良性规划。

三、教学案例展示

国潮插画的技法

前期已经讲授了漫画的创作技法和儿童插画的创作技法，并带领学生参观了安庆博物馆的文物。本节课主要针对国潮插画的技法展开教学设计。在课程中，让学生突破设计思维，发挥文化和艺术的综合影响力，多角度看待问题，以更新颖的方式讲好地方传统文化，加深他们的民族意识和爱国情怀。

（一）教学目标

1. 情感态度与价值观目标

（1）通过对优秀国潮风插画的学习，养成良好的审美观、艺术鉴赏能力以及艺术创新思维，加深学生的文化认同感，增强民族文化自信心和自豪感。

（2）课程突出对优秀传统文化、社会主义核心价值观、中国精神等主题插画的识别、认知与创作，强调文化传承、社会责任感、职业理想和人文情怀，培养学生强烈的社会责任感和使命感，树立积极正确的价值观。

2. 知识与技能目标

（1）通过案例分析，了解国潮插画的风格特点和应用。

（2）通过技法讲授，掌握国潮插画的绘画步骤和上色技巧。

3. 过程与方法目标

（1）通过课程引导和讨论环节，激发学生对国潮插画的创作热情。

（2）通过优秀国潮插画的赏析，让学生感受到中国传统文化元素运用在国潮插画中的魅力，具备分析和辨识优劣主题的能力。

（3）通过对国潮插画的创作与学习，为学生在今后插画创作道路上奠定良好的创作基础，使其更好地服务于社会。

（二）教学重难点

教学重点：重点掌握国潮插画的风格特征，了解国潮插画与其他风格的插画之间的区别。

教学难点：国潮插画中中国传统文化元素的取舍和组合。

（三）教学方法、教学资源

教法：PBL 教学法、互动教学法、案例教学法。

学法：自主学习法、探究学习法。

教学资源：

（1）张艺，易字丹，张铭倩，等.插画设计[M].北京：清华大学出版社，2016.

（2）布林.商业插画设计方法与案例应用解析[M].北京：电子工业出版社，2020.

（3）戴维斯，布雷泽尔.设计新经典：插画设计基础[M].徐阳，译.上海：上海人民美术出版社，2018.

（4）新国潮的插画教程.https://www.bilibili.com/video/BV14V41167N6? p=27.

（四）教学过程

教学环节一：导入新课

教师：播放视频（福布斯榜最年轻插画师——倪传婧）。

提出问题：作为福布斯"30 under 30"艺术榜榜单上最年轻的得主之一，倪传婧能成功的原因是什么？

学生讨论后教师总结：她在专业素养上热爱、执着、专注、精益求精的匠人精神。作品中运用了大量的中国传统文化元素，充满了浓郁的东方韵味，同时又融合了西式的表现技巧，展现了中国的美学观念和审美价值。

引出新课知识点：国潮风插画的风格特征。

思政元素融入设计：倪传婧的插画呈现出中国的美学观念和审美价值，向国际社会展示了中国艺术的独特魅力。通过对插画师倪传婧的介绍，让学生了解到成为一个优秀的艺术家所要具备的匠人精神。同时，通过解析画面中中国传统文化元素，增强了学生对民族文化的认同感和自豪感。激励他们在创作中学会融合传统与现代，创造出更多具有中国特色的艺术作品。

教学环节二：新课讲解

知识点一：国潮插画的风格特征及应用。

教师点拨引导：让学生欣赏几幅国潮插画作品，试着总结国潮插画的风格特征。

学生自主探究：欣赏、观察、比较、总结。

教学引导：还有哪些中国文化元素可以在国潮插画中展现出？

学生思考并回答。

思政元素融入设计：通过案例教学进行经典作品赏析，纵向线讲授中国传统文化的传承与发展，横向线展示我国各民族的独特性和多样性。在这一环节融入的思政元素是弘扬我国传统文化，增强民族自豪感，坚定文化自信，进行爱国主义教育。同时引导学生从全球化视觉思考"只有民族的，才是世界的"。尊重并运用传统的、民族的文化，在继承上赋予新的生命力，从而才能屹立于世界。

知识点二：国潮插画的技法。

（1）结合图片讲解国潮插画的绘画技法。学生在此环节中初步了解山川的绘画步骤。学生在课堂中进行绘画环节，由老师进行指导。

（2）设计一个主题——文物遇见插画，这是某年全国博物馆文物主题插画大赛的主题，学生分组讨论。设计意图是营造亲切自然的教学环境，学生相互补充，探究方法，从而解决本课教学难点。

思政元素融入设计：通过案例教学进行分析创作流程，让学生了解到要想创作出一幅优秀的作品，必须严谨对待每一幅作品。在进行绘画创作时，要从元素构成、历史、文化等各方面的展示，注重文化传承，让观者从画面中就能感受到传统文化的源远流长。借助插画设计强调故事性、思想性的传达、情感的契合和精神的共鸣这些特点，激发学生积极思考、勇于实践，潜移默化中对“中国梦”“国际影响”产生情感共鸣。启发学生自觉树立用图像讲好中国故事，弘扬主流价值观的社会责任担当意识，养成良好的审美观、艺术鉴赏能力以及艺术创新思维。

教学环节三：课堂小结

总结今天的内容：

(1) 国潮插画中的视觉元素有哪些？——传统元素、纹样、传统文化、非遗元素。

(2) 国潮插画中的绘画步骤？——勾线，铺色，细化。

(3) 绘画中的注意事项？——注意构图和元素的取舍。

教学环节四：课后作业

主题：文物遇上插画。

要求：围绕安庆博物馆文物展开设计；运用国潮插画的风格；注意按照比赛要求设置纸张大小。

设计意图：围绕安庆博物馆文物和地方传统文化元素，引导学生通过思维设计和创作实践来弘扬中国传统文化。希望学生能够运用插画创意提升地方文化发展，促进为地方特色文化创造性转化和创新性发展，实现将插画创作服务于人民。

思政元素融入设计：中国传统文化元素是人类鲜活的文化历史传统。安庆的传统文化遗产多元，具有丰富的历史底蕴和地方特色，是国潮插画的重要素材。在创作过程中，训练学生遵循设计规范和工作流程，注重传承与创新、开拓进取精神的培养，训练精益求精的匠人精神和专注的工作作风，培养社会责任感和对专业的热爱。

(五) 教学反思

本次教学设计充分挖掘了漫画插画创作课程的思政资源，建立了“以美立德”“以美启智”“以美导行”的课程思政目标，既适合动画专业特点，也体现了高校课程思政建设指导纲要关于课程思政目标的要求。在课堂上，将课程思政元素如盐在水、润物无声般融入教学设计中，从导入到新课讲解到课后拓展，基本上每个环节都自然融入了课程思政元素，尤其是课后作业的主题创作——文物遇上插画，充分展现了本课程的思政目标体现。当然，本次教学设计还存在不足之处，如课程思政融入方式的灵活性和多样性有待提高。

四、课件

课程导入

课程导入

思考：作为福布斯“30 under 30”艺术榜榜单上最年轻的得主之一，倪传婧成功的原因是什么？

（1）**专业素养**：热爱、执着、专注、精益求精的**匠人精神**，树立用图像讲好中国故事，弘扬主流价值观的**社会责任担当意识。**

（2）**作品风格**：作品中融合了大量的**中国传统文化元素**，画面中充满了浓郁的东方韵味，同时又融合了西式的表现技巧，展现了**中国的美学观念**和**审美价值**。

国潮插画的风格特征

国潮插画是指带有潮流风格的中国特色文化的插画，具备两个因素：一是具有中国传统文化的基因；二是融合当下的设计理念，具有时尚感。

国潮插画的风格特征

（一）中国传统视觉符号的应用

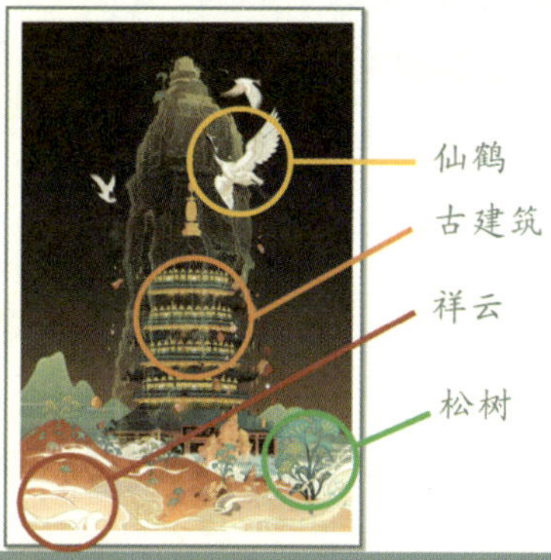

国潮插画的风格特征

（二）国画中的散点式透视

国潮插画的风格特征

（三）国画中的白描线条

国潮插画的应用

（一）国潮插画在包装中的应用

国潮插画的应用

（二）国潮插画在海报中的应用

国潮插画的应用

（三）国潮插画在网络界面中的应用

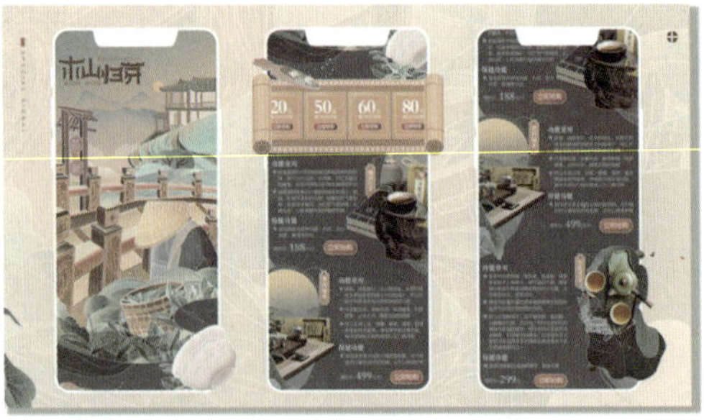

国潮插画的应用
（三）国潮插画在书籍中的应用
黄河边的民族强音

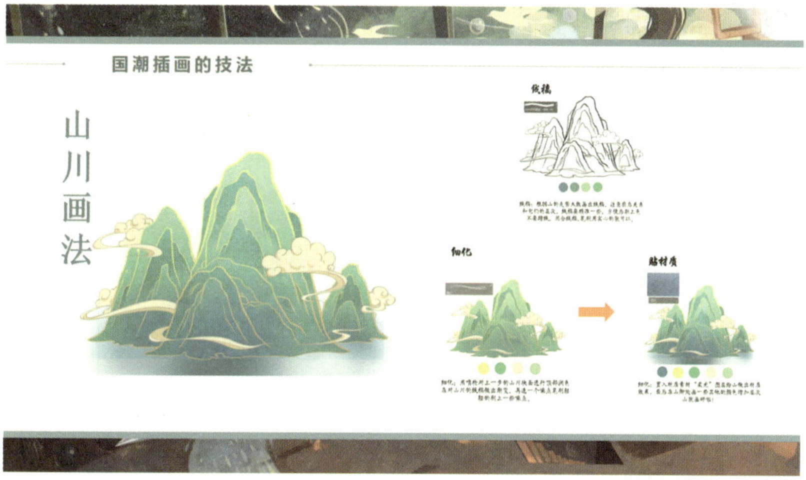
国潮插画的技法
山川画法
线稿
细化
贴材质

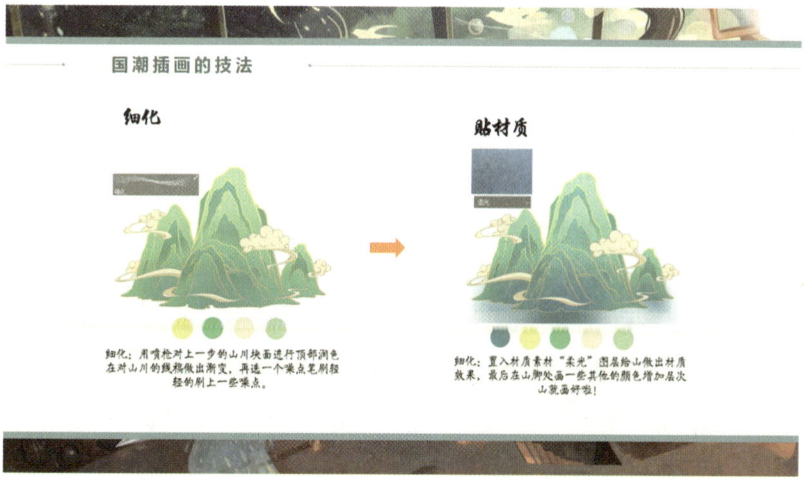
国潮插画的技法
细化
细化：用喷枪对上一步的山川块面进行顶部润色
在对山川的线稿做出渐变，再选一个噪点笔刷轻
轻的刷上一些噪点。
贴材质
细化：置入材质素材“柔光”图层给山做出材质
效果，最后在山脚处画一些其他的颜色增加层次
山就画好啦！

国潮插画的技法

案例讨论：文物如何与中国的二十四节气展开设计？

文物遇见插画——全国博物馆文物主题插画大赛

传承中华文物文化基因，融汇多元艺术创意，激发文物新时代活力，展现中华文物审美风范，高效衔接作品实用性转化与大众化应用，扩大文物传播力影响力。

北京故宫博物院的金瓯永固杯

国潮插画的技法

草稿构思

根据节气和文物的主题，进行中国传统文化元素的取舍和搭配。

完善

勾出线稿，根据上色需要改变线稿颜色。刻画物体的细节，进行明暗和肌理效果的添加。

课堂小结

1. 国潮插画中的视觉元素有哪些？ → 传统元素、纹样、传统文化、非遗元素……
2. 国潮插画中的绘画步骤？ → 勾线 → 铺色 → 细化
3. 绘画中的注意事项？ → 注意构图和元素的取舍

“文创产品设计”课程思政教学设计案例

一、课程简介

1．课程性质

文创产品设计是普通高等学校产品设计专业的一门专业选修课，旨在通过课程的学习，帮助学生全面掌握文化创意产品设计的意义、创新方法和流程，着重培养学生掌握文化创意产品设计知识和技能，能够在文创产业从事设计与制作、文化传承的研究，促进优秀的中华文化传承和弘扬。修读对象为产品设计专业大学本科三年级学生，开课时间为第 6 学期，共计 70 学时，4 学分。

2．课程内容

本课程立足于文化创意概念，以“优秀文化传承”为经，以“产品创新设计”为纬，从文化创意和设计创新的视角，全面介绍文创产品设计的应用范围，文化的挖掘方法，文创产品设计创新的途径以及相关的案例解析，让学生以发展的视野认识优秀文化，挖掘和创新文化，欣赏和设计优秀文化创意产品，培养学生具有文创产品的开发与设计能力，推动文化创意的健康发展。

3．授课教师

吴婧璇，硕士，讲师，主要研究方向为产品语义及文化创意产品研究，主讲产品结构基础、文创产品设计、产品系统设计等课程，主持 2020 年安庆师范大学校级教学研究一般项目：基于“雨课堂”的“设计概论”课程教学改革与实践（项目编号：2020aqnujyxm22）。

二、课程思政资源分析

本课程坚持立德树人，遵循美育特点，以学生发展为中心，把爱国主义、民族情怀、大国精神、工匠精神和创新中国、原创设计等贯穿渗透到课程教学中，以“文化”为脉络，将文化底蕴元素利用系统设计的思维和手法转化为设计元素，通过文创产品设计实践及创新来实现文化的传承与发扬。

(一) 课程思政建设目标

思政目标 1:坚持立德树人,落实以美育人。文创产品设计课程具有创意性和生动性的特点,以此吸引学生对优秀传统文化、地方特色文化、器物及非物质文化等思政文化的关注,培养学生发现真善美的能力;在专业实践过程中,培养学生对传统文化的挖掘及概括能力,对文化符号的提炼和再设计能力,提高学生享受美、创造美的能力。将艺术教育、文化创意产品开发设计与思政教育结合,将思想政治教育转化为触及心灵的情感力量,引导学生成人成才。

思政目标 2:增强文化认同,坚定文化自信。本课程以“文化”为脉络,在课程教学过程中融入中国传统文化和地方特色文化,通过分享大量优秀的文创设计案例,提升学生的文化内涵和审美能力。在设计实践过程中帮助学生理解文化内涵、挖掘文化特色、坚定文化自信,最终达到提高学生自我价值意识,提升文创作品的精神高度、文化内涵和艺术价值的目的。

思政目标 3:培养创新精神,激发使命担当。在教学实践环节,引导学生将产品价值理念与文化价值理念相融合,同时传授相应的设计调研及产品设计方法,让学生以社会需求为导向,以安庆黄梅戏文化创意产品和校园文创产品作为研究主体,在搜集相关资料的过程中发掘优秀传统文化的魅力,创作与时代进步相结合的文创设计作品,培养学生将小我融入大我的奉献精神和爱国情怀,增强学生传承中华文明的时代使命感。

(二) 课程思政融入方式

本课程思政融入主要以案例分析、课堂讨论、实践感知等方式进行。

(1) 案例分析。例如,在课程导论“文创的初心”内容的讲解中,通过分享中国空间站设计方案(包括飞天舱外服外观造型设计、航天员救援装置造型设计等),让学生深入理解中国载人航天总设计师周建平院士提出的“中国空间站设计方案要具有中国特色和时代特征,突出中国元素和核心内涵”的设计主旨,以此指导学生树立正确的设计观念和精神价值,设计出具有中国特色的文化创意产品。此外,再引入中国载人航天精神等思政内容,激发大学生的爱国主义情怀,增强当代大学生民族自尊自信。

(2) 课堂讨论。在讲授“文化的形态”第三点“观念文化”的知识点时,面对爱国精神、民族情怀和优秀传统哲学等精神文化类思政资源时,通过感性引导,如引入故事情节、穿插历史线索或结合当下时政,自然带入思政主题等,让学生可以根据自己的兴趣点选择设计实践的文化主题。此外,借用设计调研方法,如人物访谈、情景模拟、角色扮演、故事板等方式,将学生积极带入情境当中,在课堂上对文化设计的元素进行交流探讨,提取相关感性词汇,结合科学的分析方法,将意象词汇转化为具象设计元素,实现精神文化类思政资源的内涵体现,进而创作设计,帮助学生感知理解思政文化。

(3) 实践感知。文创产品设计课程思政教学实践主题之一,是以安庆地方黄梅戏特色文化作为思政资源来源,针对地域特征、民俗文化、工艺美术以及非物质遗产等内容进行挖掘设计。在设计实践中,针对地域文化这类物质性思政资源,从具有强烈视觉感官部分吸引学生注意力，感性引导，分别提取黄梅戏舞台表演人物动态形体曲线、舞台空间布局和传统色彩美学，以现代产品设计作为载体，实现安庆地方特色文化的传承与创新，把黄梅戏文化带入现代人的生活。

三、教学案例展示

文创产品设计中的文化体现形式及运用

本节课是“文创产品设计”课程所用教材第三章的第四、第五小节，属于课程中的基础章节。通过对优秀文创产品设计案例的解析，让学生了解文化在文创产品设计中的三种具体体现形式，即文化的精神内核、文化的过程现象、文化的外在形象。每小节的授课学时为 2 学时，共计 4 学时。

（一）教学目标

1. 情感态度与价值观目标

（1）通过文化体现形式理论的学习，增强了大学生对于“设计美”的鉴赏能力，让学生感受优秀文创产品背后蕴藏的深厚文化和美学价值。

（2）通过对优秀中国传统文化创意产品设计案例的解析，让学生树立民族文化自豪感和文化自信。

（3）通过主题文创产品的创作，让学生在设计的过程中主动提升创新意识，提高创新水平，从而实现学生专业设计能力与职业素养的全面发展。

2. 知识与技能目标

（1）了解文化在文创产品设计中的体现形式。

（2）能够根据文化的体现形式进行文创产品创新设计。

3. 过程与方法目标

（1）通过理论讲授，了解文创产品设计的首要特点是文化性。

（2）通过案例解析，深刻理解文化在文创产品设计中的体现形式，让学生感受优秀文创产品背后蕴藏的深厚文化和美学价值。

（3）通过设计实践，让学生掌握文化体现形式在文创产品设计中的运用方法。

（二）教学重难点

教学重点：掌握文化在文创产品设计中的体现形式，提升“设计美”的鉴赏能力。

教学难点：如何将文化的体现形式具体运用在文创产品设计中。

（三）教学方法、教学资源

教法：课堂讲授法、案例分析法、实训教学法。

学法：自主学习法、小组讨论法、探究学习法。

教学资源：

(1) 姚湘，胡鸿雁．文化创意产品设计[M]．北京：北京大学出版社，2020.

(2) 周承君，何章强，袁诗群．文创产品设计[M]．北京：化学工业出版社，2019.

(3) 张京成，沈晓平，张彦军．中外文化创意产业政策研究[M]．北京：科学出版社，2020.

（四）教学过程

教学环节一：新课导入

(1) 通过对上节课文化与文化创意的定义及做好文化创意三大原则的课堂回顾，利用雨课堂弹幕，让同学们描述出有哪些让他们印象深刻的文创产品。

(2) 基于大家的答案，利用雨课堂展开投票环节，引出“为什么这些文创产品让你印象深刻”。

(3) 基于以上的教学环节，引导学生思考优秀文创产品是如何在设计中体现文化的，导入课题“文创产品设计中的文化体现形式及运用”。

思政元素融入设计：通过对优秀文创产品案例的回忆，引导学生树立对文化的自信，让学生了解文创产品设计只有根植于中华优秀传统文化的深厚土壤中，才能够创作出具有中国文化特色的文创产品。例如，故宫博物院的文创产品设计，深入挖掘我国传统文化元素，提炼出符合当下人们审美的文化符号，并将其运用在人们喜闻乐见的载体上，打造出成功的文创产品，成为我国文创产品设计的代表。

教学环节二：新课讲授

知识点 1：文创产品设计中的文化体现形式。

(1) 文化的精神内核在文创产品设计中的体现。

理论讲授：文创产品设计中的体现形式之一：文化的精神内核。

课堂讨论：打开案例图片(图 1)，简单介绍后引导学生思考并讨论：该案例是如何将文化的精神内核融入该产品的设计中的。

案例分析：该产品名为“上上签”，是知名产品设计公司洛可可在 2008 年获红点奖的一个牙签盒的设计。这个名字很容易让人联想到中国的祈福文化，并透着一层厚重的象征意义；牙签盒颜色采用中国传统的黑色红色搭配，造型灵感来源于中国标志性建筑——天坛。通过外观设计，引导使用者可以随身携带牙签、改变生活中的习惯来参与环保。产品充满了中国传统的感觉，是功能和形式的完美统一，其外观区别于其他同类产品，出众的艺术品位，为普通的生活用品赋予更多的文化内涵。

(2) 文化的过程现象在文创产品设计中的体现。

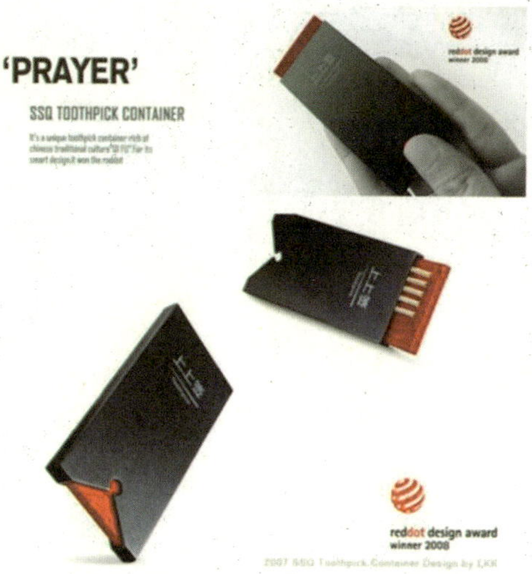

图 1　创意牙签盒

理论讲授:文创产品设计中的体现形式之二:文化的过程现象。

课堂讨论:打开案例图片(图 2),简单介绍后引导学生思考并讨论:该案例是如何将文化的过程现象融入该产品的设计中的。

图 2　文创灯具

案例分析:该作品是以中国古代蹴鞠运动为灵感来源的一款文创灯具,意在传承中国体育精神。灯具外形将蹴鞠运动的球门造型进行简化,保留了色调与纹样等视觉元素,中间的球网部分为柔光灯罩,饰以传统纹样。设计的亮点在于中间的球,这实际是灯具的开关,用户可以通过拉动球下面的杆来控制灯的开关,当球到达球门的中心位置,灯会亮起,寓意"球进了",这是一个令人激动的时刻,因此设计取名为"临门一脚"。把球拉出中心位置,灯即关闭,为用户提供了有趣的开灯体验方式。

(3) 文化的外在形象在文创产品设计中的体现。

理论讲授:文创产品设计中的体现形式之三:文化的外在形象。

课堂讨论:打开案例图片(图 3),简单介绍后引导学生思考并讨论:该案例是如何将文化的外在形象融入该产品的设计中的。

图 3 “猫”主题形象设计:大唐御猫天团

案例分析:该设计是一组以故宫猫为题材的 IP 形象设计,灵感源自《妖猫传》以及之前大热的唐宫夜宴中的“鸳鸯瓦上狸奴睡”。文字解读为在唐代猫咪广泛出现在宫廷里,担任防鼠害的工作,这是一群生活在大唐宫廷里的御猫。以唐代故宫猫作为文化设计元素,结合现代人的生活特点,将设计拟人化,多才多艺、天真烂漫、俏皮可爱的故宫猫,痴迷舞蹈、乐器,爱美食,爱自拍,使设计生动、有创意。

思政元素融入设计:以不同类型的设计案例为教学突破点,对文创产品设计中的文化体现形式进行分析,设计案例以中国禅宗美学思想、优秀的传统哲学精神、历史故事等为设计来源,也作为课程思政文化来源,紧密围绕思政教学目标,有选择地融入思政内容,将每一个知识点与思政内容进行串联,围绕“立文化自信,育创新之才”的思政教学目标展开整体教学设计,旨在营造“优秀传统文化设计力”的思政主题特色,启发学生自主思考,培养其设计创新的能力。

知识点 2:文创产品设计中的文化体现形式的运用。

(1) 寻找文化亮点,形成设计理念。

分组讨论:以安庆师范大学校园文化或安庆地方特色的黄梅戏文化为主题,分小组开展头脑风暴,充分发散思维,畅所欲言,从不同角度、不同层次、不同方位大胆展开想象,尽可能标新立异,与众不同,联想一切自己感兴趣或者好玩有意思的文化元素。根据头脑风暴的结果,对头脑风暴的关键词进行整理和筛选,去掉不可实现或者不可进行的创意点,挑选有价值有意义的设计点。

(2) 思考设计载体,提炼设计特征。

分组讨论:各小组对产品选择合适的产品门类,譬如文具用品、生活用品、电子产品、文娱产品等,将设计理念或创新点运用到相应的载体上,同时思考如何将文化的精神内核、过程现象以及外在表现融入产品的设计中,从而能让设计出的产品不仅是表象,更赋予其内在的含义。

（3）融入文化元素，开展设计探索。

设计实践：在以下主题中任选其一，进行文创产品的设计：

主题一：以安庆师范大学校园文化作为设计主题。

主题二：以安庆地方特色的黄梅戏文化作为设计主题。

思政元素融入设计：文创产品设计课程包含了文化、创意、设计等关键点，对文化的挖掘、传承展示以及创新设计是该课程的重要课程目标。在分组讨论的过程中，通过交流互动，使学生能够从课程学习中认识到中华优秀传统文化的深刻内涵与表现形式，掌握以现代产品为载体、利用设计技能将文化进行再设计的能力，发挥自身创新力，创作与时代进步相结合的文创设计作品，增强学生传承中华文明的时代使命感。

教学环节三：课堂小结

教师以课堂开头的弹幕问题和投票结果作为呼应，总结授课内容——文创产品设计中的文化体现形式及运用。

（1）有哪些"好"的文创产品设计？分别"好"在哪里？

（2）掌握文化在文创产品设计中的体现形式，提升"设计美"的鉴赏能力。（重点）

（3）如何在设计实践中将文化的体现形式具体运用在文创产品设计中？（难点）

教学环节四：课后作业

在以下主题中任选其一，进行文创产品的设计。

主题一：安庆师范大学校园文化。

主题二：安庆地方特色的黄梅戏文化。

作业要求：最终作业排版为A4幅面，内容包含文化主题的选择、设计方案的推演、草图设计的构思（至少3个，包含产品形态、功能、色彩、简单的设计说明）、最终细化的设计方案（包含设计效果图：Rhino建模、keyshot渲染、不同角度的实物图+渲染效果图+细节图+三视图+结构爆炸图）及设计说明。

（五）教学反思

本案例以"文创产品中的文化体现形式及运用"为例，通过案例分析、课堂讨论、设计实践教学等方式，经过教学实践的验证，将思政元素与知识技能相串联，达到了课程思政目的，取得了良好的反馈效果。文创产品设计课程思政融入与创新是一次教学的改革探索，也是未来教学研究的重点之一，后续研究中需要完善与课程思政教学目标相适应的考核评价标准、将课程所用参考教材进行思政内容的增补等，都是有待解决的问题。坚持在专业课程中融入思政，将符合社会主义核心价值观的优秀思想与知识技能密切衔接，教师做到言传身教，才能真正培养出"复兴强国有我"的中国本土设计人才。

（六）优秀作品展示

图 4　优秀学生作品

四、课件

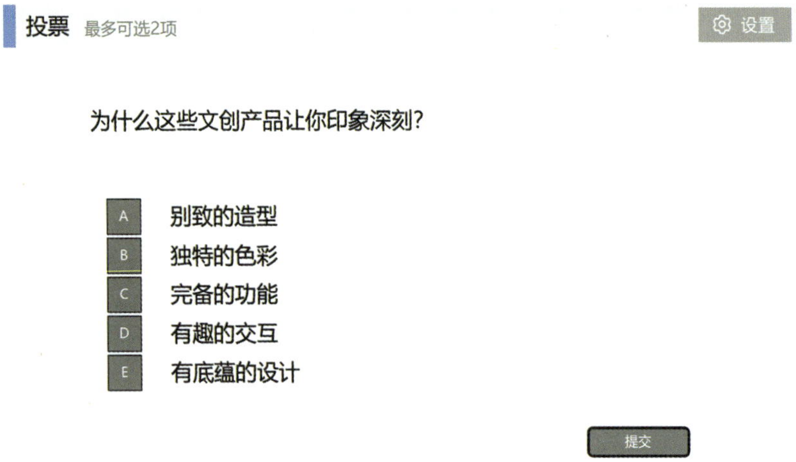

3 如何挖掘文化

如何挖掘文化

4. 文创设计中文化的体现形式

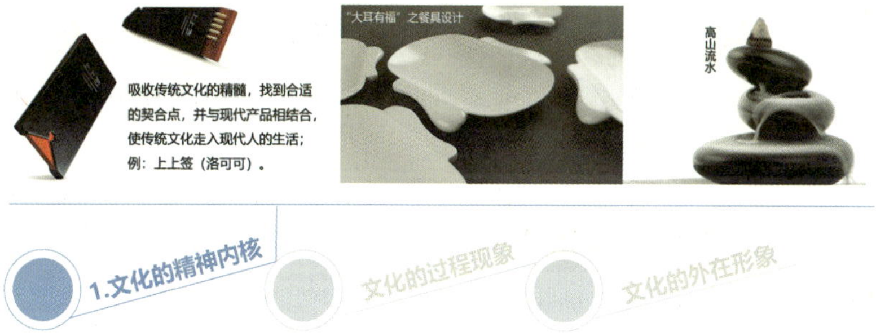

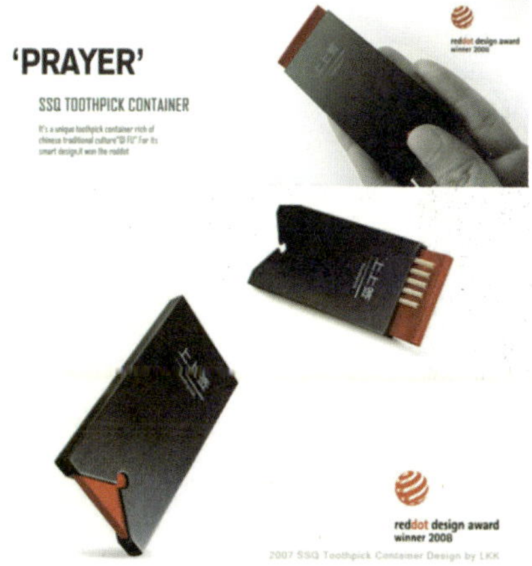

在谈到创造的灵感时，设计师说很多人第一次看到“上上签”时都会不由地感到某个深刻的意象在隐隐地传达给他们，而这种意向恰取材于中国古代建筑天坛祈年殿的殿顶轮廓。在设计者看来这是中国祈福文化的代表性建筑，而这样内屉中的牙签便具有了内部承重立柱的象征意义，于是最终赋予了产品“上上签”“墙倒屋不倒”（中国传统木建筑中砖不承重）的映射：即使签废，可是精神依然存在。

如何挖掘文化

4. 文创设计中文化的体现形式

寻找事物之间在操作方式、使用方法暗含的相似性，把一个事物的某种属性应用在另一事物上。

文化的精神内核　**2.文化的过程现象**　文化的外在形象

蹴鞠灯具设计（图片来源：普象工业设计小站 Rainbow设计）

临门一脚

蹴鞠文创灯具

CUJU CULTURAL CREATIVE LIGHT

灵感来源

古代运动融入于现代生活

设计说明

本设计是以中国古代蹴鞠运动为灵感来源的一款文创灯具，意在传承中国体育精神。

灯具外形将蹴鞠运动的球门造型进行简化，保留了色调与纹样等视觉元素，中间的球网部分为柔光灯罩，饰以传统纹样。

设计的亮点在于中间的蹴鞠球，这实际是灯具的开关，用户可以通过拉动球下面的杆来控制灯的开关，当球到达球门的中心位置，灯会亮起，寓意球进了，这是一个令人激动的时刻，因此题目取名为“临门一脚”。把球拉出中心位置，灯即关闭。为用户提供了有趣的开灯体验方式，每开一次灯，就像又进了一球，让用户多一些激动的时刻让生活多一些感动，多一点乐趣。

如何挖掘文化

4. 文创设计中文化的体现形式

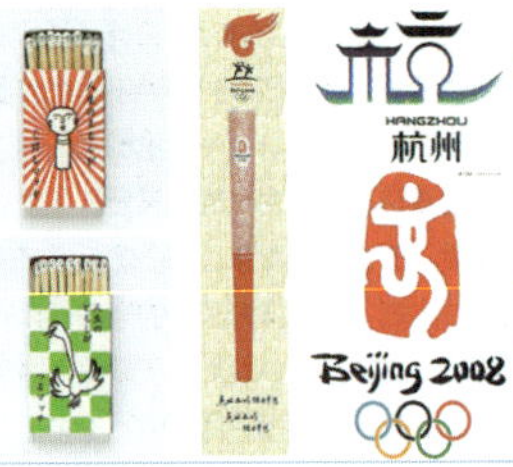

将传统物件的时尚化、现代化；对传统图案图形进行提炼概括、打散、重构等重塑化。

文化的精神内核　文化的过程现象　**3.文化的外在形象**

国潮IP设计——大唐御猫（图片来源：站酷 设计师：宫喜）

如何挖掘文化

5. 文创产品设计中的文化的运用

头脑风暴法：

请同学们畅所欲言，从不同角度、不同层次、不同方位对设计对课题展开大胆对想象，尽可能标新立异，与众不同。

头脑风暴，充分发散思维，联想一切自己感兴趣或者好玩有意思的文化元素。

对头脑风暴的关键词整理筛选，挑选有价值有意义的设计点。

将设计理念或者创新点运用到合适的载体上，不仅是表象，更是产品内在含义。

将传统特征提炼概括，赋予新应用。

情境设计，深化细节，效果图制作。

寻找亮点故事 — 明确设计理念 — 思考设计载体 — 提炼设计特征 — 开展设计探索

如何挖掘文化

5. 文创产品设计中的文化的运用

根据头脑风暴的关键词结果进行筛选，去掉不可实现或者不可进行的创意点，对有价值对创意进行整理和分类。

头脑风暴，充分发散思维，联想一切自己感兴趣或者好玩有意思的文化元素。

将设计理念或者创新点运用到合适的载体上，不仅是表象，更是产品内在含义。

将传统特征提炼概括，赋予新应用。

情境设计，深化细节，效果图制作。

寻找亮点故事 — 明确设计理念 — 思考设计载体 — 提炼设计特征 — 开展设计探索

如何挖掘文化

5. 文创产品设计中的文化的运用

文具用品：本、笔、橡皮、圆规、直尺、镇纸、笔筒、书签、放大镜、书籍、贺卡、明信片、书架等

生活用品：火柴、蜡烛、煤炉、扇子、马扎；梳子、镜子、脸盆、水杯、手电、粘钩、针线、雨伞、餐具、机械类纪念手表、万年历、闹钟

电子产品：触控笔、电子表、音响、鼠标、播放器、手机

纪念品：钥匙扣、纪念币、纪念章、书签、画册

文娱产品：玩具、T恤衫、篮球、足球、羽毛球及球拍等

寻找亮点故事	明确设计理念	**思考设计载体**	提炼设计特征	开展设计探索
头脑风暴，充分发散思维，联想一切自己感兴趣或者好玩有意思的文化元素。	对头脑风暴的关键词整理筛选，挑选有价值有意义的设计点。	**将设计理念或者创新点运用到合适的载体上，不仅是表象，更是产品内在含义。**	将传统特征提炼概括，赋予新应用。	情境设计，深化细节，效果图制作。

如何挖掘文化

5. 文创产品设计中的文化的运用

- **提炼和概括：**以减法的方式，删除繁复的非本质的部分，保留和完善最具有典型意义的部分。
- **变异修饰：**变形、变色、变式、变意

寻找亮点故事	明确设计理念	思考设计载体	**提炼设计特征**	开展设计探索
头脑风暴，充分发散思维，联想一切自己感兴趣或者好玩有意思的文化元素。	对头脑风暴的关键词整理筛选，挑选有价值有意义的设计点。	将设计理念或者创新点运用到合适的载体上，不仅是表象，更是产品内在含义。	**将传统特征提炼概括，赋予新应用。**	情境设计，深化细节，效果图制作。

如何挖掘文化

5. 文创产品设计中的文化的运用

- **打散重构：**

1. 原形分解：分解重新组合
2. 移动位置：打散原形组织结构形式，移动后重新排列
3. 切除：选择美的部分或者美的角度分切，保留最具特征部分

- **借形开新：**借助一个独特的外形，或具有典型意义的样式进行新图形塑造。

寻找亮点故事	明确设计理念	思考设计载体	**提炼设计特征**	开展设计探索
头脑风暴，充分发散思维，联想一切自己感兴趣或者好玩有意思的文化元素。	对头脑风暴的关键词整理筛选，挑选有价值有意义的设计点。	将设计理念或者创新点运用到合适的载体上，不仅是表象，更是产品内在含义。	**将传统特征提炼概括，赋予新应用。**	情境设计，深化细节，效果图制作。

如何挖掘文化

5. 文创产品设计中的文化的运用

- **异形同构**：实质是一种组合方式，组合元素不断变换，也可以不断配对重组，促使新图形产生。主要有：异型同构、图文同构、中西文同构。

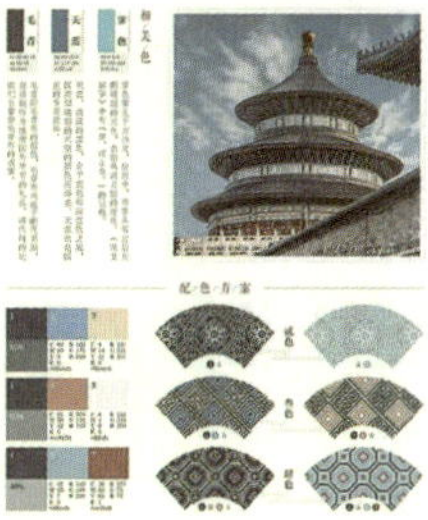

- **承色异彩**：借鉴传统色彩的配色方式进行设计；或打破传统色彩的局限，对局部色彩予以变换。

寻找亮点故事	明确设计理念	思考设计载体	提炼设计特征	开展设计探索
头脑风暴，充分发散思维，联想一切自己感兴趣或者好玩有意思的文化元素。	对头脑风暴的关键词整理筛选，挑选有价值有意义的设计点。	将设计理念或者创新点运用到合适的载体上，不仅是表象，更是产品内在含义。	将传统特征提炼概括，赋予新应用。	情境设计，深化细节，效果图制作。

如何挖掘文化

5. 文创产品设计中的文化的运用

三视图 DESIGN GENERATION

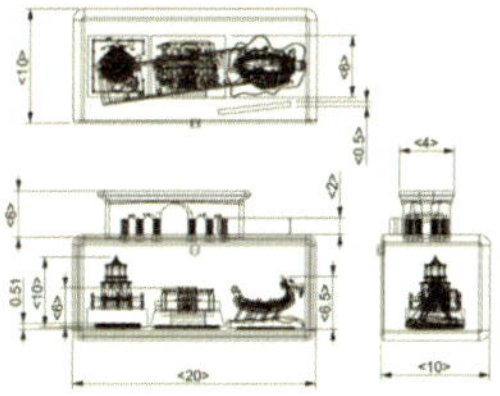

更多展示 DESIGN GENERATION

寻找亮点故事	明确设计理念	思考设计载体	提炼设计特征	开展设计探索
头脑风暴，充分发散思维，联想一切自己感兴趣或者好玩有意思的文化元素。	对头脑风暴的关键词整理筛选，挑选有价值有意义的设计点。	将设计理念或者创新点运用到合适的载体上，不仅是表象，更是产品内在含义。	将传统特征提炼概括，赋予新应用。	情境设计，深化细节，效果图制作。

“大学体育——排球”课程思政教学设计案例

一、课程简介

1. 课程性质

大学体育——排球是全校非体育专业必修的通识教育课程，在本科一、二年级开设，共144学时，4学分。

2. 课程内容

本课程旨在使学生能够了解和掌握排球运动相关知识和基本技能，培养良好的意志品质，促进身心健康全面发展。主要包括排球运动基本知识、排球技术与战术、排球竞赛组织与规则等内容。

3. 授课教师

龙倩文，博士，讲师，主要研究方向为学校体育学，主讲体育课程与教学论、中学体育课程标准与教材教法等课程，曾获2022年安徽省本科师范院校教师智慧教学大赛体育组二等奖。

二、课程思政资源分析

（一）课程思政建设目标

“立德树人有道，春风化雨无声”。本课程坚持健康第一的学校体育指导思想，落实“学生中心、产出导向、持续改进”，将排球运动知识、技能和思想政治教育有机结合，加深学生学习体验，注重内外兼修，提升学生核心素养。

思政目标1：家国情怀。通过女排精神和经典赛事案例等，激发学生爱国之情、强国之志，增强民族自信心和自豪感，坚定奋发图强、为国争光的崇高理想。

思政目标2：团队精神。通过练习、游戏和比赛等，培养学生合作精神和奉献意识，增进友谊，增强学生团队凝聚力和集体荣誉感。

思政目标 3：规则意识。利用体育规则，引导学生树立遵守社会规则和法律意识；学生通过担当比赛裁判，维护比赛公平，树立规则意识和公平竞争的价值观。

（二）课程思政融入方式

本课程思政融入主要以教学渗透、实践感知、情境创设等方式进行。

（1）教学渗透。“内化于心，外化于行”，梳理提炼中国女排精神、经典赛事案例、榜样人物事迹等思政素材，阐释中华体育精神的内涵实质与当代启示；通过案例、游戏、比赛等，激发学生爱国主义情怀和民族自豪感，唤醒学生主体意识，引导学生树立崇高的理想信念，主动传承和发扬优秀传统体育文化。

（2）实践感知。“知行合一，笃行致远”，排球运动对身体素质要求较高，学生在进行传球、垫球、发球练习时，可能会出现手臂酸痛肿胀、动作不协调、没有耐心等情况，通过中国女排训练和比赛夺冠经历、多样性和趣味性练习等，引导学生坚持不懈、刻苦训练、超越自我，促进身心和谐发展。

（3）情境创设。“思想共鸣，情感共振”，通过创设游戏情境和比赛情境等，激发学生学习兴趣，在学、练、赛中获得成就感，增强自信，在潜移默化中完成对学生的培养和教育，注重学生遵守规则、公平竞争、奋发拼搏、不怕困难、尊重对手、尊重裁判等体育品德的培养，引导学生树立正确的人生观、世界观、价值观。

三、教学案例展示

正面双手垫球

教学展示内容选自安徽大学出版社出版的《大学体育俱乐部制教学教程》中的“排球垫球技术”。正面双手垫球是最基本的垫球方法，是各项垫球技术的基础。本次案例主要针对排球正面双手垫球开展设计，授课时长 2 学时。

（一）教学目标

1. 运动能力

（1）通过自主学习，初步了解排球正面双手垫球动作要领。

（2）通过多样化的练习手段，基本掌握排球正面双手垫球动作要领和技巧。

（3）通过比赛，巩固和运用排球正面双手垫球技术。

2. 健康行为

（1）能够养成良好的锻炼习惯，保持良好的心态。

（2）能够树立安全意识，预防运动损伤。

3. 体育品德

（1）能够互相鼓励、不怕困难、坚持到底、体验成功、增强自信。
（2）能够遵守规则、诚信自律、公平竞争。

（二）教学重难点

教学重点：垫击面的组成、击球点、全身用力。
教学难点：击球部位、击球点的准确控制、身体的协调用力。

（三）教学方法、教学资源

教法：混合式教学法、任务驱动法、讲解示范法、竞赛法。
学法：自主学习法、探究学习法、合作学习法。
教学资源：
（1）李斌．大学体育俱乐部制教学教程[M]．合肥：安徽大学出版社，2023．
（2）黄汉生．球类运动：排球[M]．3版．北京：高等教育出版社，2015．
（3）中国排球协会．排球竞赛规则：2017—2020[M]．北京：人民体育出版社，2017．
（4）中国大学MOOC“排球运动”（首都体育学院，潘迎旭等）．https://www.icourse163.org/course/CUPES-1461553167．

（四）教学过程

教学环节一：准备部分

教师活动：安排学生在课前准备好上课所需体育器材。

学生活动：课前去器材管理中心按教师要求借好所需体育器材，清点好数量，检查质量。

思政元素融入设计：责任意识。通过教学器材的借取和发放，引导学生遵规守约，培养责任感和担当精神。

教师活动：集合整队，简述本次课内容目标和要求，安排见习生，加强安全教育，热身跑，徒手操，游戏。

学生活动：以“快、静、齐”的标准集合，按照教师要求完成任务。

思政元素融入设计：尊师重道，纪律意识。通过队形队列、课堂纪律要求等，培养学生令行禁止意识、纪律性和组织性；通过游戏，激发学生学、练兴趣，锻炼随机应变能力。

教学环节二：基本部分

教师活动：通过2023年世界女排联赛的介绍，引起学生对本节课的兴趣，引导学生进入技术学习的环节。“上节课布置的任务，关注2023年赛季世界女排联赛直播，同学们都看了吗?”“为什么咱们女排能在决胜局落后的情况下,逆转获胜呢?”

学生活动:能说出顽强拼搏、永不言弃、团结协作等女排精神。

思政元素融入设计:树立精神榜样,培养家国情怀。通过受关注的世界女排联赛“中国女排击败巴西、德国收获两连胜”这个热点,师生共同探讨中国女排给中国甚至世界带来的影响。

体会女排精神的十六字内涵:祖国至上,团结协作,顽强拼搏,永不言败。感受女排精神带来的力量,培养学生祖国的荣誉高于一切的爱国情怀和民族自豪感,以及团队合作、敢于拼搏、永不言弃的体育精神。

教师活动:讲解示范正面双手垫球技术在排球比赛中的作用、技术特点、技术动作要领。播放视频,提问引导:准备姿势、垫球手型、垫球动作、击球点、球触手臂部位和击球部位、击球后动作。

学生活动:认真听教师的示范讲解,积极回答垫球部位、击球点、动作方法构成,并模仿练习正面双手垫球动作。

教师活动:教师巡回指导纠错,并根据学生的练习情况做出相应的指导。

学生活动:学生耐心反复练习正面双手垫球徒手动作,体会动作要领,并向做好的同学请教。

教师活动:组织安排练习内容:① 垫固定球练习;② 垫抛球练习;③ 对垫球练习。巡回指导,集中纠错,提出要求。合理运用口哨、声音和肢体语言,激发学生学习动力。

学生活动:同伴协作,认真练习,动作规范,整齐有序,保质保量完成。互学、互评、互助,改进提高。

思政元素融入设计:合作学习、团队精神、女排精神。通过同伴合作,引导学生对他人负责、与同伴互爱互助,发扬团队精神;在枯燥重复的技术练习中,引导学生端正学习态度,发扬中国女排吃苦耐劳、坚持不懈的意志品质;鼓励学生不怕苦、不怕累,勇于克服困难,不断挑战自我、坚定信念。

教师活动:安排学生展示练习成果,表扬鼓励,集体讲评。

学生活动:积极展示,自评、互评、互学,改进提高。

思政元素融入设计:自信心、互相尊重、积极进取。发挥榜样力量,挖掘学生的闪光点,勤表扬,多鼓励;引导学生在学习中体会到成就感,增强自信心,坚持不懈,不断突破自我。

教师活动:安排比赛,以赛促学。以女排精神十六字内涵,将全班同学分为四组:“祖国至上”组、“团结协作”组、“顽强拼搏”组、“永不言败”组。

学生活动:听清要求和规则,在赛场上努力拼搏。

思政元素融入设计:竞争意识、规则意识、团队精神。通过比赛,引导学生遵守比赛规则、尊重裁判、尊重对手;鼓励学生坚持到底、顽强拼搏;正确看待比赛胜负,胜不骄、败不馁;增强团队凝聚力和集体荣誉感,完成自我价值的实现和超越。

教学环节三：结束部分

教师活动：安排放松活动、总结本次课的情况、布置作业、器材回收。

学生活动：了解本次课自己的表现，对自己提出更高的要求，归还器材。

思政元素融入设计：责任意识、独立思考能力、自律性。通过归还器材，增强责任心；鼓励学生相互交流学习经验和自我感受，总结、强化、延伸，提高学生独立思考、分析和解决问题的能力；通过课后作业，培养学生自主性和自律性，养成良好的运动习惯。

（五）教学反思

本次课将女排精神巧妙融入排球垫球技术教学和比赛中，坚持以学生为中心，引导学生在学习中体会和自觉践行女排精神，注重培养学生的集体观念、责任感和规则意识，注重激发学生的学习积极性，形成了互帮互助的合作学习氛围，课堂气氛活跃，师生感情融洽。本次课采用混合式教学，遵循由浅入深，循序渐进原则，优化教学内容，通过多种学练模式，将理论和实践有效结合，学生基本能掌握正确的排球正面双手垫球动作要领，取得了较好的教学效果。今后的教学中，要充分挖掘“大学体育——排球”课程中的思政元素，巧设教学情境，使学生在潜移默化中树立正确的理想信念和价值追求。

四、课件

安慶師範大學
ANQING NORMAL UNIVERSITY
SET 4
CCTV 5
体育
世界女排联赛 日本站
MIKASA
LI Y.Y.
12
SPIKE HEIGHT
2.76
敬 敷 世 范
勤 学 笃 行

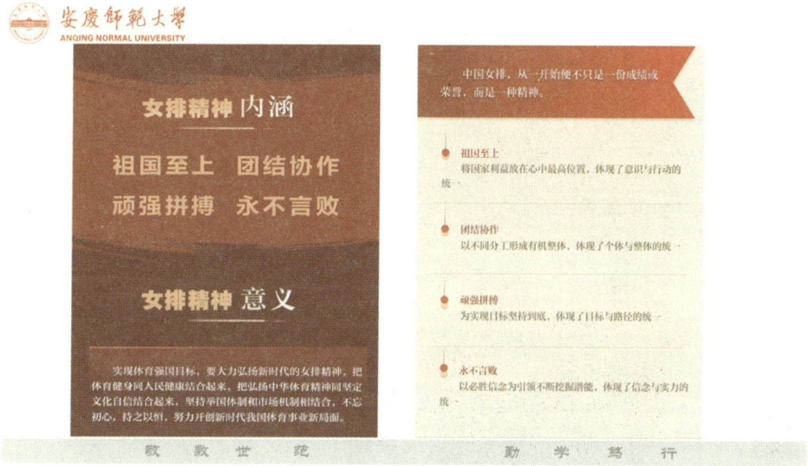
安慶師範大學
ANQING NORMAL UNIVERSITY
女排精神 内涵
祖国至上 团结协作
顽强拼搏 永不言败
女排精神 意义
实现体育强国目标，要大力弘扬新时代的女排精神，把体育健身同人民健康结合起来，把弘扬中华体育精神同坚定文化自信结合起来，坚持举国体制和市场机制相结合，不忘初心，持之以恒，努力开创新时代我国体育事业新局面。
中国女排，从一开始便不只是一份成绩或荣誉，而是一种精神。
祖国至上
将国家利益放在心中最高位置，体现了意识与行动的统一
团结协作
以不同分工形成有机整体，体现了个体与整体的统一
顽强拼搏
为实现目标坚持到底，体现了目标与路径的统一
永不言败
以必胜信念为引领不断挖掘潜能，体现了信念与实力的统一
敬 敷 世 范
勤 学 笃 行

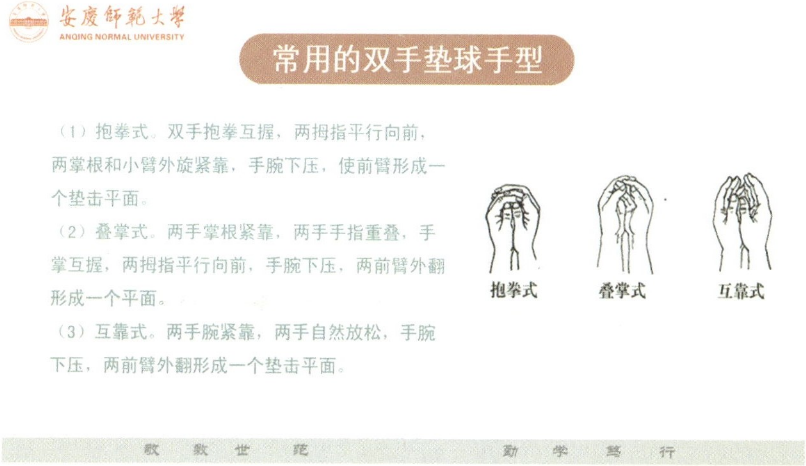
安慶師範大學
ANQING NORMAL UNIVERSITY
常用的双手垫球手型
（1）抱拳式。双手抱拳互握，两拇指平行向前，两掌根和小臂外旋紧靠，手腕下压，使前臂形成一个垫击平面。
（2）叠掌式。两手掌根紧靠，两手手指重叠，手掌互握，两拇指平行向前，手腕下压，两前臂外翻形成一个平面。
（3）互靠式。两手腕紧靠，两手自然放松，手腕下压，两前臂外翻形成一个垫击平面。
抱拳式
叠掌式
互靠式
敬 敷 世 范
勤 学 笃 行

安庆师范大学
ANQING NORMAL UNIVERSITY

思考回答

准备姿势？垫球手型？垫球动作？击球点？

球触手臂部位和击球部位？击球后动作？

完整的动作方法？

敬　敷　世　范　　勤　学　笃　行

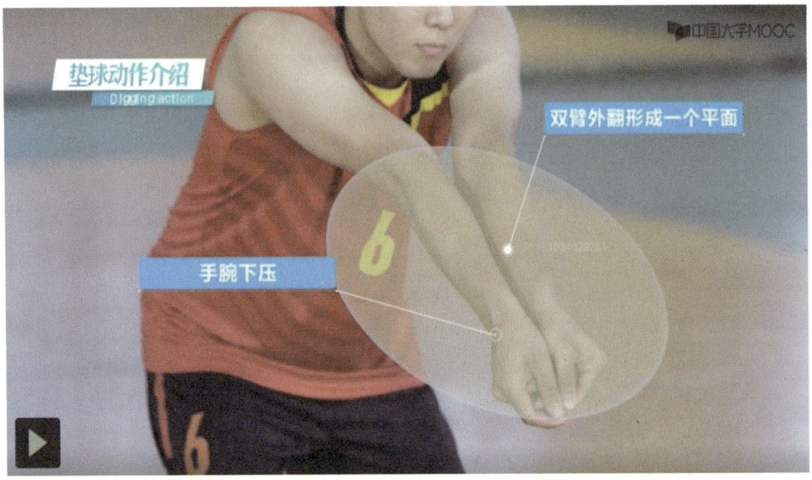

安庆师范大学
ANQING NORMAL UNIVERSITY

技术要领：

两臂前伸插球下，两臂夹紧腕下压；

蹬地跟腰前臂垫，击点尽量在腹前；

撤臂缓冲接重球，轻球主动抬送臂。

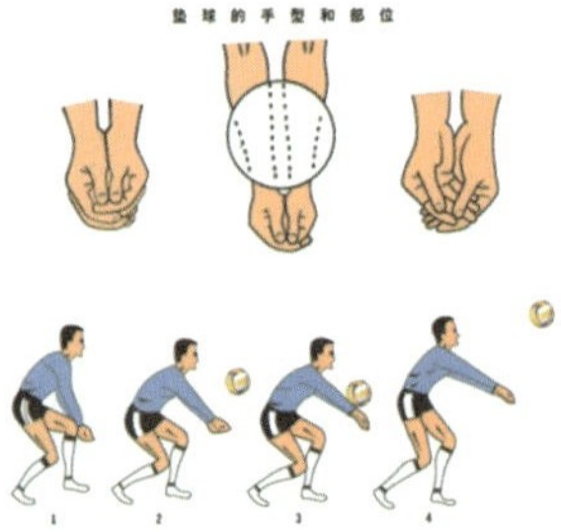

插、夹、压、蹬、顶、送

插球下、夹臂、压腕、蹬地、顶肘、送臂

敬　敷　世　范　　勤　学　笃　行

比赛规则

"祖国至上"组 "团结协作"组 "顽强拼搏"组 "永不言败"组

1. 自垫球时，每个球都要超过自己的头顶。
2. 击球过程中单手击球、球落地都视为无效，不计个数。
3. 若排球着地捡起后继续计数，直至1分钟结束。
4. 求出各组平均数，得出各组的比赛名次。

集体奖：各组队员垫球平均数从高到低进行排名取奖。

最佳垫球手：根据参赛队员个人垫球个数排名取奖。

敬 教 世 范　　勤 学 笃 行

练习三：自垫球练习

一分钟自垫球比赛

规则

1. 自垫球时，每个球都要超过自己的头顶。
2. 击球过程中单手击球、球落地都视为无效，不计个数。
3. 若排球着地，可捡起后继续计数。
4. 四个小组：祖国至上组、团结协作组、顽强拼搏组、永不言败组。

后　记

为深入贯彻党和国家关于课程思政建设文件精神，不断提升教师课程思政建设能力，发挥优秀课程思政教学案例的示范引领作用，为党育人，为国育才，安庆师范大学始终坚持把思想政治教育贯穿于人才培养体系，全面推进学校课程思政建设，为学校教育高质量发展注入新活力。在校党委领导下，教务处组织成立了安庆师范大学课程思政教学案例编委会，将我校历届课程思政教学大赛产生的优秀教学设计案例编辑成册，供广大师生交流学习。

作为“课程思政教学设计三年全覆盖”规划的系列成果，《课程思政教学设计案例选编》自 2022 年 10 月已相继出版两辑，本书作为第三辑，遴选收录了人文、理工、艺体等不同学科类别课程共计 24 个优秀教学设计案例。本书的顺利出版得益于学校党政领导和教务处的专业指导以及编委会成员的共同努力。由校原党委书记许继荣、原校长闵永新担任主编，教务处处长潘锦云、副处长阮建玲担任副主编，负责全书选题设计、框架构建和内容审定等工作。所有承担课程思政案例编写的教师根据编写规范认真整理和完善了教学案例。感谢数理学院陈素根教授、教师教育学院方玉芬副教授、马克思主义学院张铭副教授、音乐学院彭传山副教授、化学化工学院庞韬副教授、外国语学院王平副教授、学报编辑部刘海军副教授、创新创业学院刘华圆老师等编委在教学之余审读案例、沟通作者、修改案例。全文斌教授、王先荣教授认真审阅了全部教学案例，提出了具体的修改意见和建议，在此表示衷心感谢。

在案例集编写过程中，全体编委深入教学一线，广泛听取师生和相关专家意见，进一步加深了对课程思政的认识。今后，学校将继续全面落实“立德树人”的根本任务，进一步加强课程思政建设经验交流与示范，以期做到课程门门有思政，教师人人讲育人，从而培养出一代又一代“爱党、爱国、爱社会主义、爱人民、爱集体”的可堪大用、能担重任的栋梁之材。

编者